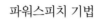

파워스피치 기법

파워스피치 기법

1쇄 찍은날·2013년 7월 21일
1쇄 펴낸날·2013년 7월 26일

지은이·이병열
펴낸이·임형오
편집·최지철
디자인·이선화
펴낸곳·미래문화사
등록번호·제1976 000013호
등록일자·1976년 10월 19일
주소·서울시 용산구 효창동 5-421 1F
전화·02-715-4507 / 713-6647
팩스·02-713-4805
전자우편·mirae715@hanmail.net
홈페이지·www.miraepub.co.kr
ⓒ 이병열 2013
ISBN 978 89 7299 417 6 03320

청중을 사로잡는

파워스피치
기법

이병열 | 지음

미래문화사

차례

Part II 파워스피치를 위한 발성법發聲法

Part Ⅲ 파워스피치를 위한 제스처 법

Part Ⅳ 명강사 스피치 기법

들어가며

사람은 말을 통하여 자기 생각과 뜻을 전달한다. 그래서 말은 그 사람의 생각과 사상을 실어 나르는 수레와 같다고 하였다.

군대를 갓 전역했을 무렵 담임 목사님께서 수요일 밤에 설교를 하라고 지시 하셨다. 목사님은 내가 단상 경험이 많은 사람으로 아셨을 것이다. 순종하는 마음으로 대답은 했지만 걱정이 태산같았다.

사실 강의나 설교를 많이 들어보기는 했지만 당시로써는 단상에 서 본 경험이 한 번도 없었다. 그래서 설교할 내용을 '인류의 잘못된 사랑관' 이라고 작성하고 일주일 내내 내용을 완전히 외워버렸다. 그런 상태로 임하여 설교를 마쳤는데 뜻밖에 큰 호응을 얻었다. 그것이 나의 첫 단상 경험이었고, 커다란 자신감과 용기를 갖게 된 첫번째 계기였다.

결정적 계기는 신학교 때 축제의 하이라이트라 일컬어지는 설교대회에 출전하면서였다. 원고를 작성하여 외웠고 수십 번 연습을 하였다. 그것도 부족해 대회 전날 몰래 학교 채플실에 잠입하여 실전처럼 연습했다.

음성을 녹음해 가면서 연습하였고 거울을 보며 제스처를 수차례 연습하였다. 설교가 끝나자 우레와 같은 박수가 터져 나왔고 결과는 최우수상이었다. 설교 괴물이 나왔다는 찬사까지 받았다. 지나고 보니 그렇게 하는 것이 강의 연습이고 그런 연습을 통하여 프로강사가 된다는 것을 알게 되었다. 목회를 하면서 많은 설교와 강의를 해왔지만, 일반 사회 강의에도 통할지에 대해서는 불안한 면도 있었다. 20여 년 전 처음으로 관공서에 초청되어 강의를 하게 되었는데 전공과목이 아니라서 주제에 관련된 40여 권의 책과 50여편의 논문을 읽었고 신문사에 방문하여 자료실에서 관련된 보도 자료들을 스크랩하여 90분 동안 강의할 원고를 작성했다. 그리고 수십 번 연습했었고 실제처럼 산이나 건물 옥상에 올라가서 강연 해 보았다. 결과는 프로 강사들처럼 큰 박수를 받았다.

선배의 추천으로 대선후보 자원 연설원으로 활동할 기회가 있었다. 연설원이 되기 위한 교육을 받으면서 많은 것을 배웠다. 대통령후보의 연설원을 양성하는 교수들은 한마디로 프로 중에 프로들이었다. 한국 최고의 웅변가들이자 대연설가였는데 소름이 끼치도록 연설을 잘 했다. 그동안 강의와 설교를 하면서 준비가 소홀했었다는 것을 뼛속 깊이 느끼며 많은 반성을 했다. 당시에 지방을 순회하면서 연설했는데 원고작성에서부터 연설방법을 지도해준 교수들 덕택으로 많은 박수갈채를 받았다. 그래서 한때는 정치를 해 볼까! 라고 고민도 했었다.

강의나 연설은 가장 정제된 언어로 말해야 한다. 그래서 혀는 마음의 펜이라고 했다. 설교 역시 기품 있고 아름다운 언어를 사용해야 한다. 강의나 연설이나 설교도 대화하듯이 말하는 것이 기본이다. 말은 사람과 사람이 소통하기 위한 수단이며, 마음과 생각이 입을 통해 소리로 나타나는 것이다. 온 천하를 얻고도 너 자신을 잃으면 무슨 소용이 있겠느냐고 그리스도는 말씀하셨다. 천하에 사람보다 귀한 존재는 없으며 하나님처럼 귀한 존재라는 말씀이시다. 그러므로 누구에게나, 어디에서나, 사람들에게 말할 때는 하나님께 말하듯 해야 한다. 신중하고 정성을 다해 진실과 사랑과 축복의 마음을 품고 말해야 한다.

나는 어릴 때 여러 사람이 모인자리에서 말을 하려면 얼굴이 붉어지고 머리속이 하얗게 되고 별똥별이 떠다니듯이 떨려서 제대로 말을 못하는 발표 울렁증이 있었다. 초등학교 때는 대표로 책을 읽다가 다리가 후들거리고 눈앞이 캄캄해 중간에 내려오기 일쑤였고, 자신의 의견을 발표하는 것은 전혀 하질 못했다. 이에 대해 스스로 걱정하며 자신감을 키우기 위해 무던히 노력했다. 해야 할 말을 마음에서 생각한 뒤 입에서 수십 번 연습하고 눈감고 외워 발표하기를 거듭하다보니 서서히 강의까지 하게 되었고, 횟수가 거듭되면서 자타가 인정하는 명강사가 되었다. 이제 나는 자신있게 말할 수 있다. 나 같은 사람도 강사가 되었는데 노력만 하면 누구나 강사가 될 수 있다고! 노력하면 프로강사가 될 수 있고 명강사도 될 수 있다고!

강사는 누구나 될 수 있다. 말을 할 수 있으면 누구나 준비를 통해 강사가 될 수 있다. 문제는 노력이고 자신감에 있다. 신학교 다닐 때 동급생 중에 목소리가 저음에다가 허스키하여 과연 저런 친구가 설교를 할 수 있을까 걱정이 되었다. 그런데 그 친구는 자신과 흡사한 목소리를 가진 유명한 목사의 설교테이프를 수 백, 수 천 번을 듣고 모방하기를 2년 넘도록 하더니 급기야 거의 분간하기 어려울 정도로 똑같이 설교하는 것을 보았다. 가수지망생들도 인기가수들의 노래를 모창하면서 자기만의 독특한 개성을 살려 유명한 가수로 성장해 간다. 처음부터 잘하고 처음부터 유명한 사람은 아무도 없다. 연습과 노력이 쌓이고 쌓이면서 전문가가 되고 유명해진다.

방법이 있다면 우선 자신감을 가지고 출발하는 것이 가장 중요하며 처음부터 단점을 보완하려 하지 말고 장점부터 개발해 가야한다. 장점을 개발하다보면 장점이 커지고 단점은 자동적으로 묻히게 된다. 단점을 먼저 제거하려고 신경 쓰다보면 자신감이 떨어지기 쉽다. 지금 자기가 갖고 있는 음성을 개성있고 아름답게 다듬어 듣기 좋은 목소리로 흘러나오게 하는 연습을 해야 한다. 그래서 화법, 발성법, 제스처 법 등을 쉼 없이 가다듬고 배워야 한다. 되풀이 녹음하고 녹화하면서 교정해 간다면 조금씩 스스로도 놀랄 만큼 유명한 명강사에 다가가 있게 될 것이다.

"남을 이롭게 하는 말은 따뜻하기가 햇솜과 같고
남을 해치는 말은 날카롭기가 가시와 같다.
한마디의 말이 남을 해쳐 아프기가 칼로 베는 것과 같기도 하고
입은 곧 남을 해치는 도끼요
말 즉 혀는 베는 칼이니
입을 다물어 혀를 깊이 간직하면
어느 곳에서나 곧게 지켜져 몸이 편안할 것이다."

위의 글은 말이 얼마나 중요한지, 잘못하면 얼마나 위험한가에 대해 적절히 말해주고 있다. 그렇지만 혀를 깊이 간직하고 입을 다물고 있으면 이 세상이 얼마나 삭막해지겠으며, 모두다 입다물고 침묵하고 있으면 누가 사람들을 가르치겠는가!

말은 나를 위하여 하는 경우보다 상대를 위하여 하는 경우가 더 많다. 말을 통하여 나 자신을 상대에게 보이는 것이 되니 내가 하는 말은 곧 나를 비추는 거울이라 할 수 있다. 깨달음과 감동과 사랑을 전해 준 사람의 말은 그의 형상과 함께 뇌리에 영상처럼 각인되어 마음 깊은 곳에 잠재하게 된다. 그래서 말의 위력이 크면 클수록 인생관이나 가치관까지 바뀌게 만든다. 같은 말이라도 누가 어떻게 어떤 표정으로 전했는가에 따라 그 영향력과 파급

효과는 크고 다르게 나타난다. 그래서 말은 언제나 신중히 거르고 걸러서 나타내야 한다.

누구나 말을 잘하고 싶어하고 말을 잘해야 한다는 것을 안다. 역사에 큰 영향력을 끼친 사람들을 보면 명연설가들이 대부분이다. 심금을 울리는 웅변이 사람들을 끌어들이고 사람들의 마음을 움직이게 하고 변하게 만든다. 그래서 금은 진흙 속에서 더 빛난다는 말처럼 많이 아는 것도 중요하지만 그것을 어떻게 표현하는가에 따라 그 파급효과는 커다란 차이를 보인다. 현명한 자는 열번 잰 후 빵을 자르고 어리석은 자는 열번 자르고도 한 번도 재지 않는다고 했다. 말하는 기법을 알아야 하는 이유가 여기에 있다. 강단에 선 강사는 매순간 물러설 수 없는 전쟁터와 같다. 습관적으로 불필요한 행동을 해서 강의의 질을 떨어뜨리고, 이미지를 망가뜨리는 경우가 많이 있다. 그래서 내용과 목소리도 중요하지만 제스처도 중요한 것이다. 자신도 모르게 튀어나오는 동작으로 말하는 내용을 반감시키고 생각을 분산시키는 경우가 있다. 그래서 쓸데없는 제스처는 일부러 고치려고 노력해야만 고쳐질 수 있다. 스스로 비디오를 찍어서 관찰하며 고쳐가야 한다.

말할 때는 몸을 비틀지 말며
머리를 흔들지 말며
손을 흔들지 말며
무릎을 달싹거리지 말며
발을 떨지 말며
눈을 깜빡이지 말며
눈동자를 굴리지 말며

입술을 씰룩이지 말며

침방울이 튀게 하지 말며

턱을 괴지 말며

수염을 문지르지 말며

혀를 내밀지 말며

손뼉을 치지 말며

손가락을 튀기지 말며

팔을 끼지 말며

얼굴을 쳐들지 말며

창밖을 보지 말며

눈을 끔뻑이지 말며

등을 보이지 말며…

　이러한 사소한 동작들에 주의해야 한다. 강의의 내용은 기억에 남지 않고 강사의 흉과 허물의 이미지만 떠올리게 하는 경우가 많다. 유명한 목사가 정년퇴임을 하면서 원로 권사님들과 송별만찬을 하면서 그동안 자신에 대하여 가장 인상적이었던 것에 대하여 말씀해 달라고 하니까 어느 권사님이 일어서서 대답하기를 "목사님께서 바지 지퍼를 열어놓고 말씀하신 적이 있었는데 그것이 가장 기억에 남습니다." 라고 말했다고 한다. 명설교나 감명 깊었던 말씀보다 실수한 모습이 더 오래도록 기억된 예이다. 그래서 말은 입으로만 하는 것이 아니라 전신으로 말하는 보디랭귀지body language임을 기억해야 한다.

　입이 말하고 귀가 듣는 것이 아니라, 입을 통해 인격을 발설하고 귀를 통해 인격이 들리게 해야 한다. 모든 인간사에는 질서를 유지하고 평화를 이뤄 아름다운 세상을 만들기 위한 법이 정해져 있다. 법은 글이 언어와 말을 통하여 표현되게 된다. 판사는 아무렇게나 말을 하지 않는다. 이미 정해진 법을 근거로 말을 한다. 말에도 말하는 법이 있다. 강사는 아무렇게나 말하면 안 된다. 말하는 법을 알고 말해야 한다. 그것이 화법이다.

화법을 모르고 함부로 아무렇게나 말을 해버리면 그야말로 해치는 칼이 되어 상대에게 상처와 고통을 줄 수 있다. 말 한번 잘못하여 그동안 쌓아놓은 인격이나 관계를 허물어 버리는 결과를 낳을 수도 있다. 그럴 바에는 차라리 입 다물고 있으면 중간이라도 갈 것이다. 정제된 화법에 의한 세련된 말에서 인격이 고양되고 친밀한 관계를 끌어내고 아름다운 세상으로 이어지게 한다.

화목한 가정에는 화목한 말을 주고받고 평화로운 세상은 평화로운 말이 오고간다. 말은 내게서 나오는 것이니 우선 내게 무엇이 담겨 있느냐가 중요하다. 화목, 평화, 행복, 정성, 사랑, 기쁨, 감사 등이 담겨 있어야 그런 언어들이 스스럼없이 나오게 될 것이다.

내게서 나간 말을 통하여 듣는 이들이 기쁘고 행복하고 희망이 솟아나게 하는 말이 되도록 나를 먼저 다듬어야 한다. 인간은 누구나 모순과 거짓이 담겨있으니 완벽한 말을 하기란 쉽지 않다. 그래서 말은 입안에 있는 한 당신이 주인이지만 일단 밖으로 나오게 되면 당신을 옥죄는 사슬이 될 수 있다. 따라서 기본적인 화법을 익혀두어야 한다. 알고 있어야 실천할 수 있다. 마음에서 순화시키고 머릿속에서 다시 거르고 입에서 다시 여과시켜 표현하게 될 때 기대하는 효과를 이끌어 낼 수 있고 실수를 방지하게된다.

화법에 의한 말의 예절과 교양 그리고 엄선된 언어를 적절하게 사용하여 뜻을 전달하게 될 때 위대한 국어순화와 홍보도 이루어지게 된다. 한글은 세계의 모든 언어를 다 표현할 수 있다고 한다. 가장 과학적이고 예술적이며 형용사도 다양하여 감동과 감격이 쉽게 일어나게 할 수 있고, 의미를 적절하게 전달하여 바라는 변화와 발전에 대한 기대치가 높은 언어이다. 우리는 이 처럼 귀한 우리글을 가지고 있으니 이것을 제대로 표현할 수 있는 기술을 연 마해 가야 한다. 말을 잘하고 강의를 잘하면 그것이 곧 국어 사랑이 되고 나 아가 개인과 가정과 사회와 국가를 아름답게 가꾸어가는 애국이 되는 것이다.

요즘 한류 바람이 갈수록 세계로 확산되고 있다. 한국어가 서서히 세계에 알려지고 있다. 우리 한글이 세계로 뻗어나가게 될 날이 멀지 않은 것이다. 한글을 배우는 외국인이 서서히 늘고 있다. 가깝지만 먼 나라로 지내 온 일 본도 한글을 배우려는 사람들이 크게 늘었다. 앞으로 말 잘하는 강사가 되고 언변가가 되는 것은 개인의 성공을 넘어 한국어를 세계로 확장하는 애국의 길로 나가는 일이 될 것이다. 그러려면 우선적으로 기본적인 화법과 발성법 과 제스처 법을 익혀서 한글에 의한 한국어를 제대로 구사하고 표현해야 한 다. 앞으로 세계로 나가 한글로 말하고 한국어로 강의하는 강사를 필요로 하 는 날이 분명히 올 것이다.

그동안 많은 학자들과 전문가들이 화법과 발성법 그리고 제스처 법 등 말 잘하는 기법과 명강사가 될 수 있는 다양한 방법과 기술을 가르쳐 왔고 발전 시켜 왔다. 인터넷에 친절히 올려놓은 자료들을 퍼오고 귀한 서적들을 참조 하며 엮어서 《명강사 기법》이란 교재를 수년 전에 만든 적이 있다. 연수원에 서 강사들을 양성하면서 요긴하게 사용했던 자료에다가 그동안 강의하면서 경험하고 강의했던 내용들을 묶어 새롭게 《파워 스피치 기법》을 내놓게 되 었다. 앞으로 더 많은 연구를 통해 바람직한 전문강사들을 양성하여 아름다 운 말을 주고받는 행복한 세상을 만드는데 미력이나마 보탬이 되었으면 한다.

2013년 4월 후박골에서 이병열

Part I

파워 스피치를 위한
화법話法

혀는 뼈가 없지만 뼈를 부러뜨릴 수 있다

— J. 위클리프

주고도 또 주고 싶고, 위하고도 또 위하고 싶고
사랑하고도 또 사랑하고 싶은 사람이 말의 주인공이다

— 《뜻길》 중에서

화법은 말하는 법이다. 말은 자신의 마음속 생각과 인격을 목소리를 통하여 표현한다. 말은 입에서 나오는 소리지만 그냥 소리가 아니라 뱉어지면 책임을 지는 주인이 된다. 그래서 사람은·입에서 나오는 말을 통해 가장 많은 영향을 받는다. 말을 들으면서 배우고 깨닫고 성장한다. 말을 통하여 의사소통이 이루어지고 상대와의 관계도 더더욱 깊어지게 된다. 그러나 말을 잘못하면 관계가 단절되고 원수가 되기도 한다. 사람은 말을 통해 위로도 받고 감동과 감화도 받는다. 그래서 말을 잘하면 인생을 바꾸어 놓을 수도 있지만, 말을 잘못하면 인생이 나쁜 길로 가게 만들 수도 있다. 일찍이 맹자孟子는 자신의 장점을 묻는 제자에게 "지언知言"이라고 답하였다. 말을 아는 것이라는 말이다. 참말, 진리를 알고 말하면 사람이 변하게 된다. 그래서 목에서 나오는 인간의 소리는 엄청난 영향력이 있다. 말의 중요성은 그런 면에서 아무리 강조해도 부족함이 없다.

마음의 문은 입이다. 말하는 것을 보면 그 사람 내면의 심성까지 느낄 수 있다. 성공하는 사람은 마음가짐이 다르다. 성공으로 가는 사람은 꾸준히 자기를 개발해간다. 성공하는 사람은 분명한 비전이 있고 그 비전을 이루기 위한 행동을 하고 스피치를 한다. 그래서 비전이 분명한 사람은 행동과 스피치가 다르다. 행동과 스피치는 마음속에 간직하고 있는 비전이 행동과 소리로 변하여 나타나기 때문에 그 사람의 언행을 보면 그 사람의 마음가짐과 비전과 꿈을 알 수 있다.

1970년대 경부선 기차를 타고 서울로 올라오는 길에 아가씨 3명과 아주머니 한 분이 동석했다. 아주머니는 서울 명문대 다니는 아들의 하숙집에 가는 길이었다. 장성한 자식을 둔 부모는 누구를 막론하고 사위감, 며느리감이 될 만한 사람이 있으면 눈여겨보게 마련이다. 동석한 아가씨들을 유심히 살펴본 아주머니는 그 중에 눈길이 가는 아가씨가 있었다. 두 아가씨는 수다쟁이였는데 한 아가씨는 시종 다듬어진 언어와 밝은 표정을 지으며 친구들을 배려하며 분위기를 맞춰주고 있었던 것이다. 그래서 그 아가씨의 연락처를 물어 보았고 훗날 그 아가씨를 불러 아들과 선을 보게 해서 며느리로 맞았다. 우연히 기차에서 만난 아가씨의 언행을 보고 며느리로 맞이한 것이다. 그 아가씨는 예상대로 내조를 잘해 남편은 교수가 되었고 장관까지 되었다.

말을 어떻게 하느냐에 따라 선한 사람, 악한 사람이 결정되고 거룩한 사람과 천한 사람으로 갈라진다는 것이다. 입에서 나오는 말이라고 다 말이 아니다. 의미 없는 말은 그저 소리일 뿐이다. 그것도 선의 의미가 담긴 말이 되어야 말씀이 된다. 그래서 선한 성인의 입에서 나오는 말은 말씀이고 진리이다. 성인의 말씀은 진리이기에 성인들의 말씀을 담아서 경서로 엮었고 그 경서를 통해 말씀을 배우고 실천하여 성인처럼 되자고 종교가 세워지고 신앙생활을 하게 된 것이다.

미국에서 일류대학을 나온 사람들 중에 크게 성공한 사람들을 찾아서 성공비결을 물어보았다. 일류대학을 나왔으니 실력과 능력이 있어서 성공했을 것이라 생각했다. 그런데 실력과 능력 때문에 성공한 사람은 20%정도 밖에 되지 않았다. 원만한 인간관계로 인하여 성공했다고 대답한 사람이 80%가 넘었다. 그러므로 성공하려면 실력과 능력도 갖추어야 하지만 더 중요한 것은 인간관계를 잘 맺는 것이다. 원만한 인간관계를 맺으려면 말을 잘해야 가능하다. 말은 입으로만 하는 것이 아니다. 몸말이라는 보디랭귀지가 있다. 입뿐만 아니라 온 몸으로 말을 해야 한다. 그러한 말은 평소에 원만한 성격과 인격을 갖추고 있어야 가능하다. 원만한 성격과 인격에서 상대에게 호감과 다정다감을 주는 언어가 나온다. 그런 언어가 항상 흐르고 있어야 상대가 나와 함께 있고 싶어하고 믿고 존경하며 그러면서 원만한 인간관계가 형성된다. 그래서 성공하려면 필히 말을 잘해야 한다. 말을 잘한다는 것은 유창한 언변이 아니다. 상대를 기쁘게 하고 감동 주고 감사하게 해서 함께 있고 싶어지도록 만들게끔 말하는 것이 진정으로 말을 잘하는 것이다.

그래서 한 사람과 대화를 할 때도 사랑과 정성을 담아서 말을 건네야 한다. 그런 말을 주려고 준비해야 한다. 성인은 언제나 어느 때나 입을 열어도 정제된 말씀과 진리가 흘러나온다. 그런데 그렇지 못한 사람은 말실수를 할 가능성이 높다. 그래서 평소에도 삼사일언三思一言, 즉 세번 생각한 다음 준비된 말을 내보내야 한다. 늘 정제된 언어로 대화하는 버릇이 들도록 습관화해야 한다.

특히 많은 사람들을 상대로 말하는 강사는 더더욱 준비에 소홀해서는 안 된다. 강사는 공인이기에 강사의 입에서 나온 말은 진실된 말이어야 하고 진솔하게 말해야 한다. 많은 철학자들은 인간의 마음에는 모순과 거짓이 담겨 있다고 했다. 우리가 살아가고 있는 환경에 부정적인 요소가 많기 때문에 자신도 모르게 거짓된 영향권에서 탁하고 오염된 언행을 뒤집어쓰고 있을 수 있다. 그래서 아무렇게나 입에서 나오는 대로 말하면 오염된 언행이 나오고 나의 언행이 세상을 더더욱 탁하게 오염시킬 수 있는 것이다. 말하기 전에 충분히 걸러 낸 후 언행이 나오게 해야 한다. 철저히 준비된 말이어야 진리다울 수 있고, 실제로 진리가 된다.

인간의 신체구조를 보면 초과학적 이면서도 신비하게 되어 있다. 초과학적으로 되었다는 것은 규칙적이고 조직적이며 수리적으로 되어 있다는 것이다. 그러므로 이러한 인간에게서 나오는 말도 규칙적, 조직적, 수리적, 논리적이어야 한다. 이것은 어디까지나 외적 조건이고 인간은 신비적, 정신적, 심정적인 내적인 면을 함께 지니고 있다. 내적인 것이 우선적이니 당연히 내적인 바탕위에 외적인 내용을 갖추어 말을 해야 심정과 영혼까지 움직이게 하는 말씀이 되고 진리가 되어 결실을 맺게 되는 것이다.

진리를 말하고 거룩한 말을 하는 것이 본연의 말일 것이다. 그러나 모든 면을 다 갖추고 대화에 나서는 사람은 많지 않다. 서로 간에 대화를 함에 있어서 본연의 선하고 진리다운 말을 주고받기 위해서는 끊임없이 갈고 닦아 본질에 가깝게 말하는 법을 배워야 한다. 특히 많은 사람들 앞에서 하는 강의에는 적절한 화법을 알고 청중이 무엇을 원하는가를 바르게 깨달아 생활과 삶에 영양이 될 내용을 요약해 전해야 한다. 입에서 나오는 소리가 다 말이라 할 수 없다했듯이 화법에 어긋나는 말도 그저 소리이고 소음공해가 된다. 동물들은 법과 격이 없고 윤리 도덕이 없기에 소리를 낼 뿐이다. 그러나 인간은 법과 질서와 윤리와 도덕을 알고 지키는 인격적 존재이니 내면의 생각에 의한 말을 해야 한다. 더욱이 인간은 존엄한 존재로부터 왔으니 상대를 존엄하게 대하면서 입에서 나오는 말이 말씀이요 진리가 되어야 하는 것은 너무도 당연한 이치이다.

말 잘하는 사람이 되고 강사로 성공하려면 필히 화법을 알고 화법에 따라 말을 연마해 가야 한다. 되로 벌어 말로 팔아먹는 사람이 있는가 하면, 말로 벌어 되로 팔아먹는 사람이 있다고 했다. 많이 아는 것도 중요하지만 그것을 화법에 따라 잘 표현하는 것도 중요하다. 화법을 연마하면 되로 벌어 말로 팔아먹는 상황이 될 수 있다. 진리가 담긴 말은 사람을 살리고 성장시키고 변화시킨다. 독이 담긴 말은 사람을 죽음으로 내몰 수도 있다. 헌데 독이 담긴 말이 간혹 사람을 살리는 경우도 있다. 독이 약이 될 수도 있는 경우처럼 말이다. 그래서 사람에 따라, 상황에 따라 상대에게 필요한 말이 무엇인가를 연구하고 연습하여 적절하게 사용해야 진정한 말씀이고 진리가 되는 것이다.

제1강
" 성공하려면 말부터 바꿔라 "

말을 잘하면 실패할 것도 성공으로 되돌릴 수 있다. '말 한마디에 천 냥 빚도 갚는다.'고 하였다. 많이 배우지도 않았는데 말을 잘해서 대인관계에 성공한 친구가 있다. 그는 주로 법조인, 정치인, 언론인과 언론사 기자, 연예인 등 소위 상류층들을 만나며 업무를 풀어가야 하는 일을 해왔다. 그런 사람들과 만나서 중요한 업무를 풀어가려면 실력과 능력 그리고 학연과 지연 등 연이 있어야 할 것이다. 그러나 그 친구는 그런 상류의 사람과는 거리가 멀다. 그런데 누구든지 그를 만나면 편안해지고 부담감 없어서 좋아한다. 그 친구에게 상류층이고 거물급 인사들을 만나면 대화를 어떻게 풀어 가느냐고 물었더니, 상대를 칭찬해 주고 축하해 주고 재미있고 편안하게 해 준다고 했다. 중요한 것은 언제나 다정다감하고 자연스러우면서 평안해지도록 말을 한다는 것이다. 그는 적절한 말을 준비하기 위하여 신문은 빼놓지 않고 읽고 수시로 독서를 하며 운전할 때는 언제나 교양방송을 들으면서 시사상식과 다양한 정보를 수집하면서 상대를 만나 무슨 말을 어떻게 전할 것인가를 늘 연구하고 준비한다고 하였다.

그 친구는 누구를 만나든지 오래 전부터 알아왔던 다정한 친구요 친척처럼 대하면서 부담감 없도록 순수하고 자연스럽게 대화를 이끌어 가는 기술을 가지고 있다. 그런 식으로 대인관계를 해오다보니 이제는 누구를 만나든지 스스럼없는 대화가 이루어진다고 하였다. 어렵고 복잡한 업무를 가지고 만나는 사람에게도 어려운 말이나 전문적인 말보다는 유머로 시작한다고 했다. 먼저 분위기를 즐겁고 편안하게 만든 후에 본론으로 들어간다는 것이다.

본론에 들어가서도 무겁고 심각한 분위기일 수 있는 상황에서도 최대한 편안하게 있도록 재치있는 유머와 함께 쉬운 상황과 업무로 여길 수 있도록 분위기를 만들어간다는 것이다. 대화에 있어서 중요한 것은 상대의 말을 진지하게 청취하면서 고개를 끄덕여주고 대답을 잘 해주고 계속 말을 할 수 있도록 장단맞춰 주다보면 대화가 술술 풀려간다고 한다. 인간은 모두 즐겁고 기쁘고 행복하려는 마음이 본바탕에 깔려 있으니 그런 분위기를 연출해 가면 만사가 쉽게 풀려 나가는 것이다.

성공하는 사람들이 말하는 법

말투는 말에서 드러나는 독특한 느낌을 말한다. 사람의 개성이 다르듯 말투에도 개성이 있다. 성공하는 사람은 어감인 말투가 다르다. 상대의 마음을 열게 만들고 분위기를 부드럽게 하는 다정다감한 말투를 쓴다. 말에는 씨가 들어있다. 그래서 말씨라고 한다. 식물은 씨에서 꽃이나오고 열매가 나온다. 어떤 씨를 뿌리느냐에 따라 그 꽃과 열매가 다르게 나타난다. 이렇듯 인간도 곱고 온화하고 아름다운 마음씨를 가진 사람은 말씨가 아름답게 나온다. 말투에는 그 사람의 마음씨가 말로 담겨나온다. 곱고 아름다운 마음씨에서 풍겨나오는 꽃향기처럼 곱고 아름다운 말씨를 뿌려야 한다. 상대를 배려하는 사람은 상대의 말에 장단을 맞추며 신나게 경청해 주면서 상대도 신나게 말할 수 있도록 분위기를 띄워준다.

부드러운 말투, 상냥한 말투, 다정한 말투, 상대가 감동하도록 만드는 말투를 연습해야 한다. 그런 어투 속에 싹이 트고 열매를 맺는 씨가 들어있다. 그러한 말투가 나오게 하려면 그런 마음씨를 간직하고 있어야 스스럼없이 나오게 된다. 그립게 만들고, 사랑하게 만들고, 변하게 만들고, 고맙고 감사하게 만드는 말이 감동하게 하는 말이다. 상대를 감동시키려면 사랑과 정성스런 마음씨부터 간직하고 있어야한다. 사랑하는 마음씨에서 정성스런 말씨들인 진실한 말, 열정적인 말, 감사한 말, 온유겸손한 말, 따뜻한 말 등의 말씨가 나오게 된다. 때론 절망에 빠진 이에게 용기를 주는 보약같은 말을 해 주어야 한다. 심신이 건강할 수 있도록 기운을 넣어주는 말이 보약의 말이다. 당연히 이런 말들은 다정하고 부드럽고 온화하고 정성이 담긴 말투로 말하는 것이다. 그러나 상황에 따라서는 독약 같은 말투로 충고를 할 때 효력이 클 때도 있다. 이것이 충격 요법이다. 중병에 걸린 환자에게는 강한 약이 결정적인 효험을 주기도 하기 때문이다.

일찍 홀로된 어머니가 키운 아들이 세계적인 석학으로 크게 성공하여 텔레비전에 나왔었다. 어머니는 항상 사랑과 정성이 담긴 부드럽고 온화한 말로 아들을 훈육하며 보살펴 왔다고 하였다. 그러나 어쩌다가 아들이 잘못하면 무서운 폭군처럼 변하여 목소리부터 무서워지고 회초리를 들고 다스렸다고 한다. 그리고 나서는 홀로 눈물지으시는 어머니를 그 아들은 보아왔었다고 한다. 그 날 텔레비전에 나온 아들은 처음으로 어머니에게 물었다. "어머니 가끔 저를 왜 그렇게 무섭게 꾸중하시고 때리셨습니까?" 어머니는 목이 메인 음성으로 말씀하셨다. "네가 엄마와 아빠의 단점이 보일 때마다 그랬단다." 어머니는 아들이 홀어머니 슬하에서 자라며 혹시나 잘못될까 봐 부드럽고 사랑스런 말투로 대하다가도 아들이 엄마와 아빠의 약점이나 단점을 드러내며 잘못을 저지를 때는 마치 폭군처럼 변하여 자신을 꾸짖고 나무라는 심정으로 회초리를 들고 아들을 교육해 왔던 것이다. 아들이 반듯하게 성장하고 세계적인 석학이 될 수 있었던 것은 어머니의 부드럽고 다정스런 사랑이 담긴 온화한 말투와 함께 아들이 잘못된 길로 가면 무섭게 바른 길로 가도록 독약처방을 해 왔던 정성이 있었기 때문이었다. 이처럼 상황에 따라 그리고 사람의 성향에 따라 특별처방의 말도 효력이 있을 수 있다.

부드러운 말, 온화한 말 한마디가 역사를 바꿀 수도 있다. 국가정상들의 말 한마디가 국가의 흥망을 좌우할 때도 있다. 그래서 높은 직위로 올라갈수록 말을 잘해야 한다. 논리적인 말이 상대를 제압하고 다정한 눈빛만으로도 상대의 마음을 얻을 수 있다. 어떤 억양, 어떤 말투, 어떤 내용의 말을 했느냐에 따라 상황이 완전히 바뀌는 것을 우리는 얼마든지 볼 수 있다. 그래서 크게 성공하려면 그만큼 성공할 수 있는 말씨를 가져야 한다. 말은 할수록 늘고 말투도 연습에 따라 달라질 수 있다. 말투에는 호감형과 비호감형이 있다. 첫인상은 별로였는데 대화를 나누면서 느낌이 변하게 만드는 경우가 많다. 호감형은 말투가 부드럽고 온화하다. 비호감형은 말투가 퉁명스럽고 거리감을 갖게 만든다. 호감형의 말을 사용할 줄 아는 사람은 인맥이 넓어지고 자신의 꿈을 서서히 이루어간다. 비호감형은 사람들이 떠난다. 외톨이가 되고 자신이 무엇을 잘못하고 있는지를 깨닫지 못하고 남 핑계만 댄다.

성서에 '여러 종류의 짐승과 새와 벌레와 바다의 생물은 다 사람이 길들일 수 있고 길들여 왔거니와 혀는 능히 길들일 사람이 없나니 쉬지 아니하는 악이요 죽이는 독이 가득한 것이라'(야고보서 3장 7~8절)고 하였다. 말은 길들일 사람이 없다고 하였으니 말투 고치기가 얼마나 어려운가를 말하고 있다. 마음으로는 사랑하고 좋아하는데 평소 말투가 거칠고 퉁명스러워 상대로부터 늘 오해 받으며 사는 사람들이 많다. 감미로운 노랫소리는 마음에 평화와 행복을 가져다주지만 음치의 노랫소리는 즐겁던 분위기를 망치게 한다. 나의 말투가 퉁명스럽고 공격적이고 독수리가 발톱으로 양철을 긁는 소리처럼 들리지나 않은지 자신이 스스로 엿들어보아야 한다. 가난하고 무지해도 마음이 따뜻하고 말씨가 고우면, 그런 사람은 언젠가는 중심무대에 서게 된다. 그런데 아무리 많이 가졌고 많이 알아도 말투가 고약스러우면 사람들이 떠나고 언제 어떻게 9척 낭떠러지에 떨어질지 모른다. 그래서 서서히 고독단신이 된다. 잠언서에 "입과 혀를 지키는 자는 자기의 영혼을 환난에서 보전하느니라."(잠언 21장 23절)고 하였다.

인간은 누구나 행복하고 성공하려고 산다. 행복과 성공은 멀리서부터 가져오는 것이 아니다. 자신의 입에서 출발하는 것이다. 성공하고 행복하게 사는 사람들의 말하는 법을 배우고 연습하자. 성공하는 사람들의 말하는 법을 귀담아 둘 필요가 있다.

성공한 사람과 실패한 사람의 말하는 습관

성공한 사람은 성공한 사람들끼리 어울린다는 말이 있다. 성공한 사람들이 모인 곳은 긍정적 대화가 오고가고 자연스럽게 성공을 위한 워크숍 workshop이 이루어진다. 그래서 성공을 하려면 성공한 사람들의 이야기를 진지하게 들어보아야 한다. 그리고 성공한 사람들처럼 말하고 행동하면 성공한 사람이 되어 간다.

실패한 사람들끼리 모이면 부정적이고 불평불만의 대화가 오고간다. 워크숍을 해도 결국 실패할 내용을 가지고 꽤나 진지해진다. 악마는 인간들을 망하게 하려고 의논을 했다고 한다. 당장 죽이자, 병들게 하자, 어렵게 살게 하자, 싸우게 하자 등등 여러 의견이 나왔지만 결국에 통과된 것은 오늘 할 일을 내일로 계속 미루다가 결국 하고자 하는 일을 이루지 못하고 죽어가게 만들자는 의견이 통과되었다고 한다. 나중에, 내일, 내년 등으로 미루는 사람은 악마의 속임수에 걸려든 사람이다. 실패한 사람이 되라고 악마가 속삭이는 말에 말려든 사람이 되지 말자. 또 악마가 하고자 하는 말을 대변하는 사람도 되지 말자.

성공한 사람들은 미루지 않는다. 그 일이 정당하고 확실하고 의미가 있고 명분이 분명하면 지금 당장 여기서 시작한다. 성공한 사람이 되기 위한 기본적인 마인드가 긍정적인 것이고 부드러우면서도 열정적이고 온화한 말투를 써야한다. 자존심이 강한 사람은 남의 말을 듣지 않는다. 자신의 단점을 알면서도 쉽게 고치지 못한다. 자존심이 "밥 먹여 주냐" 라는 말이 있다. 성공한 사람들을 보면 안면, 체면, 자존심을 다 내려놓고 뛴 사람들이다. 인간은 성공했을 때 아름답게 보인다. 사람들은 모두 아름다워지기를 소망한다. 그래서 사람들은 성공을 꿈꾼다. 성공하려면 당장 말투부터 바꾸고 성공한 사람들처럼 말하는 연습을 하자. 다음은 성공한 사람과 실패한 사람의 말 습관이다. 습관은 오랫동안 반복하다보면 생기게 된다. 성공은 습관의 결과이다. 성공마인드 성공습관을 길러야 성공으로 갈 수 있다. 자신도 모르게 실패한 사람의 마인드, 실패한 사람의 습관은 가지고 있지 않은가 생각해 보면서 성공한 사람이 되기 위한 마인드와 습관을 만들어가야 한다.

성공한 사람들의 말하는 기술

말을 못하는 사람은 화를 내고 큰소리부터 친다. 말을 잘 못하면서 착한 사람은 억울한 말을 들으면 마음을 부둥켜안고 타는 속 달래면서 눈물만 줄줄 흘린다. 상대가 속사포처럼 말을 쏘아대면 말을 잘 못하는 사람은 한마디로 기가 막힌다. 그래서 화법을 배워야 한다. 속사포처럼 쏘아대는 말에 대꾸를 했다가는 자칫 잘못하면 싸움이 벌어진다. 말싸움에서 육탄전으로까지 번질 수 있다. 언어적 폭력을 당했거나 모욕적인 언사를 들었을 때 어떻게 말할 것인가! 상대가 말을 퍼붓는 것도 다 이유가 있을 것이다. 상대의 입장에서 역지사지하여 들어볼 필요가 있다.

보통의 대화에서는 누가 말을 잘하고 못하는지 구분하기 어렵다. 성공하는 사람들은 어려운 상황에서 적절하게 대처를 잘 한 사람이다. 말싸움에서 먼저 흥분한 사람은 반드시 진다. 흥분한 상태에서는 말이 정제되지 않고 준비되지 않은 말이 나오기 때문이다. 상대가 화를 낼 때, 상대가 흥분되어 있을 때, 억울하게 폭언을 당하고 있을 때 어떤 말로 상대를 제압할 수 있을까? 절대로 같이 흥분하거나 화를 내거나 억울하다고 같이 폭언을 하면 전쟁으로 이어질 수 있다. 우선 마음을 진정시키는 것이 중요하다. 그 때 가슴에서 여유를 끌어내야 한다. 그리고 부드럽고 갸냘픈 미소를 지어야 한다. 이 때 상대에게 편안함과 안정을 느끼도록 미소를 보여 주어야 한다. 잘못하면 얕보고 비웃는다고 생각할 수 있기 때문이다. 흥분하고 화가 날 때의 말은 대부분 목청이 올라가 격양되어 있고 말이 빠르다. 그래서 반대로 낮은 소리로 논리정연하게 천천히 말해야 한다. 우선은 상대의 말을 충분히 들어주어야 한다. 그처럼 부드럽고 다정하게 대했는데도 상대의 흥분이 가라앉지 않으면 잠시 휴전하는 것이 좋다. 우선 그 자리를 피한 후에 상대가 진정이 된 상태에서 다시 대화를 시도하는 것이 좋다. 그러면 대부분의 사람들은 자신이 잘못했음에도 불구하고 자신에게 친절히 대해주고 다정하게 말해 주었던 것을 기억하며 사과하거나 미안한 마음으로 다가오게 될 것이다. 그러면 싸움도 피하고 적군이 아군이 되어 나의 성공을 돕는 귀인을 얻어 승리하게 된다.

꽃이 말하는 것을 보았는가! 가만히 있어도 아름답다. 해와 달이 말하는 것을 보았는가! 아무 말 없이 서 있어도 따뜻하고 환하다. 세상의 모든 만물이 말하지 않아도 제 몫을 잘 해낸다. 청개구리는 아무 때나 울지 않는다. 수탉은 날이 밝기 전에 우는 게 고작이지만, 사람들은 그 소리를 듣고 일을 시작한다. 성공한 사람의 말은 이와 같아야한다. 상대를 기쁘게 하고 상대가 필요로 하는 말을 해야 한다. 상대가 기뻐하도록 말하고 필요로 하는 말을 하면서 잘 경청해 줄 때 아름다운 대화가 이루어진다.

그래서 때론 경청이 백 마디 천 마디의 말보다 강한 위력을 가진다. 그럴 때 침묵은 금이다는 표현이 맞다. 그냥 침묵하는 것이 아니고 상대의 말에 정답게 맞장구 쳐주면서 신나게 말하도록 이끌어주는 것이 금보다 나은 침묵의 언어가 된다. 말이 통하면 마음이 통한다. 마음이 통하면 같이 살고싶고 다 주어도 아깝지 않다. 함께 사는 부부도 마음이 통해야 행복하고 마음이 통하려면 말이 통해야 한다. 그래서 행복한 부부가 되려면 마음이 통하는 사람이든지, 말이 통하는 사람과 결혼해야 한다. 자식이 좋다지만 마음이 통하는 자식이 그 중에서도 가장 좋다. 그런 자식에게는 모든 재산을 다 상속해 주고도 더 주고 싶어진다. 마음이 통하지 않는 자식에게는 상속이 아까워진다. 마음이 통하기 전에 먼저 통해야 하는 것이 있다. 말이 통해야 한다는 것이다. 말이 아니어도 침묵의 언어라도 통해야 마음이 통하게 된다.

공자님 말씀하시기를 "천명을 모르면 군자가 될 수 없고, 예를 모르면 사람노릇을 못하게 되며, 말을 알아듣지 못하면 사람을 이해할 수 없다.不知命 無以爲 君子也 不知禮 無以立也 不知言 無以知人也"고 하셨다. 말을 잘 들어주어야 군자가 된다. 상대가 말을 잘 알아들을 수 있도록 말해야 군자다. 상대를 이해해주는 것이 통하는 순서다. 상대를 이해해 주는 대화, 상대의 마음을 알아주는 대화, 상대를 배려해 주는 대화가 상대와 말이 통하는 대화이고 마음이 통하게 하는 대화다. 말이 통해야 정이 들고 마음이 통해야 정이 깊어간다. 그래서 아름다운 대화가 성공적인 인간관계를 낳게 된다.

성공적인 언어에는 창조적인 언어, 관계적인 언어, 긍정적인 언어 그리고 침묵의 언어가 있다. 사람들은 무언가 이익이 있는 곳에 가고 이익을 주는 사람을 만나고 이익이 있는 일을 하고자 한다. 말을 주고받음도 마찬가지다. 무언가 얻을 수 있고 배울 것이 있어야 가깝게 다가온다. 그래서 창조적인 언어를 구사해야 한다. 긍정적인 마인드와 상대를 진실로 사랑하는 마음으로 대화를 나누어야 상대의 마음을 얻고 하나 된다. 많이 알고 가지고 있다고 말을 많이 하면 역겨워하고 피하려한다. 가끔은 진지하게 들어주고 고개를 끄덕여 주면서 침묵을 지켜주는 침묵의 언어가 상대에게 깊은 신뢰감을 주기도 한다.

제2강
나의 스피치speech 실력은 " " 어느 정도 일까 "

아기들이 말을 배우는 것을 보면 수없이 반복하면서 부모로부터 교정 받으며 서서히 말을 배우게 된다. 이처럼 말을 잘하려면 반복 연습과 교정이 필요하다. 녹음기로 녹음을 하거나 비디오로 촬영을 하여 모니터링 monitoring해 보자. 여러 사람이 모여서 발표를 한 후에 피드백feedback을 교환하면 더 큰 효과가 있다.

6단계 발표순서
첫인사 - 서론 - 본론 - 본론 마무리 - 결론 - 끝인사

▶ 다음 내용을 6단계로 1분 혹은 3분 스피치를 해보자
❶ 자기소개를 해 보라.
❷ 고향자랑을 해 보라.
❸ 사계절 가운데 가장 좋아하는 계절과 그 이유는?
❹ 10년 후 자화상을 말해보라.

먼저 간략히 원고를 작성한 후에 원고를 암기하고 처음에는 앵커처럼 원고를 들고 발표하고 다음에는 원고 없이 자연스럽게 발표해 보자.
성공한 사람의 대화법을 기억하면서 성공한 사람으로 느껴질 때까지 연습

한다.

스피치 자가진단 점수

스피치 자가진단은 똑바로 서서 거울을 보고 주제를 스피치 하면서 자신의 스피치를 스스로 진단하는 것이다. 가급적 거울에 자신의 모습 전체가 보이도록 하고 얼굴표정, 입모양, 자세, 제스처까지 체크하면서 자신의 스피치 실력을 스스로 진단한다. 자신의 얼굴을 똑바로 보면서 스피치를 자연스럽게 할 수 없다면 40점 이하가 된다. 거울 속에 자신을 똑바로 바라보면서 자신있게 말할 수 있어야 상대를 보면서 말할 수 있다.

– 상대의 얼굴을 똑바로 쳐다보며 말할 수 없다.(50점 이하)
– 상대의 얼굴을 똑바로 쳐다보며 말할 수 있다.(60점)
– 상대의 얼굴을 똑바로 쳐다보며 미소 지으며 말할 수 있다.(70점)
– 발표내용에 맞춰 적절한 미소와 표정연출이 가능하다.(80점)
– 내용에 맞는 적절한 제스처 사용까지 가능하다.(90점)
– 사람들 앞에서 안정되고 자연스럽게 스피치를 할 수 있다.(100점)

스피치 자기 평가 체크 리스트

아래의 25가지를 체크한 후에 자신의 스피치에 대해서 아니다, 가끔 아니다, 자주 그렇다, 거의 항상 그렇다 등 4단계로 평가를 하여 점수를 합산해서 자신의 스피치에 대한 수준을 알아본다.

▶ 4단계 평가 점수
❶ 아니다   : 1점
❷ 가끔 그렇다   : 2점
❸ 자주 그렇다   : 3점
❹ 거의 항상 그렇다 : 4점

▶ 25가지 평가 사항

❶ 나는 여러 사람 앞에서 말할 때 편안하다.( )

❷ 나는 사람들 앞에서 말할 때 부정적 생각은 피한다.( )

❸ 말하는 동안 목소리가 안정적이고 떨리지 않는다.( )

❹ 말하는 동안 몸이 긴장되지 않는다.( )

❺ 발표하는 동안 청중의 행동을 조절한다.( )

❻ 청중과 상호 작용을 끌어낸다.( )

❼ 요점 정리한 메모노트를 이용한다.( )

❽ 발표를 위한 메모노트 정리를 알기 쉽게 잘 정리한다.( )

❾ 미리 발표 연습을 큰 소리로 한다.( )

❿ 번호를 매겨 제시한다.( )

⓫ 청중의 주의를 집중시키며 시작한다.( )

⓬ 상황에 맞춰 목소리 크기를 조절한다.( )

⓭ 표현과 강조를 위해 목소리를 변화시키며 다양한 구사를 시도한다.( )

⓮ 시각 자료를 이용한다.( )

⓯ 시각 자료를 단순하고 읽기 쉽게 잘 준비한다.( )

⓰ 자연스럽게 제스처를 사용한다.( )

⓱ 청중과 눈길을 자주 자연스럽게 마주친다.( )

⓲ 발표의 완급을 조절한다.( )

⓳ 발표시 보조물, 소품을 적절히 상황에 맞게 사용한다.( )

⓴ 녹음 하면서 큰 소리로 여러 번 연습한다.( )

㉑ 발표 전 준비는 안심이 될 정도로 충분히 하는 편이다.( )

㉒ 말은 간결하게 짧게 하는 편이다.( )

㉓ 때와 장소에 따라서 의상에 신경을 쓴다.( )

㉔ 질문을 예상하고 답변을 연습한다.( )

㉕ 허용된 시간을 지킨다.( )

상기의 25가지 평가사항은 스피치에 대한 실기시험, 인터뷰, 면접, 논문 발표, 강연장, 미팅에서 모두 적용할 수 있는 사항이다.

4단계에 의한 25개의 평가사항의 점수를 합산하여 아래의 점수로 자신의 스피치에 대한 수준을 체크해 본다.

30점~40점   강사는 타고나는 것이 아닙니다.
                노력하면 누구나 될 수 있습니다.
40점~50점   열심히 노력하면 강사가 될 수 있습니다.
50점~60점   노력하면 가능성이 있습니다.
60점~70점   강사 자질이 보입니다.
70점~80점   조금만 노력하면 베스트 강사가 될 수 있습니다.
80점~90점   당신은 베스트 강사에 진입하였습니다.
90점~100점   당신은 어디에서나 빛나는 베스트 강사입니다.

강사 자가 진단표

비디오로 촬영하여 자신의 스피치에 대해 관찰하고 리스트에 체크하여 자신의 스피치 능력을 스스로 평가하고 교정하면서 반복해 본다.

▶ 목소리

❶ 목소리 크기가 적절한가?   5 4 3 2 1
❷ 말하는 속도가 적절한가?   5 4 3 2 1
❸ 발음이 똑똑한가?   5 4 3 2 1
❹ 목소리에 변화가 있는가?   5 4 3 2 1

▶ 몸동작

❶ 몸동작이 의도적이고 적절한가?   5 4 3 2 1

❷ 서 있는 자리를 옮겨주는가?　　　　　　5 4 3 2 1

❸ 청강생들에게 시선을 주고 있는가?　　　5 4 3 2 1

❹ 모든 청강생들을 살펴보는가?　　　　　5 4 3 2 1

❺ 몸동작의 효과를 극대화하는가?　　　　5 4 3 2 1

▶ **도구사용(파워포인트)**

❶ 시각적 효과가 있는가?　　　　　　　　5 4 3 2 1

❷ 악센트 효과는 적절했는가?　　　　　　5 4 3 2 1

❸ 브레이크 효과는 적절했는가?　　　　　5 4 3 2 1

❹ 전문인으로서 본보기는 되었는가?　　　5 4 3 2 1

❺ 강의내용이 중복되지는 않았는가?　　　5 4 3 2 1

▶ **강의진행**

❶ 강의에 열의가 느껴지는가?　　　　　　5 4 3 2 1

❷ 시간을 의미있게 보내는가?　　　　　　5 4 3 2 1

❸ 강의 속도가 적절한가?　　　　　　　　5 4 3 2 1

▶ **강의구성**

❶ 강의시작을 잘 했는가?　　　　　　　　5 4 3 2 1

❷ 강의에 숨돌릴 여유가 있는가?　　　　　5 4 3 2 1

❸ 호기심을 유도하는가?　　　　　　　　5 4 3 2 1

❹ 가장 중요한 내용이 부각되었는가?　　　5 4 3 2 1

❺ 강의에 끝맺음이 좋았는가?　　　　　　5 4 3 2 1

▶ **청강자들과의 관계**

❶ 청강자들을 개개인으로 인식하는가?　　5 4 3 2 1

❷ 청강자의 인격을 존중해 주는가?　　　　5 4 3 2 1

❸ 청강자들에게 표정이 적절했는가?　　　　　　　5 4 3 2 1

❹ 청강자들을 칭찬하는 내용이 있었는가?　　　　　5 4 3 2 1

❺ 청강자들의 반응이 좋았는가?　　　　　　　　　5 4 3 2 1

❻ 청강자들로부터 거리감 없는 존경을 받는가?　　5 4 3 2 1

　상기의 28가지 평가사항을 합산하여 그 결과를 아래의 점수로 자신의 스피치에 대하여 스스로 체크해 본다.

❶ 115~140점 – 아주 우수한 강사입니다.

❷ 84~114점 – 열심히 노력하셨습니다.

❸ 57~83점 – 조금만 노력하시면 많은 발전이 있겠습니다.

❹ 0~56점 – 아직 풍부한 잠재력을 활용하지 않으셨군요.

대화능력 자가 진단표

　흔히들 자신의 결점은 자신이 가장 잘 안다고 말하지만, 그렇지 않은 경우도 상당히 많다. 대부분의 사람들은 상대에 대해서는 냉정하지만 자신에 대해서는 관대하기 때문이다. 연설 클리닉 세미나에서 다른 사람들을 냉정하게 비판하고 지적하던 청강생이 있었다. 순번에 따라 그 청강생의 발표시간이 되었을 때 많은 사람들이 큰 기대를 하면서 연설을 들으며 모두 큰 실망을 금치 못했던 적이 있다. 지금까지 그가 지적하고 비판했던 점을 그 자신이 다 가지고 있었던 것이다. 정작 자신의 단점들을 기억하고 들춰내어 비판하고 지적한 꼴이 된 것이었다. 그래서 자신이 가지고 있는 단점을 정확히 깨닫고 그것을 고치려는 노력이 필요하다.

　우선 자신의 단점을 정확히 절실히 느껴야 한다. 그러면 마음만 먹으면 서서히 바꿔갈 수 있을 것이다. 지금까지 자가 진단 내용을 염두에 두고 아래의 내용을 체크하면서 강의를 한다. 그 다음 녹음하거나 비디오를 찍어서 확인해 본다.

❶ 적절한 언어를 사용하면서 말을 했는가!

❷ 내용은 적절하였는가!

❸ 상대를 충분히 이해했는가!

❹ 전하고자 했던 목적을 충분히 달성했는가!

❺ 자신감을 가지고 말을 했는가!

❻ 말하는 도중에 흥분하지는 않았는가!

❼ 소극적인 태도로 말하지는 않았는가!

❽ 당당한 태도와 당당하게 전했는가!

❾ 끝까지 자세가 흐트러지 않았는가!

❿ 상대를 살피면서 적절하게 말했는가!

⓫ 상대의 눈을 바라보며 말했는가!

⓬ 목소리의 강약, 고저는 자연스러웠는가!

⓭ 아, 어, 저 등의 어벽은 없었는가!

⓮ 같은 말을 여러번 반복하지는 않았는가!

⓯ 위화감을 줄만큼 제스처가 크지는 않았는가!

⓰ 과장된 언어나 문장은 없었는가!

⓱ 내용이 틀렸거나 실수한 말은 없었는가!

⓲ 내용을 완벽하게 소화하여 핵심을 잘 전달했는가!

⓳ 중요한 핵심 내용에 대한 지식은 부족하지 않았는가!

⓴ 진지하면서도 재미있게 말했는가!

㉑ 충분히 이해할 수 있도록 기자재는 적절히 사용했는가!

㉒ 어려운 내용을 알기 쉽도록 재치있게 설명했는가!

㉓ 서론과 결론은 매끄러웠는가!

㉔ 인사는 적절하게 잘 했는가!

Part I
제3강
" 파워 스피치 요령 "

리더의 스피치 기법을 크게 보이스, 보디랭귀지(제스처), 내용 등 3가지로 나눈다. 스피치에 있어 내용은 매우 중요하다. 그러나 명강사들의 스피치를 들어보면 특별한 내용이 없는데 사람들이 모여서 박수를 치고 환호하고 청중이 빠져있는 것을 볼 수 있다. 강의를 들으면서 메모할 것도 별로 없고 강의가 끝나고 나면 기억에 남는 것도 별로 없다. 그런데 청중이 빠져들게 만들었다는 것이다. 바로 **파워 스피치** 요령을 가지고 말했기 때문이다. 파워 스피치는 목소리의 비중이 약38%, 보디랭귀지 즉 제스처가 55%를 차지한다. 그리고 내용은 겨우 7%정도 차지한다는 것이다. 그러므로 명강사가 되려면 보이스가 좋아야 하고 보디랭귀지를 잘해야 한다는 것이다. 좋은 목소리는 당연히 타고 나기도 하지만 후천적으로 얼마든지 트레이닝을 통하여 파워 보이스로 만들어갈 수 있다. 제스처는 더더욱 그렇다. 그래서 명강사는 결코 타고나는 것이 아니다. 얼마든지 트레이닝을 통하여 다듬어지고 만들어 질 수 있다.

파워 스피치 10계명

❶ 철저하게 준비하라

철저하게 준비하면 자신감이 생긴다.

강사는 준비한 만큼 청중의 마음을 얻고 인기를 얻는다.

❷ 주제와 목적을 파악하라

주제와 목적이 뚜렷해야 내용이 선명해 진다.

❸ 강한 자신감과 열정 그리고 확신을 갖고 말하라

할 수 있다는 'I can 정신'으로 자신감을 갖고 열정적으로 말하라.

뜨겁게 말해야 뜨겁게 전염된다.

❹ 청중의 주의를 끌어라

도입부분 부터 청중의 시선을 제압해야 한다.

❺ 밝은 마음, 밝은 음성, 밝은 표정을 갖고 말하라

가장 듣기 좋은 음성은 밝은 음성이다.

밝은 마음이고 밝은 표정을 짓고 있어야 밝은 음성이 나온다.

❻ 태도는 바르게, 제스처는 힘있게 하라

자신감이 보이도록 정중하게 서서 강의해야 한다.

신뢰감이 가는 태도와 힘이 있고 간결한 제스처가 좋다.

❼ 큰소리로 생기 있게 말하라

목소리만 크다고 생기가 있는 것은 아니다.

자신감이 있어야 하고 자신감에서 생기가 있는 큰소리가 나온다.

❽ 니드need화법으로 말하라

청중이 원하는 것을 말해야 스피치가 성공할 수 있다.

청중이 원하는 것이 무엇인지 미리 알고 연습해 두어야 한다.

❾ 눈 맞춤을 골고루 하면서 침착하게 말하라

눈은 마음의 창이다.

절대로 흥분하지 말라. 흥분하면 말씀이 아니라 소리가 될 수 있다.

시선 처리를 고르게 하면서 차분하게 말하라.

❿ 유머를 사용하라. 유머는 친화작용을 일으킨다

유머를 사용하면 긴장이 풀리고 편안하게 하며 친밀감이 생긴다.

유머는 청중의 마음과 소통하는 통로이다.

스피치 훈련, 집에서도 가능하다

스피치훈련을 하려고 비싼 돈을 주고 학원에 갈 필요까지는 없다고 본다.

집에서도 얼마든지 연습할 수 있다. 목소리가 선천적으로 문제가 있어서 교정해야 한다면 목소리 클리닉을 받아야 한다. 그렇지 않고 보통으로 말 잘하는 사람이 되려 한다면 우리 주변에 선생님들은 얼마든지 쉽게 찾을 수 있다. 텔레비전을 보면서 혹은 라디오를 들으면서 자기의 목소리와 비슷한 톤을 가진 아나운서를 선정하고 롤 모델로 정하여 그의 말을 따라서 해보는 것이다. 롤 모델의 음성을 녹음, 녹화해 놓고 늘 듣고 말하다 보면 어느새 닮아가게 된다. 가수들이 자기의 목소리와 키가 비슷한 가수를 롤 모델로 선정하고 모창을 연습하다가 자신의 개성있는 목소리로 자기의 노래를 부르듯이 말이다. 우선 자신의 목소리와 비슷한 톤을 가진 선생님을 찾아야 한다. 그리고 그의 말을 집에서 수시로 연습하는 것이다. 그리고 스피치에 대한 책을 틈틈이 읽으면서 연습하면 전문가도 될 수 있다.

❶ 나와 비슷한 목소리를 가진 모델을 정해놓고 관찰하고 연습한다

❷ 표준어로 어법에 맞게 문장을 만들어 연습한다

❸ 말하는 요령과 감각을 익힌다

❹ 말하려는 목적과 때와 장소를 고려해 말한다

　　듣는 대상의 성비, 나이, 문화적 성향, 교육 정도 등도 고려해야 한다.

❺ TV를 시청할 때 방송인의 화술을 보고 듣고 익힌다

　　스피치도 듣고 모방하면서 시작된다.

❻ 글을 소리 내서 읽는다

　　신문사설, 칼럼, 동화, 소설 등을 읽게 되면 조리있게 말하게 된다.

❼ 가족들을 적극 활용한다. 가족들 앞에서 발표 해 본다

　　가족을 설득하고 감동시키는 훈련을 한다.(가족회의를 자주한다)

❽ 공식적인 장소에서 실행할 수 있는 기회를 만든다

　　완벽하게 준비하고 실행하여 많은 노하우를 쌓아간다.

스피치 실력을 높이는 방법

음식은 쓰든지 달든지 시든지 분명한 자기만의 구체적인 맛이 있어야 맛있는 음식이 된다. 말에도 마찬가지다. 구체적이고 정확한 단어를 사용해야 한다.

❶ 상상력은 창조력이다

내가 스피치를 잘 하는 상상과 기쁨을 느껴라.

❷ 나는 스피치를 유창하게 잘 한다

'나의 스피치는 설득력이 있고 감동을 준다' 는 자신감을 가져라.

❸ 글로 써서 암시를 현실화 하라

실제로 매일 3가지씩의 1분~3분 정도의 스피치를 연습하라.

매일 작은 원고들이 모여서 장문의 연설문이 된다. 실천해보자.

❹ 연습은 아무리해도 지나치지 않다

연습한 만큼 강의를 잘할 수 있다.

연습을 하다보면 기회가 온다. 기회가 만들어진다.

마음을 통하게 하는 화술

초등학교 다닐 때 수업시간에 선생님이 미소 지으며 쳐다봐 주면 얼마나 마음이 기뻤는지 모른다. 선생님을 존경하고 좋아하는데 그 선생님이 수업시간에 웃어주면 온종일 기쁘고 행복하다. '나는 당신을 존경하고 좋아하고 있어요.' 라는 말은 누구나 좋아한다. 강의를 하다보면 자신도 모르게 마음이 끌리는 사람이 있다. 강의를 하거나 대화를 할 때 어느 한사람에게만 마음을 주고 있으면 안 된다. 강의할 때는 모든 청강자들을 마음에 끌어안고 강의를 해야 한다. 청중들이 강사에게 마음이 이어지도록 만들어야 한다. 상대의 마음을 사는 간단한 방법은 정겹게 웃어주는 것에서부터 출발한다. 청강생 모두가 강사의 마음과 이어지도록 시선을 골고루 주어야 하고 모두에게 다정스런 미소가 전달되도록 눈을 마주쳐주어야 한다. 강사는 청중을 다정스런 마음으로 사랑의 향기를 뿌려 제압해야 한다. 대화에서도 상대의 마음을 얻는 첫 번째 방법은 다정스런 미소로 상대의 마음이 내 마음과 이어지도록 만들어야 한다.

❶ 항상 긍정적인 마인드를 가져야 한다

　상대가 나를 좋아하고 있다는 마음을 가져야 한다. 그래야 긴장하지 않고 정답게 대화를 이끌어갈 수 있다.

❷ 지나친 우월감이나 열등감을 버려야 한다

　지나친 우월감은 상대에게 교만하게 보일 수 있다. 대화는 상대로 하여금 겸손하게 느껴지게 해야 마음의 문을 열고 술술 받아들인다. 또 상대가 아무리 유능하고 모든 것을 갖추었어도 열등의식을 가질 필요가 없다. 지나친 열등감에서는 대화가 이어질 수 없다. 사람은 지위고하를 막론하고 다 비슷하다. 다정한 사람을 싫어하는 사람은 없다. 다정스런 마음으로 대하면 어느 누구나 정답게 대화를 이어갈 수 있다.

❸ 내가 먼저 마음의 문을 열고 포용력을 가져야 한다

　부모가 아무리 무식하고 못생겼어도 자식들은 그립고 보고 싶다. 자식들에게 언제나 마음이 열려 있고 다정스럽게 품어주는 마음을 가지고 있기 때문이다.

❹ 상황을 품고 적응해야 한다

　중요한 강의나 진지한 대화를 할 때는 주위의 어지간한 소음은 들리지 않는다. 상대를 귀하게 여기는 마음으로 대하면 상대도 나의 마음을 느끼며 끌려온다. 마음이 이어지면 상황이나 분위기는 큰 영향을 미치지 않는다. 상대를 귀하게 여기는 마음으로 환경과 상황을 끌어안고 대화를 해야 한다.

❺ 상대를 존중하며 사랑의 마음을 가지고 대화를 해야 한다

　사랑의 힘보다 큰 힘은 없다. 상대를 지극히 존중하고 사랑하는 마음은 이심전심 텔레파시가 통하여 상대도 느끼게 된다. 진실로 상대를 존중하고 사랑하는 마음만이 떳떳하고 당당하게 그리고 자신있게 말이

나오게 한다.

❻ 평소에 자신감 있게 말하는 자세를 가져야 한다

누구와 대화를 하더라도 자연스럽고 다정스럽게 대화하는 버릇을 들여야 어디를 가나 환영받는 사람이 된다. 가정에서 가족간에 대화에서도 정답고 다정스럽게 대화를 나누자. 평소에 집에서 새는 바가지 밖에 나가도 샌다는 말과 같다. 집에서 하던 버릇은 자신도 모르게 밖에서도 그대로 드러나게 된다.

❼ 눈이 마주쳐야 마음이 마주치게 된다

눈이 맞아야 마음도 맞는다. 대화를 할 때 상대의 눈을 다정스럽게 보면서 말해야 한다. 평소에 거울을 보면서 자신의 눈을 바라보며 미소 짓고 말하는 연습을 할 필요가 있다. 가족 간에 대화를 할 때도 눈을 보면서 미소 짓고 말하는 습관을 들이자.

❽ 유머를 즐길 줄 알아야 한다

어려운 말도 재치있게 유머로 바꿔 말하는 연습을 해야 한다. 유머는 연습없이 술술 나오지 않는다. 유머스런 이야기를 많이 수집하여 평소에 연습하자. 유머를 즐길 줄 아는 사람에게 사람들이 모인다. 분위기에 맞는 유머를 잘 구사하는 사람이 큰일을 해낸다. 어려운 협상이나 큰 계약을 체결할 때도 유머를 통하여 분위기를 자연스럽게 만들고 상대의 마음과 통하게 되면 협상이나 계약이 체결되게 하는 요체로 작용한다.

사람을 모여들게 하는 화법

우리는 서로 각기 다른 상황과 환경에서 생활하면서 그에 따른 말을 하고 있다. 배부른 사람에게는 아무리 좋은 음식을 갖다 줘도 감사하다는 인사를 받지 못한다. 병들어 신음하고 있는 사람 앞에서는 아무리 노래를 잘 불러도 칭찬받지 못한다. 아무리 말을 잘해도 상황과 환경에 어울리지 않는 말은 좋은 말이 아니다. 사람들이 따르고 모여들게 만드는 말이 있다. 다음과 같은 말들을 준비하는 것은 비장의 카드가 될 수 있다.

❶ 칭찬을 생활화 습관화해야 한다

　　칭찬은 고래도 춤추게 한다고 했다. 칭찬은 사람뿐 아니라 동물들도 식물들도 좋아한 다는 것이다. 입에 발린 칭찬이어도 듣는 사람은 기분이 좋다. 당장 실험해봐도 된다. 칭찬을 생활화하면 사람들이 좋아하는 사람이 되고 서서히 자신의 주변에 사람들이 모여들게 된다. 인기가 높아간다.

❷ 유머와 위트를 생활화해야 한다

　　사람은 재미있는 곳에 간다. 아까운 돈을 내고 영화를 보고 연극을 보는 것은 재미있기 때문이다. 재미없는 영화에는 사람들이 모이지 않는다. 사람을 만날 때 우선 다정하게 느껴져야 한다. 그리고 시간이 갈수록 재미있는 사람으로 느껴져야 다시 만나고 싶어진다. 유머와 위트를 적절히 구사할 수 있어야 좋은 사람, 재미있는 사람, 다시 만나고 싶은 사람이 된다.

❸ 진실성이 느껴지게 진심으로 말하고 있다는 것을 보여주어야 한다

　　사람들은 진실과 진심이 보이면 자신의 마음도 열어서 보여준다. 말이 통하니 마음도 통하게 되는 것이다. 상대를 감동하게 하고 마음을 열게 하는 열쇠는 신뢰감을 주는 것이다. 진실성이 있는 사람은 오래도록 만나도 싫증나지 않는다.

❹ 달변가라해도 혼자서만 말하려하면 사람들이 떠난다

　　상대도 말할 기회를 주어야 한다. 말을 할 수 있도록 유도해야 한다. 상대의 반응을 살피면서 집중력이 떨어지거나 주의가 산만한 느낌이 들면 상대가 말할 수 있도록 유도해야 한다. 상황과 상대의 반응을 살피면서 대화를 유도하는 사람이 진정한 화술가이다.

❺ 유능한 화술가는 분위기가 산만해질 때 전환시키는 기술이 있다

　　재치있는 유머나 위트로 분위기를 완전히 뒤집어 놓는다. 상황의 반전이다. 그리고 분위기를 살리기 위한 적절한 말 펀치를 가지고 있어

야 한다. 시들어가는 분위기를 한방에 날려버릴 말을 준비하고 있어야
한다.

⑥ 말할 때는 주제가 분명해야 하고 핵심이 무엇인가 확실해야 한다

그래야 듣는 사람이 편하고 진지하게 듣는다. 논리가 분명하고 서론,
본론, 결론이 명확해야 한다.

⑦ 말 이어갈 때 상대가 들어서 기분이 상할 수 있는 민감한 말은 삼가자

아무리 좋은 내용이라 해도 상대의 상황을 고려하면서 말을 해야 한
다. 아무리 좋은 말이라도 상대에게 상처 될만한 말이 있었다면 다른
말들은 떠오르지 않고 오로지 그 말만 기억에 남게 되어 앙금이 생길
수 있다.

⑧ 가급적 종교적이거나 이념적인 말은 삼가야 한다

대화가 아니라 논쟁이 될 수 있다. 논쟁거리가 될 수 있는 말은 애당
초 꺼내지 않는 것이 좋다. 항상 중립과 중용을 견지하고 앞뒤를 가려 말
해야 한다.

⑨ 말하면서 말투가 부드러운가, 상황에 적절한가, 내가 직접 가늠해본다

한참 말을 하다보면 톤이 올라가 있을 수 있고 퉁명스런 말투로 말하
고 있을 수 있다. 상대가 항상 최고 톱 VIP다 라고 생각하며 말해야 최
고의 스피치가 된다. 겸손하고 부드러운 말투로 말을 해야 한다. 아무
리 말을 잘하더라도 말투가 건방지게 느껴지거나 오만하게 느껴진다면
사람들이 떠나게 될 것이고 나의 이미지는 망가질 것이다.

⑩ 누구를 만나든지 소중한 인연으로 느끼며 대해야 한다

불가에서 옷깃만 스쳐도 전생에 엄청난 인연이 있었다고 한다. 하물
며 만나서 대화를 나누고 있다면 보통 인연이겠는가! 지금까지 수많은
인류와 지금의 70억의 인류 가운데 우리가 만났다는 것을 생각하면 참
으로 소중한 인연이 아닐 수 없을 것이다. 만남에 대한 감사한 마음과
소중한 인연을 생각하며 대화를 이끌어가야 한다.

⑪ 사람은 개성이 각기 다르다

자신만의 개성있는 화술을 가지고 있어야 한다. 분위기를 한순간에 업그레이드 할 수 있는 자신의 개성을 담은 한방의 말 펀치, 쇼맨십 등을 가지고 있어야 그 사람과 말을 잊을 수 없으며 다시 만나고 싶은 사람으로 기억하게 할 수 있다.

사람들 앞에서 당당하게 스피치하려면!

❶ 틀리는 것을 두려워 말고 자신있게 표현하라

말을 하다 보면 틀릴 수도 있다. 표현이 적절치 못했다고 생각하면 이를 고치거나 다시 표현하면 된다. 누구나 틀릴 수 있으니 지나치게 걱정하지 말라. 따라서, "틀리면 어떻게 하나"하고 미리부터 두려워 말고 자신있게 표현하라. 두려움과 걱정이 자신감을 떨어뜨린다.

❷ 공백이나 막힘을 두려워 말고 마음의 여유를 가지라

스피치를 하다가 해야 할 말이 잘 생각나지 않으면 누구나 당황하게 된다. 허겁지겁 원고를 보지만 필요한 부분이 눈에 선뜻 들어오지 않을 수도 있다. 그럴 때 당황하게 된다. 공백 현상이나 막힘 현상을 두려워 말고 마음의 여유를 갖는 것이 필요하다.

그래서 강사가 가져야할 중요한 무기는 한쪽 가슴에 여유를 담고 있는 것이다. 공백이나 막힘이 있을 때 그 여유를 꺼내어 자연스럽게 대처하는 것이다. 공백이나 막힘이 오면 차분하게 미소 지으며 원고를 찾아서 침착하게 말을 이어가면 청강자들에게 더더욱 신뢰감을 줄 수 있다.

❸ 자연스럽게 생각나는 대로 발표하겠다는 자세를 가져라

스피치는 준비한 그대로 정확하게 발표해야 한다는 생각과 믿음을 버려라. 스피치는 준비를 필요로 하지만 준비한 것을 토대로 현장과 상황에 따라 실행하는 것이다.

상황에 따라 세세한 표현들은 얼마든지 바뀔 수 있다. 내용이 바뀔 수도 있고 빠질 수도 있다. 준비한 내용 중에 핵심 키워드나 중요한 아이디어만 들어가면 된다. 헌데 핵심 키워드나 아이디어가 떠오르지 않았을 때는 원고를 침착하게 보면 된다. 중요한 사항이기에 원고를 보고 확실하게 설명하면 더더욱 신뢰감을 줄 수 있다. 핵심 내용을 중심으로 생각나는 대로 말하다보면 시간을 조절할 수 있다. 원고대로 말하다보면 상대(청중)의 반응은 전혀 고려치 않고 일방적으로 재미없는 설교나 강연을 하고 내려 올 수 있다. 핵심 사항을 중심하고 상황과 반응에 적응하면서 자연스럽게 스피치해야 성공적인 스피치가 될 수 있다.

❹ 외우지 못할 만큼 긴 내용은 원고를 보고 읽어도 좋다

보고 읽는 것은 실력이 들통 난다는 고정관념이나 심적 부담감을 버려라. 외우지 못할 만큼의 긴 문장이나 중요한 핵심내용은 읽어주거나 함께 읽으면 더 신뢰감을 줄 수 있다.

❺ 청산유수처럼 막힘 없이 말하려 하지 마라

잘 안다고 반사적으로 읊어대는 청산유수식 스피치는 결코 좋은 스피치가 아니다. 자신에게나 상대(청중)에게 충분히 생각할 시간을 주면서 천천히 진행하는 스피치가 좋은 스피치이다. 표현이 잘 생각나지 않으면 더듬거릴 수도 있으며, 앞에 나간 표현이 적절치 못하다고 느끼면 다시 반복하여 말해도 된다.

❻ 강의할 때 혼자서 말하려 하지 마라

많은 사람들이 스피치는 마치 아무도 없는 방안에서 혼자 스피치 연습을 하는 것처럼 자기 말만 충실히 전달하면 되고 청중은 가만히 앉아서 듣기만 하면 된다고 생각하는 경향이 있다. 그러나 성공적인 스피치는 일상적인 대화와 같이 듣는 사람과 말하는 사람이 서로 대화하듯이 스피치가 이루어져야 한다. 물론 대화처럼 서로 차례를 바꿔가면서 발표하는 것은 아니지만, 마치 청중에게 차례라도 넘겨주는 것처럼 제스처로, 시선으로, 음성으로, 가끔은 쉬고 간단한 질문 등으로 청중을 끌어들이는 자세로 스피치를 해야 한다.

❼ 할 말에 대하여 고민하며 시간을 투자하자

불후不朽의 대연설가들의 내용은 그냥 쉽게 나오지 않는다. 명연설문을 만들어내기 위하여 치열한 싸움을 하듯이 고뇌하고 몸부림치며 만들어 낸다. 명연설문을 만들기 위한 자기와의 치열한 싸움이 있어야 한다. 그리스도께서도 가끔은 홀로 무리를 떠나 생각하고 고민하고 사색에 잠기기도 하셨다. 40일동안 금식을 하신 후에 그 유명한 산상수훈山上垂訓을 말씀하셨다. "하늘은 스스로 돕는 자를 돕는다."라는 말은 진리다. 명강사가 되기 위한 자기와의 싸움에 승리해야 진인사대천명盡人事待天命이 실현된다.

제4강
" 말하는 법칙 "

어릴 적에는 단상에서 설교하는 목사님들이 원고도 안 보고 말씀을 너무 잘 하셔서 하늘로부터 계시를 받아 청산유수로 말씀하시는 것이라 생각했었다. 명설교를 하는 목사님일수록 철저하게 원고를 쓰고 열 번, 백 번 원고를 읽고 또 읽어서 외운다. 그리고 화법, 제스처 법, 발성법 등을 중심으로 준비하여 설교 시간에 소위 연출을 할 정도로 완벽하게 설교 말씀을 전달하는 것이다. 세계적인 명연설가들도 마찬가지다. 상황과 대중에 적절한 원고를 작성하여 말하는 법칙을 따라 말을 했을 때 심금을 울리는 명연설이 탄생되는 것이다. 그런 명연설은 누구나 할 수 있다. 문제는 얼마나 노력하고 준비하느냐에 달려 있다.

사람들이 싫어하는 부적절한 언어

사람들이 들어서 좋아하고 감동하면서 박수받을 수 있는 말들은 앞에서 말했다. 좋은 말을 하는 것도 중요하지만 청중이 싫어하는 말은 반드시 삼가야 중간이라도 간다. 부정적이고 불평불만적이며 무시하는 언어, 그리고 비속어 등 사람들이 들어서 싫어하는 말들을 강의하다 보면 자신도 모르게 버릇처럼 나오는 경우가 있다. 적어도 프로강사가 되려면 사람들이 싫어할 말들은 꺼내지 말아야 한다. 또한 선동하고 궐기하는 연설이 아니라면 폭력적이거나 명령조의 언어도 사용하면 안 된다. 자신도 모르게 사람들을 거슬리게 하는 단어를 습관처럼 말하는 사람들이 의외로 많다. 다음의 내용을 기억하면서 강연이나 대화할 때 주의를 기울여야 한다.

❶ 요, 죠 체는 쓰지 말아야 한다

그러거든요. 그러구요. 그러죠. 그렇게 하시죠 등의 예매한 말투는 사용하지 않는 것이 좋다.

❷ 비속어는 쓰지 말아야 한다

비속어는 속된 말이고 격이 떨어지는 말이다. 가까운 친구사이에 흔히 쓰는 말이기도 하다. 그래서 자신도 모르게 평소에 비속어를 사용하던 버릇이 중요한 대화에서나 강의에서도 불쑥 튀어나올 수 있다. 지랄하고 있네. 구라 떨고 있네. 개나발 불지마 등의 비속어가 강사의 입에서 튀어나오면 그의 이미지는 급속히 떨어지고 마는 것이다.

❸ 부정어를 사용하지 말자

안 됩니다. 절대로 안돼요. 아닙니다. 그럴 수 없습니다. 등의 부정어는 상대에게 부정적인 이미지를 줄 수 있다.

❹ 명령어를 사용하지 말아야 한다

가지고 오세요. 이렇게 하세요. 그렇게 해야 합니다. 그만 두세요. 등의 명령어를 사용하면 소중한 사람들이 떠나게 된다.

❺ 훈계하듯이 말하면 안 된다

훈계를 들으면 좋아하는 사람이 없다. 그런 것이 아니라구요. 그러는 게 아닙니다. 그건 아니라니까요. 등의 훈계조의 말은 듣고 나면 뒤돌아 생각할수록 기분이 나쁠 수 있다.

❻ 책임을 회피하고 애매한 투의 말은 하지 말아야 한다

나는 그렇게 생각합니다. 그럴 거라고 사료됩니다. 그렇게 생각하거든요. 아마 그럴겁니다. 아마 그럴껄요. 등의 말투는 애매한 말투이고 책임을 회피하는 말투이다. 부정확한 말을 계속하면 신뢰를 잃는다.

❼ 습관적으로 나오는 상투적인 말은 삼가야 한다

마치 백화점이나 노점상에서 상투적으로 인사하듯이 주로 하는 말을 수시로 사용하면 격을 낮게 볼 수 있다. 그리고 정말로, 진실로 등의 말을 자주 사용하면 격이 떨어진다. 많은 강사들이 자신도 모르게 버

룻처럼 '정말로, 진실로' 등의 표현을 자주 쓴다. 이러한 단어는 삼가야 한다. '정말로' 라는 말을 하는 순간에, 그러면 지금까지는 정말이 아니고 거짓을 말했다는 말이 될 수도 있다는 뉘앙스가 풍기기 때문에 결코 사용해서는 안 된다.

8 어벽을 주의해야 한다

　　말을 하다가 조금 막힌다 싶거나 생각이 나지 않을 때는 예~, 음~, 어~, 요컨데, 말하자면, 그런데, 아마, 그러셨나보네, 소위, 진실로, 정말로 이런 어벽을 자신도 모르게 습관처럼 사용하는 사람들이 있다. 계속 들으면 짜증나게 하는 말이다.

목소리를 화초를 가꾸듯 가꾸어라

　　말을 잘하려면 목소리가 좋아야 한다. 목소리를 어떻게 내야 하는가에 대해서는 발성법에서 다루겠지만 말을 잘하고 강의를 잘하려면 우선적으로 목소리가 강하고 아름답고 튼튼해야 한다. 평소에 목과 입 관리를 잘하여 말을 잘할 수 있도록 신경을 써야 한다. 여기서는 목소리를 가꾸는 기본적인 것만 간략하게 다루고 구체적인 것은 발성법에서 다루도록 한다.

❶ 강사는 정제된 소금물로 자주 가글을 한다.

❷ 강사는 최소한 하루에 한 번은 정제된 소금으로 양치질을 해서 목의 피로를 풀어준다.

❸ 평소에 말을 할 때 의도적으로 배에 힘을 주어 발음한다.

❹ 신문이나 책을 입을 크게 벌려서 소리 내어 읽는다.

❺ 자신의 목소리를 녹음해서 들어본다.

❻ 말을 시작할 때나 끝날 때 식용수나 소금물로 입안을 깨끗하게 한다.

❼ 사탕이나 소금을 준비하여 말하기 전 후에 입안을 부드럽게 한다.

❽ 입을 크게 혹은 옆으로 움직이면서 입 주변과 턱 근력을 키운다.

❾ 단전호흡을 하여 아랫배에 힘을 기른다.

⑩ 맑은 공기를 수시로 크게 들이 마시면서 폐를 강하게 만든다.

⑪ 목감기에 걸리지 않도록 목을 항상 따뜻하게 감싸준다.

고쳐야할 말

강의를 할수록 인기가 올라가는 강사가 있는가 하면 강의를 하면 할수록 인기가 떨어지는 강사가 있다. 강사는 철저히 상대(청강자)를 고려하고 배려 하면서 강의해야 환영받고 인기가 올라간다. 준비없이 강의하다보면 자신도 모르게 튀어나오는 말이나 행동으로 대화가 무산되고 소통이 단절되고 먹통 되는 경우가 있다. 대화나 강의에 있어서 당장 고쳐야 하거나 강사가 보여서 는 안 되는 것들이 있다. 고쳐야할 점이 있어 가지고는 명강사로 성공할 수 없으니 기억하고 있어야 할 것이다.

❶ 훈시적이다.

❷ 거만하게 말한다.

❸ 뽐내면서 말한다.

❹ 말과 행동이 딱딱하다.

❺ 남의 험담을 한다.

❻ 강제적으로 하라고 한다.(박수, 복창, 모션 등)

❼ 명령조로 말한다.

❽ 수치감을 주는 말을 한다.

❾ 빈정대거나 핀잔을 주는 말을 한다.

⑩ 꾸짖는 말을 한다.

⑪ 결점을 파헤친다.

⑫ 날카롭게 말한다.

⑬ 융통성 없게 말한다.

⑭ 흥분하여 말한다.

⑮ 논쟁적으로 말을 한다.

⑯ 발뺌하는 말을 한다.

⑰ 불평을 하면서 투덜댄다.
⑱ 자기가 젊었을 때는 그렇지 않았다고 자만한다.
⑲ 자기를 변명한다.
⑳ 쓸데없이 길고 지루하게 말한다.

명강사가 되려면 상기 내용은 필히 숙지하고 꺼내지 않도록 한다.

아래의 내용은 환영받는 화법이다. 성공한 사람으로 나가기 위한 화법이니 평소에 기억해뒀다가 활용하면 좋을 것이다.
❶ 의논식으로 말한다.
❷ 부탁하는 식으로 말한다.
❸ 구체적으로 쉽게 말한다.
❹ 친숙하게 말한다.
❺ 상대의 장점을 자랑해 준다.
❺ 상대의 실패에 동정한다.
❻ 적절하게 칭찬한다.
❼ 상대의 입장이 되어서 말한다.
❽ 자기 잘못을 솔직히 인정한다.
❾ 침착하고 여유있게 말한다.
❿ 상대를 기분좋게 해준다.
⓫ 너그럽게 생각하며 말한다.
⓬ 잘 정리된 정확한 화법을 쓴다.
⓭ 상대가 하는 말을 잘 듣는다.
⓮ 미소지으며 다정스럽게 말한다.

상대가 좋아하는 말을 하자
말을 시작할 때 자연스럽고 부드러운 말을 꺼내야 한다. 말이 부드러우면 분위기도 부드러워진다. 사람은 누구나 자연스럽고 부드러운 것을 좋아하고 그럴 때 편안함을 느낀다. 말을 시작할 때 자연스럽고 부드럽게 질문을 던지는 것도 좋다. 건강하시죠? 날씨가 좀 추워졌는데 괜찮으세요? 하시는 일은 잘 되시죠? 얼굴이 매우 환해지셨네요. 무슨 좋은 일이 있으신가보죠? 건강하게 보이십니다. 좋은 일이 많으신가 보네요? 등으로 상대가 부담감을 느끼지 않고 스스럼없이 대답할 수 있도록 유도하는 것이다. 대화의 시작은 단순하면서도 쉽고 온화하며 자연스러워야 부담감 없이 대화의 문이 열리게 된다. 강의도 마찬가지다. 청강자들이 부담감을 느끼지 않도록 평안한 마음으로 대할 수 있도록 말문을 열게 해야 한다. 당연히 부드럽고 자연스럽게 말의 첫단추를 잘 꿰어야 한다. 그러면서 다음의 내용을 기억하면서 말을 이어가야 한다.

❶ 반드시 존댓말을 써야 한다

처음으로 만난 사람이 어린학생이라 하여도 반말보다는 존댓말을 사용하면서 부드럽게 대하면 거부감을 덜어주고 친밀감을 주게 된다. 강의를 할 때도 어린학생들이 모여 있는 곳에서 반말을 사용해서는 안 된다. 도인들의 세계에서는 도가 높아갈수록 모든 사람들을 귀히 여기며 존댓말이 나온다고 한다. 사람이 하늘이라 하였으니 사람은 귀천이나 남녀노소를 막론하고 다 하늘처럼 귀한 것이다. 그러므로 어느 누구를 막론하고 존댓말을 사용해야 한다.

❷ 반듯한 자세로 말해야 한다

자세가 중요한 것은 제스처 법에서 다루게 된다. 바른 자세에서 정확한 발음이 나온다. 자세를 보면서 그 사람의 인품을 느끼게 되고, 말의 내용을 그 사람의 자세를 보면서 신뢰와 확신을 갖게 한다.

❸ 끝까지 다정하게 말해야 한다

말을 많이 하다보면 자세가 틀어질 수도 있고 표정이 굳어질 수 있다. 나이가 많은 사람은 입에서 침이 나와 입가에 묻어 있을 수 있으니 주의해야 한다. 말이 끝날 때까지 미소를 잃지 말아야 하며 다정한 자세와 미소가 담긴 말이 나오도록 해야 한다.

❹ 말이 빨라지지 않도록 주의해야 한다

대화나 강의를 하다보면 자신도 모르게 말이 빨라진다. 특히 자신의 주장을 강하게 어필할 때는 대부분 말이 빨라진다. 말이 빨라지면 잃어버리는 것이 많아진다. 고집이 세다고 느껴질 수도 있고, 대화가 아니고 일방통행이 되어 상대가 무시당하는 느낌을 받을 수도 있다. 그리고 말이 빨라지면 발음이 흐려질 수도 있고, 무슨 말을 하는지 상대가 이해하기가 어려워질 수도 있다. 진지하고 중요한 대목일수록 천천히 또박또박 다정하고 미소를 품고 설명해야 상대의 마음을 얻을 수 있다.

❺ 상대에게 언제나 긍정적으로 대해야 한다

앞에서도 말한 바와 같이 모든 사람은 긍정적인 사람을 좋아한다. 아무리 부정적인 사람이라 할지라도 그에게 부정적인 말을 계속하면 반감을 사고 상대하지 않으려 한다. 대화도 긍정적으로, 강의도 긍정적으로 해야 사람들이 좋아한다. 부정적인 사람들이 모여 있는 곳에서는 부정적인 말로 시작할지라도 결국에는 긍정적인 방향으로 옮겨와야 한다. 때론 비판적이고 부정적인 말을 잘하는 사람이 인기가 있는 것처럼 보일 때도 있지만 그를 존경하고 따르는 사람은 없다.

❻ 목소리는 언제나 맑고 명랑해야 한다

목소리는 타고나기도 하지만 자신이 노력하면 얼마든지 바꿀 수 있다. 이에 대해서는 발성법에서 다루게 된다.

❼ 쉬운 말을 사용해야 한다

쉬운 말을 하면 수준을 낮게 볼 수 있다고 생각하는 사람들이 있다. 신학교에서 설교학을 가르칠 때 명설교는 중학생들이 듣고 충분히 이해할 수 있을 정도의 언어와 문장을 사용해야 된다고 말한다. 현대인은 머리 쓰는 일이 많다. 대화를 하거나 강의를 할 때 너무 어려운 단어나 문장을 사용하면 거리가 멀어진다. 일반 사회강의를 청탁해 올 때 "강의를 잘 해 주세요." 라고 부탁을 받는다. 이 말은 수준이 높고 어려운 문자들을 사용하며 강의 해 달라는 말이 아니다. 재미있고 쉽게 강의 해 달라는 말이다.

⑧ 한 번에 다 가르치려 하지 말아야 한다

신학교를 졸업하고 처음 설교 할 때 가장 수준 높고 가장 어려운 설교를 한다고 한다. 신학서적, 전문서적을 다 뒤져서 한편의 논문을 발표하듯 설교를 한다. 그리고 대부분 길다. 서론 본론 결론 등 논리가 정확하지만 그런 설교는 결코 명설교가 될 수 없다. 교회는 은혜 받고 기쁘고자 해서 간다. 강의 들으러 가는 것도 아니고 또 전문 강의를 듣고자 해서 가는 것이 아니다. 지금도 개척 교회에서 목회를 하고 있는 동료 목회자의 교회를 방문하여 설교를 듣는 경우가 있다. 그런데 필자 같으면 3회 내지 5회 정도 나누어서 설교할 내용을 그 목사는 한 시간 동안에 하고 있었다. 그 교회의 신도들의 말을 들으면 당연히 불만이 많았다. 많은 말을 했다고 은혜받고 감동하고 깨닫는 것이 아니다. 밥도 하루에 먹을 양을 아침에 한꺼번에 먹는다고 하루 종일 배부른 것이 아닌 것처럼 나누어 먹어야 한다. 잠깐 말을 하였어도 호감과 감동과 깨달음과 감사를 느끼게 했다면 다음에 다시 듣고 싶어하고 다시 만나고자 할 것이다. 상대를 감동시킬 수 있는 내용을 준비하여 간단명료하게 여러 번 나누어서 말해야 효과가 있다.

화법의 순서

① 역삼각형 법

먼저 결론부터 말하고 다음에 그것을 증명하고 설명하는 화법이다. 명령. 보고 등의 경우는 먼저 결론부터 말하는 역삼각형법을 쓴다.

② 시간적 순서 법

사실을 그대로 말할 때 쓰는 화법으로 주로 활용된다. 시간적 경과에 따라 순서를 쫓아서 이야기를 진전시켜 나가는 방법이다.

③ 공간적 순서 법

서술이나 설명의 경우에 많이 쓰인다. 공장의 배치와 명소의 설명, 관광버스 안내의 화법 등은 공간적인 장소 배치의 순서에 따른다. 조직의 설명, 기계 및 도면의 해설 등에도 효과적이다.

❹ 병렬적 순서 법

이것은 문제를 쭉 제시해놓고, 그 내용을 충분히 설명한 다음에 상대편에게 선택권을 주어, 결론을 내리게 하는 화법이다. 이는 비즈니스 화법에 많이 쓰인다.

❺ 인과적 순서 법

먼저 원인을 설명하고 그 때문에 이런 결과가 나왔다든지, 이런 결과가 된 것은 이러이러한 원인에 의한 것이라는 식으로 원인과 결과의 인과관계로 말하는 방법이다. 원인을 먼저 설명하고 결과를 말하는 방법을 연역법이라 하고, 결과를 먼저 설명하고 원인을 도출해 내는 방법을 귀납법이라 한다.

❻ 문제해결 순서 법

몇 개의 문제를 제시하고 거기에 부합하는 적절한 대책이나 해결법을 말하는 화법이다. 그 해결책에 어떤 폐단은 없는지, 또 최선의 해결법인지의 여부를 검토하고 또 하나의 문제점에 하나의 해결책이라는 게 아니라 종합적인 해결을 구하는 수가 있다.

❼ 경중 순서 법

내용이 중요한 것부터 말하든지, 또는 반대로 중요하지 않은 것부터 말해 나가는 화법이다.

명강사는 청강자들에게 감동을 주고 깨달음을 주어 변화시키는 사람이다. 힐링정신이 있어야 하고 아마추어가 아닌 프로정신을 가져야 한다. 그러려면 철저히 준비한 후에 강단에 서야 한다. 청강자들이 다음에 다시 듣고 싶어 하도록, 앙코르를 외치도록, 홍보대사가 되어 다른 곳에서도 초청 받을 수 있도록 열강해야 한다. 열강은 실력, 능력, 열정, 준비성 등이 혼합되어진 상태에서 사명감을 가지고 신명나게 청중과 소통하면서 강의하는 것이다.

한국에서 두 번째 가라면 서러워할 정도의 명강사가 자그마한 시골마을에 초청돼 강의를 하게 되었다. 시골사람들이 모였을 것이니 쉽게 생각하고 강단에 올라서서 강의를 했던 모양이었다. 한국 최고의 강사가 오셨다고 소개하니까 큰 박수를 받으며 강단에 올라서서 강의를 시작했다. 처음에는 기대치가 컸으니 호기심을 갖고 열심히 강의를 듣는 것 같더니 시간이 흐를수록 여기저기서 웅성거리는 소리가 들리고 조는 사람, 나가는 사람, 강당분위기가 산만해지고 있었다. 그 강사는 청강생들의 상황과 수준과 필요로 하는 것을 전혀 고려하지 않고 준비하지 않았던 모양이었다. 강의가 풀려나가지 않으면 목소리가 높아지고 땀이 나게 된다. 그 강사는 분위기를 역전시키려 애를 썼지만 쉽지가 않은 모양이었다. 결국 주어진 강의시간을 채우고 강의를 마쳤는데, 그래도 시골분들이라 인심이 좋아서 큰 박수를 받고 하단하였다. 그 강사는 가장 힘든 강의를 했을 것이다. 아마도 그 강사는 그 날을 일생동안 잊을 수 없을 것이다. 상황과 수준과 필요로 하는 강의내용을 충분히 준비하지 않고 평소의 실력으로 강단에 섰기에 그렇게 힘든 강의를 한 것이다. 그래서 아무리 명강사이고 경험이 풍부한 강사라 해도 상황에 맞는 강의를 준비하지 않으면 큰 실수를 하게 된다.

다양한 화법을 연마하고 상황에 맞는 그리고 청강자들이 필요로 하는 강의내용을 준비해야 한다. 똑같은 강의내용이라 할지라도 강당의 시설과 상황과 청강자들의 수준과 비치한 물품 등을 꼼꼼히 점검하고 사회자나 진행자들로부터 충분히 설명을 듣고 최고의 효과를 낼 수 있도록 미리 준비하여 강단에 올라서야 한다.

강의 청탁이 들어오면 청강자들이 어떤 사람들이며 어느 정도의 수준이며 무엇을 원하는지 그리고 강당의 시설과 강의에 필요한 기자재 등을 꼼꼼히 물어보고 파악한 후에 그에 맞는 강의로 준비해야 한다. 준비된 강의내용을 완벽히 소화한 후에 강의 핵심 키워드를 암기한 후에 현장에 가야 한다. 이것이 프로강사로 가는 스타일이다. 강사가 강단에 서서 강의할 원고만 가지고 갔다가는 당황스런 상황이 얼마든지 발생할 수 있다. 강사는 강의내용을 완벽히 소화하고 순서에 따라 핵심 키워드를 암기하거나 메모한 후에 강단에 올라가야 한다. 그래야 당황스런 상황이 일어나도 그 분위기에 맞추어 강의를 풀어갈 수 있다. 90분 강의할 내용을 60분 동안에 마쳐달라고 하면 핵심 키워드를 중심하고 요약해서 강의하면 된다. 강사는 어떤 상황이 생길지 모르기 때문에 적어도 30분 전에는 미리 강의할 장소를 찾아가서 모든 상황을 점검하고 잠깐의 여유를 가진 후에 강단에 올라서야 준비한 강의를 명쾌하게 풀어갈 수 있다.

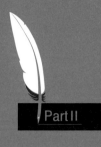

Part II

파워 스피치를 위한
발성법 發聲法

10년 된 나무의 열매는 10년 된 나무의 정수가 투입된 것이다
목소리에 사랑과 정성을 투입해야 감동받는다

－《뜻길》 중에서

말을 통하여 내 마음을 위로해주고 듣는 사람의 마음을 위로해주고
사회를 위해주는 사람이 심금을 울리는 사람이다

－《뜻길》 중에서

목에서 나오는 소리는 그냥 소리가 아니다. 자신의 실력과 인격을 드러내는 도구이다. 그러므로 목소리에 자신의 인격을 담아서 가장 좋게 내려고 노력해야 한다. 목소리가 아름다워지면 인품을 인정받게 되고 따라서 인격이 아름다워진다. 목소리는 대화를 하거나 강연을 하는데 있어 첫째가는 중요한 도구이면서 나를 보여주고 나타내는 통로이다.

사람들은 대화를 하면서 상대의 목소리로 상대의 실력, 능력 그리고 상대가 전해주고자 하는 내용을 비로소 알게 된다. 우리는 상대의 목소리에 대해 금방 반응한다. 목소리가 너무 빠르다거나 톤이 높다거나 강약이 맞지않다는 식으로 지적을 잘 하면서도 정작 자신의 목소리에는 귀를 기울이지 않는 경우가 많다. 강사들이 베스트로 나가지 못하는 데는 자신의 목소리에 관심을 가지지 않아 단점을 바꾸려 하지 않는 경향이 있기 때문일 수도 있다. 목소리만 바꾸어도 명강사로 얼마든지 변할 수 있다.

"침묵은 금이다"라고 말하던 시대는 옛날로 사라졌다. 현대는 자기표현 시대이고 자기 목소리로 자신을 정확하게 소개하고 의사를 전달하는 시대다. 책을 파는 젊은이가 있었다. 세일즈맨은 우선적으로 자신이 파는 책에 대한 신뢰가 확고해야 한다. 그 청년은 자신이 파는 책을 읽어야 성공할 수 있다는 확신을 가지고 많은 사람들을 설득하여 큰 수익을 내고 있었다. 그러다가 큰 그룹회장에게 책을 팔아야겠다고 마음먹었다. 그룹건물을 찾아갔으나 경비실과 비서실에 막혀서 회장은 만날 수가 없었다. 그래도 그 청년은 포기하지 않고 계속 찾아갔다. 회장이 출근하는 시간을 알아내 회장을 만나기 위해 길목에 진을 쳤다. 그러다가 회장이 지나가면 큰소리로 외쳤다. "회장님! 회장님의 회사가 두 배로 성장할 수 있는 방안이 있습니다. 5분만 시간을 내주십시오." 그렇게 회장님이 지나가는 모습을 보면서 외치기를 여러 차례 반복했지만 기회는 오지 않았다. 그래도 청년은 포기하지 않았고 계속 찾아가서 회장이 보일 때마다 외쳤다. 그러다 드디어 회장님도 궁금했는지 5분만 만나기로 허락하여 만나게 되었다. 단 5분이었다. 그 청년은 준비한 말을 당당하게 하면서도 논리정연하게 그리고 침착하게 설명하기 시작했다. 5분이 지나자 비서가 들어왔지만 회장이 계속 듣기를 원하여 10분이 지나고 30분이 넘었고 장장 1시간가량 설명하였다. 회장은 처음 만난 청년의 말을 진지하게 경청하더니 그 청년이 소개한 책을 회사의 모든 간부들이 읽을 수 있도록 결재하였다. 그 청년이 너무도 열정적이면서도 차분하고 진지하게 그러면서도 신나게 설득하는 바람에 회장은 그 청년이 욕심났다. 회장은 그 청년에게 자신의 회사에 영업팀장으로 들어올 수 없느냐고 스카웃을 제의하였다. 그 청년은 그 제의를 받아들였고 수년 후에는 그 회사의 영업부장이 되었다. 열정과 신념, 설득력과 준비된 말이 사람을 감동시키고 자신의 가치를 끌어올리며 자신을 빛나게 만든 예이다.

  신념에 찬 목소리는 자신도 신나게 만들고 주변 사람들에게도 신바람 나게 만든다. 목소리가 좋아서 목소리만으로 전화상담 일을 하여 엄청난 수익을 창출하는 사람이 있다. 당당하고 씩씩하고 자신감 넘치는 목소리, 그 목소리로 자기 의사를 표현하는 현대인들을 당돌하게 보기보다는 밝은 미래를 보여주는 새 세대로 보는 것이 시대의 트랜드다. 사투리가 섞인 목소리는 그 지방에서는 다정스럽고 자연스러울지 몰라도 다른 지방에서는 거북스럽고 거리감을 가져다 줄 수 있다. 전라도 사람에게는 경상도 억양이 자연스러울 리 없고, 경상도 사람에게 전라도 사투리가 부드럽게 들리기는 쉽지 않을 것이다. 그래서 모든 사람들에게 자연스럽게 들리는 표준말과 표준 억양으로 바꾸어야 한다. 대부분 회사에서 면접시험을 볼 때 사투리나 독특한 억양이 보이면 감점요인이 된다. 표준말에 부드러운 억양을 연습해야 한다.

좋은 목소리를 만들자

성악가가 되려면 수 년 동안 좋은 목소리 만들기 연습을 한다. 소프라노 성악가 조수미는 4살 때부터 하루에 8시간 씩 피아노 연습을 하였다고 한다. 일찍부터 음악에 혼신을 다하여 미칠 정도로 연습하였기에 서울대학교 음대 시험에서 역사상 최고 점수를 받고 입학했다. 세계적인 성악가가 되어 활약하면서 동양인 최초로 국제 콩쿠르 6개를 석권했고 세계 5대 오페라 극장에서 주연으로 공연한 동양인 최초의 프리마돈나로 기록되어 있다. 오스트리아의 세계적인 지휘자 헤르베르트 폰 카라얀은 "조수미의 목소리는 신이 주신 최고의 선물이다."고 말했다. 사람의 목소리는 모두 신이 주신 선물이다. 조수미씨처럼 노력하고 연습하면 우리들도 조수미 만큼은 못할지라도 각기 개성있는 아름다운 목소리를 낼 수 있다. 각자의 개성있는 목소리를 열심히 개발해가야 한다. 사람들이 듣고 기뻐하고 즐거워할 수 있는 목소리는 누구나 낼 수 있다. 아마 천국에서도 말을 한다면, 천국 사람들은 모두 개성있는 목소리를 내면서 서로를 기쁘게 만드는 소리를 내고 있을 것이다. 눈을 감고 조수미의 노래를 감상하다보면 황홀해질 때가 있다. 나의 목소리도 사람들을 행복하게 하는 목소리가 되도록 만들어야 한다.

목소리의 특성

❶ 목소리의 크기(Volume)

볼륨Volume이란 소리의 크기를 말한다.

목소리를 크게 지르지 않으면서도 잘 들리게 조절해야 한다. 프리젠테이션을 잘 하는 사람들은 목소리를 낮추면서도 청중들의 주목을 끌어낸다. 목소리는 차분하지만 내용이 정확하게 전달되도록 하고 핵심이 분명하게 말해야 한다.

② 목소리의 톤Tone

톤Tone은 서로 다른 목소리의 특성을 말한다.

소리는 무수히 많다. 새소리, 바람소리, 비행기가 날아가는 소리, 나뭇잎이 바람에 흔들리는 소리, 시냇물이 흐르는 소리, 그리고 수많은 동물들의 소리, 사람들의 각기 다른 목소리 등 헤아릴 수 없이 많은 소리에 그 나름의 톤이 있다. 나 한사람의 목소리에도 다양한 음률의 톤이 있다. 부드럽게 말하는 소리, 웃게 만드는 소리, 무섭게 만드는 소리 등 다양한 소리의 톤을 낼 수 있다. 다양한 목소리의 톤 가운데 아름답고 부드럽고 다정스런 톤을 내려고 연습하고 준비하고 있어야 한다.

③ 목소리의 고저(Pitch)

피치Pitch란 목소리의 높고 낮음을 의미한다.

투수가 공을 던질 때 이미 연마한 기법을 통하여 높게 낮게 혹은 회전을 시켜서 또는 아래에서 위로, 위에서 아래로 떨어지도록 상대 선수에 따라 공을 던진다. 마찬가지로 강의를 할 때나 대화를 할 때 상대에 따라, 상황에 따라, 내용에 따라 다양하게 목소리의 높낮이를 조절하는 것이다. 프레젠테이션을 하는 동안 목소리의 고저를 잘 조절해야 청중들의 시선을 끌어당기고 모이게 하며 청중들의 귀를 강사의 목소리에 붙들어 놓을 수 있다.

④ 말하는 속도(Pace)

페이스Pace란 음절로 말의 길고 짧은 속도를 말한다.

목소리에는 리듬rhythm이 있어야 한다. 단조로운 목소리는 청강자들을 졸리게 만든다. 강약, 고저, 빠르다가 느려지고 다양한 리듬이 있어야 청강자들이 집중한다. 그런데 요즘 대중강의 트렌드는 말의 속도가 매우 빨라졌다는 것이다. 말이 빨라지면 음절의 길이가 짧아지므로 발음이 정확해야 한다. 그렇게 하려면 많은 연습이 필요하다. 천천히 말하면 단어와 음절의 길이가 길어져서 분위기가 가라앉는다. 그래서 천천히 말할 때는 목소리에 힘이 있어야 한다. 목소리에 힘도 없으면서 천천히 말하면 지루하여 조는 사람들이 속출하게 될 것이다. 프레젠테이션을 하는 동안 페이스를 다양하게 바꾸어 주는 것이 좋다. 그래야 청중들의 관심을 끌어내어 진지한 분위기를 유지시켜 갈 수 있다.

❺ 목소리의 컬러Color

컬러Color는 '음색'이라고도 하며 말투를 의미한다

소리의 톤이 다양한 것처럼 말투도 다양하다. 똑같은 문장을 말하면서도 여러 색깔을 낼 수 있다. 말에 색깔을 잘못 넣으면 '너는 말투가 왜 그 모양이냐?'는 말을 듣게 된다. 기쁘다는 말을 다정스럽게 표현할 수도 있고, 슬프게도 표현할 수 있다. 화난 것처럼 표현할 수도 있고 비꼬듯이 말할 수도 있다. 똑같은 말을 톤과 속도와 컬러에 따라 판이하게 달라지게 할 수 있다. 다양한 톤과 속도와 컬러로 똑같은 말을 바꾸어가면서 말하는 연습을 해서 상황에 따라 적절히 구사할 수 있도록 준비하고 있어야 한다.

좋은 목소리를 만드는 방법

❶ 자신의 목소리를 들어본다

언제 어디서나 말을 할 때 자신의 목소리를 들으면서 말해야 한다. 좋은 목소리가 나오는지 직접 자신의 목소리를 모니터하면서 교정해야 한다. 부드럽고 아름다운 목소리가 되도록 체크해야 한다. 연기자처럼 자신의 목소리를 녹음, 녹화하여 들어보면서 좋은 목소리를 내기 위해 꾸준히 연습할 필요가 있다. 똑같은 뜻이 담겨있는 말이라 할지라도 목소리에 따라 상대가 느끼는 감정은 판이하게 다르다. 목소리가 나의 이미지를 좌우한다.

❷ 자기 자신의 실제 목소리를 들어 보려면!

　　아래 그림같이 따라해보면 다른 사람에게 들리는 자신의 실제 목소리를 들을 수 있다. 아마 이 목소리는 그동안 자신이 생각해 왔던 목소리와는 전혀 다를것이다. 가끔 자신의 실제 목소리를 들으면서 목소리를 가다듬어야 한다. 아침, 점심, 저녁, 목이 아플 때, 감기에 걸렸을 때, 음식물을 먹은 다음에, 피곤할 때, 기분이 언짢을 때, 날씨가 맑을 때, 춥거나 비가 올 때 등 다양한 상황과 시간에 따라 자신의 목소리가 어떻게 변하는가를 들어본다. 상대나 청강자의 입장에서 자신의 목소리가 어떻게 전달될 것인가를 생각하여 좋은 목소리를 미리 연습해 둔다. 그래서 실제상황과 시간과 장소에 대화나 강의를 할 때 적절하게 대처할 수 있도록 준비해 두어야 한다.

오른손으로 오른쪽 귀를 가볍게 감싼 상태에서 살짝 귀를 앞으로 당기고,
왼손은 입을 감싸 소리가 귀로 전달될 수 있게 한다.

좋은 음성 만들기

　　음성이 좋으면 전달하고자 하는 말의 뜻을 정확하게 집어내 쉽게 설득할 수 있고 처음 만난 사람도 금새 친해지게 된다. 그러나 좋은 음성을 가졌다고 해서 설득력이 있고 친화력이 있는 것은 아니다. 친화력이 있고 설득력이 있는 목소리는 정감있고 은근한 음성을 말하는데 연습을 통하여 만들어야 한다. 좋은 음성을 선천적으로 타고 났다면 훨씬 수월할 수 있다. 그러나 대부분 목소리는 연습으로도 얼마든지 좋은 목소리로 만들어질 수 있다. 좋은 목소리는 목소리에 교양과 미소와 부드러움 그러면서도 정감이 실려져 다정하게 느껴지는 목소리이어야 한다. 이런 목소리는 연습으로 얼마든지 만들어 갈 수 있다. 발성훈련을 통해 다듬어가는 것이다. 단어 하나하나를 또박또박 읽으면서 강약, 고저, 속도 등을 생각하며 발음해 고쳐가는 것이다. 그리고 긴 문장을 읽으면서 목소리가 아름답게 들리도록 멜로디를 넣어 리드미컬하게 읽는 것이다. 목소리가 밝고, 어둡고, 가볍고, 둔탁하고, 가늘고, 길고 등의 다양한 연습도 해 보는 것이다. 그러면서 나비처럼 부드럽고 때론 벌처럼 톡 쏘듯이 강하게도 말해 본다. 평소 대화는 나비처럼 부드럽게 말해야 하고 강의할 때도 나비처럼 부드럽게 말하다가도 강력한 주장을 할 때는 벌이 쏘듯이 강하고 짜릿하게 말해야 하기 때문에 다양한 음성내기를 연습해야 한다. 그러다보면 서서히 좋은 목소리로 다듬어질 수 있다.

다음은 '판소리 명창' 박동진씨의 좋은 소리를 내기 위한 비결이다.

❶ 술 담배를 하지 않는다.
❷ 평온한 마음을 갖는다.
❸ 규칙적인 생활을 한다.
❹ 끊임없이 연습한다.

청강자가 좋아하는 목소리

❶ 목소리에 미소가 담겨있다.
❷ 목소리에 친절이 담겨있다.
❸ 목소리가 맑고 우렁차다.
❹ 목소리가 명쾌하고 시원하다.
❺ 목소리가 건강하고 힘이 있다.
❻ 목소리에 자신감이 넘친다.
❼ 목소리가 확신이 차있다.
❽ 목소리에 음률의 변화와 고저 강약이 있다.

❾ 목소리가 자연스럽게 나오고 가성이 아니다.

❿ 목소리에 결단력이 있으면서 부드럽다.

⓫ 목소리에 카리스마가 느껴진다.

청강자가 싫어하는 목소리

❶ 목소리가 무기력하게 느껴진다.

❷ 목소리가 단조롭고 힘이 없다.

❸ 목소리가 날카롭고 퉁명스럽다.

❹ 목소리가 작고 어둡게 느껴진다.

❺ 목소리에 콧소리(비음)가 난다.

❻ 목소리의 억양에서 지방색이 느껴진다.

❼ 목소리에 사투리가 섞여 있다.

❽ 목소리의 끝부분이 명확하지 않다.

❾ 목소리가 남의 흉내를 내는 듯 들린다.

❿ 말을 하다가 중간에 에, 음 등으로 끊거나 메운다.

⓫ 목소리가 너무 빠르다.

Part II

제2강
"좋은 목소리를 위한 연습"

좋은 목소리는 타고난다. 방송에서의 아나운서나 성우들의 목소리를 들으면 매우 부러움을 느낀다. 그러나 그들도 대부분 타고난 것보다는 갈고 닦아서 프로의 목소리를 간직하게 된 것이다.

동양철학의 역학에서 말을 잘하는 것은 타고나는 것으로 되어 있다. 사주에 식신食神이나 상관傷官이 들어 있는 사람이 말을 잘하는 것으로 되어 있다. 자신이 가지고 있는 다양한 기술을 잘 배출하는 기운이 있기 때문이다. 그러면 사주에 그런 기운이 전혀 없으면 말을 못하게 되느냐? 그렇지 않다. 무재無財가 대재大財가 될 수 있고 무관無官이 대관大官이 될 수도 있다고 하였다. 없으면 그것에 대한 간절한 소망을 갖게 되고 그것을 이루기 위하여 전력투구하면 크게 이룰 수 있다는 것이다. 이 말은 노력하고 노력하면 사주에 없는 것도 이룰 수 있고 단점이 장점으로 승화될 수도 있다는 뜻이다. 그러니 좋은 목소리는 타고 나기도 하지만 후천적으로 노력하면 얼마든지 좋은 목소리를 만들어 낼 수 있다는 말이다.

자신의 목소리가 원래부터 안 좋았다는 고정관념을 버리자. 그리고 당장 연습하자. 좋은 목소리는 당연히 타고난 목소리겠지만 노력하면 좋은 목소리를 가질 수 있다. 임계점이라는 것이 있다. 물이 끓을 때 처음부터 끓지 않는다. 계속 열기를 가하면 100도에 도달하면서 끓기 시작한다. 물은 98도나 99도에서도 끓지 않는다. 임계점인 100도에 도달하면 갑자기 끓기 시작한다. 나무를 부러뜨릴 때도 마찬가지다. 톱질을 한다고 처음부터 부러지는 것이 아니라 점차 구부러지다가 어느 순간 갑자기 부러지게 된다. 임계점에

74

도달했기 때문이다. 사람들은 임계점까지 못가고 중도에 포기하는 경우가 허다하다. 명강사가 되기 위해서는 임계점에 도달할 때까지 노력해야 한다. 필자는 목청이 좋지 않았다. 쉽게 목감기가 찾아와서 겨울이면 말을 못하고 답답하게 지낸 적이 많았다. 60분 정도 강의하면 목이 잠기고 목이 아파서 강사가 된다는 것은 생각도 못했다. 큰소리로 책읽기를 계속했다. 하루에 1시간, 2시간, 3시간 그러다가 온종일 읽을 수 있었다. 그러면서 목소리가 서서히 트이기 시작한 것이다. 지금은 하루에 90분 강의를 6강좌씩 5일 동안 연속으로 하고 있다. 목소리도 연습하고 단련하면 얼마든지 바꿀 수 있다.

우선적으로 목소리를 연마하여 힘있게 들리도록 만들어야 하고 목소리가 건강하게 들리도록 발성연습을 해야 한다. 목소리에 무게감이 느껴지면서 다정스럽게 느껴지는 목소리여야 좋은 목소리이고, 당당하고 우렁찬 목소리가 생동감을 주는 목소리이다. 음높이가 낮고 허스키한 목소리라도 얼마든지 좋은 목소리로 다듬어 낼 수 있다. 낮은 목소리에 힘이 느껴지게 하는 목소리는 설득력이 강하다. 리드미컬하면서 파음과 쉰소리를 조심하면 낮은 목소리가 매력적으로 들릴 수 있다. 선천적으로 타고난 좋은 음성도 가꾸지 않으면 보통 목소리와 다름이 없다. 명강사의 프로 음성이 되려면 누구나 연습이 필요하다. 각기 목소리에 개성을 살려서 상대가 호감을 가질 수 있는 목소리로 가꾸어가는 것이 중요하다. 긍정적이며 정이 느껴지고 여유와 미소가 담겨있는 목소리는 누구나 연습하면 만들어 갈 수 있다.

좋은 목소리 연습 방법

❶ 볼펜 물고 연습하기

볼펜 물기 연습은 소리교정에 있어서 특히 'ㅊ' 발음에 도움이 된다.

이때 볼펜을 너무 꽉 물면 턱관절에 문제가 될 수 있으니 적당히 물어야 한다.

예) 가나다라… 갸냐댜랴… 가갸거겨… 등의 소리를 내며 연습한다.

이 방법을 꾸준히 4~5개월 정도 연습하면 목소리에 변화가 시작된다.

② **책을 큰소리로 읽기**

'말을 먹는다'는 소리를 듣는 사람은 필히 연습이 필요하다. 빠른 속도로 계속 소리를 내어 책을 읽으면서 정확한 발음을 내기 위한 연습을 하면서 교정해야 한다. 적어도 4~5개월 이상은 연습해야 하고 실제 대화나 강의에서 정확히 발음하는지 확인하고 들어보면서 버릇을 고쳐가야 한다.

③ **어려운 글자를 여러 개 묶어서 큰소리로 읽는다**

'말이 씹힌다'는 소리를 듣는 사람들에게 필요한 방법이다. 어려운 단어들을 나열해 놓고 연습해 본다. 흔히 사용하는 "저기 있는 말 말뚝이 말 맬만한 말 말뚝이냐 말 못맬 만한 말말뚝이냐?" 이러한 글자들을 반복하여 발음이 정확하게 나올 때까지 연습한다.

④ **혀와 입술과 입 운동을 한다**

혀운동 - 혀를 최대한 쭉 내밀고 아래, 위, 양옆 등으로 움직인다.

입운동 - 입을 크게 벌렸다가 닫고 여러 가지 입술모양을 하고 아래턱에 힘을 주고 입모양을 다양하게 하면서 입과 입술과 턱운동을 한다.

⑤ **숨쉬기 연습이 매우 중요하다**

아랫배로 숨을 쉬면서 책을 큰소리로 읽으며 숨쉬기 연습을 한다. 평소에 말을 하면서도 아랫배에 힘을 주고 말을 하는 습관을 들인다. 단전호흡을 하면서 아랫배로 숨쉬고 말하는 버릇을 들여야 한다. 강사가 장시간 강의를 할 때 입으로만 말을 하면, 목에 통증이 오고 목이 잠겨 강의를 할 수 없게 된다. 아랫배로 호흡하면서 아랫배의 힘으로 말하면 장시간 말해도 목에 무리가 오지 않는다.

⑥ **복식호흡법을 연습하자**

복식호흡은 흉식호흡보다 30%이상 폐활량을 키울 수 있다. 폐활량이 크면 클수록 폐에서 성대로 가는 공기의 압력이 높아지기 때문에 성대가 힘을 들이지 않고도 쉽게 소리를 낼 수 있다. 복식호흡은 단전을 통하여 숨 쉬는 것이다. 평소에 단전호흡을 연습하여 강의를 할 때 복식호흡을 하면서 강의를 하면 장시간 강의를 해도 목에 무리가 가지 않는다.

복식호흡 방법은 입을 다물고 아랫배를 최대한으로 밖으로 내민다. 이때 코로 숨을 서서히 들이마셔서 배를 부풀린다. 숨을 최대한 들여 마신 후 30초정도 숨을 참고 기다리다가 코를 통하여 서서히 숨을 내쉰다. 숨을 최대한 천천히 내쉬는 것이 중요하다. 이런 훈련을 시간이 날 때마다 해보자. 서서히 자신도 모르게 복식호흡을 하면서 강의를 하게 될 것이다. 그리고 강단에 오르기 전에 혹시 긴장이 되었다면 그 때 복식호흡을 깊이 해 보자. 그러면 긴장이 풀리게 된다.

❼ 음을 이어주고 끊어 주는 연습을 한다

말을 빨리하다보면 고가도로를 고까도로로 발음하는 경우가 있다. 사투리처럼 들리는 단어도 있다. 단어와 글자에 따라 음이 달라지는 경우가 있기 때문이다. 그런 경우에는 음을 끊어서 읽어야 한다. 평소 책을 읽으면서 음을 끊어서 읽는 연습을 해야 한다. 문장의 흐름을 따라 단어의 장음, 단음을 이어주는 연습을 해야 한다.

제3강
"목소리를 단장하자"

외출을 하려면 화장하고 단장한 후에 집을 나선다. 여자들은 귀한 사람을 만나려면 적어도 30분 이상은 화장을 한다. 사람을 처음 만날 때 대면하는 것은 얼굴이지만 서로 커뮤니케이션을 이루고 소통과 화통을 이루어내기 위해서는 목소리를 매개로 하여 이루어진다. 그러므로 얼굴과 옷만 단장할 것이 아니라 주고받을 말과 그 말을 전달할 때 나오는 목소리도 미리 단장하고 만나야 한다. 사랑하고 귀한 사람을 만날 때는 상대가 나를 사랑할 수 있고, 귀하게 여길 수 있도록 목소리를 미리 단장하고 만나서 의사소통 한다.

음성의 4종류
❶ 음량音量

음량이란 목소리가 크냐? 작으냐?를 말하는 것이다. 풍부한 음량은 스피치에 있어서 절대적인 원동력이 된다. 그러므로 음량이 약하면 큰 소리로 강조할 때 목청이 갈라지게 된다. 가수가 노래를 할 때 높은 음에서 갈라지는 소리가 나온다면 결코 프로라 할 수 없다. 음량이 적은 사람은 쉽게 목이 쉴 수도 있으니 각별한 주의가 필요하다. 그러니 음량이 적은 사람은 고성발성 연습이 필요하다. 소리꾼들이 폭포수가 떨어지는 곳에서 고성연습을 하는 것처럼 음량이 풍부하도록 강사들도 목소리 단련이 필요하다.

❷ 음폭音幅

음폭은 목소리가 굵으냐? 가느냐?를 말하는 것이다. 굵직한 음성은 남성의 특징이며 가는 음성은 여성의 특징이라 할 수 있다. 그러나 강의를 할 때 음폭이 좁으면 위엄이 떨어지는 느낌을 주고 그러면 신뢰감도 낮아질 수 있다. 아랫배에 힘을 주고 단전을 통하여 목소리가 울려서 나오게 하는 연습이 필요하다. 음폭이 적다고 느끼는 사람은 파열음이 나는 소리를 연습해 보자. 기역, 쌍기역, 키읔, 비읍, 피읖, 쌍비읍 등을 큰소리로 연습해 보자.

❸ 음질音質

음질이란 목소리가 맑으냐? 탁하냐?를 말하는 것이다. 혀를 잇몸에 닿게 하여 내는 자음에서 잘못하면 탁한 소리가 나올 수 있다. 그리고 혀가 제대로 움직이지 않을 때 역시 탁한 소리가 나온다. 음질이 탁하거나 째지는 소리가 나면 듣는 이들은 귀를 막으려할 것이다. 음질이 나쁘면 소음공해처럼 불쾌감을 줄 수도 있다. 탁한 음성의 강의에는 쉽게 싫증나게 만든다. 음질에는 명음 즉 맑고 밝은 음질과 암음 즉 어둡고 탁한 음질이 있다. 명음을 내려면 입모양을 정확하게 하면서 소리를 내야한다. 보통 명음은 입모양을 공처럼 원형을 띠고 말할 때 나오며, 암음은 입모양이 계란처럼 타원형이고 글자에 맞는 입모양을 하지 않았을 때 나타난다. 명음은 맑고 밝으니 듣는 사람에게 기쁘고 밝고 즐겁게 한다. 반면에 암음은 어둡고 탁한 소리이니 듣는 사람이 짜증스러워지고 우울해지고 불쾌해 진다. 그러나 강의의 내용에 따라 암음이 필요할 때도 있다. 슬프고 처참하고 비통한 내용을 말할 때는 암음이 큰 효과를 발휘한다. 음질이 탁한 사람은 니은, 디귿, 티읕, 쌍디귿 같은 발음을 연습하면서 교정해 가야한다.

❹ 음색音色

음색이란 다른 사람과 구별되는 목소리의 특질로서 듣기가 좋은지 나쁜지를 말하는 것이다. 음색을 성문聲門이라고도 하는데 사람들의 각기 다른 음색을 그래프로 그려서 나타낸다.

사람은 모두 개성이 다른 것처럼 목소리에도 각기 개성이 있다. 사람은 25만가지의 소리를 낼 수 있다고 한다. 그러나 사람이 25만명이 모여도 똑같은 목소리를 찾기란 쉽지 않다. 목소리의 음색이 각기 다르기 때문이다. 자기의 목소리를 자기의 개성에 맞게 단장해야 한다. 자신의 목소리가 천하게 들리기를 바라는 사람은 없을 것이다. 나만의 개성있는 좋은 음색을 만들어야 한다. 음색에 따라 사람이 바보처럼 보일 수도 있고, 겸손하게 느껴질 수도 있다. 음색을 아름답게 단장하려면 어간에 붙여서 쓰는 것들을 신경써서 사용해야 한다. 즉, '맑다'를 맑으니, 맑으며, 맑니 등의 어미를 잘 사용하여야 음색이 좋아진다.

목소리를 성형하자

사람들이 아름답게 보이려고 성형수술을 한다. 요즘에는 성형수술을 남성들도 많이 한다고 한다. 대부분 얼굴을 중점적으로 성형수술을 하는데 얼굴이 예뻐야 미인, 미남이라고 생각하기 때문일 것이다. 그러나 아무리 미인이라 해도 목소리가 탁하거나 발음이 정확하지 못하면 결코 신망을 얻기 어려울 것이다.

지금은 얼굴성형 못지않게 목소리도 성형하는 시대이다. 목소리가 아름답고 부드러워서 성공하는 사람들이 우리 주변에 많이 있다. 얼굴을 성형수술하려면 돈이 많이 든다. 그러나 목소리를 성형하는데는 돈이 들지 않는다. 조금만 주의하고 조금만 시간 내어 연습하면 개성있고 아름다운 목소리를 만들어갈 수 있다.

당장 고쳐야 할 목소리

❶ 너무 작아서 의사표현이 불분명한 목소리

단어나 단문을 가지고 소리 지르기 연습을 한다.

❷ 발음이 부정확한 목소리

단어나 단문을 가지고 또박또박 읽는 연습을 한다.

❸ 거칠고 탁한 목소리

입모양을 정확히 하면서 책을 읽는다.

④ 짜증 섞인 목소리

큰소리로 정확히 발음하면서 책을 읽는다.

⑤ 톤이 지나치게 높아서 신경이 쓰이게 하는 소리

낮은 목소리로 말하는 연습을 한다.

⑥ 어린아이처럼 어리광이 배어있는 목소리

책을 아나운서처럼 읽는 연습을 한다.

⑦ 수줍은 듯 끝소리가 안 들리는 목소리

단문장을 처음부터 끝까지 똑같은 음정으로 읽는 연습을 한다.

⑧ 불평불만이 느껴지는 목소리

성우나 아나운서의 목소리를 녹음하여 연습한다.

⑨ 입안에서 우물거리는 목소리

책을 큰소리로 소리내어 읽으며 연습한다.

⑩ 툭툭 내 뱉듯이 들리는 어투

단문장을 또박또박 천천히 읽는 연습을 한다.

⑪ 화난 듯 신경질적인 목소리

책을 고운목소리로 다정스럽게 들리도록 읽으며 교정한다.

모든 발성훈련은 녹음이나 녹화하면서 수시로 교정해야 효과가 크다.

목소리를 성형하고 화장하는 방법

❶ 자세를 바로 하라

바른 자세에서 바른 마음이 나오고 바른 생각, 행동과 말이 나오게 된다. 그러므로 말을 할 때는 바른 자세를 취해야 한다. 등을 곧게 펴고 가슴을 올리고 배에 힘을 주어 집어넣는 자세를 취하고 말을 한다. 밝은 소리를 낼 때는 필히 허리를 펴고 고개를 들고 말해야 한다. 어떤 자세를 취하고 있느냐에 따라 말의 음색, 음정, 음률이 다르게 느껴진다.

❷ 밝고 힘이 느껴지고 생동감이 느껴지게 말하라

　긍정적이고 희망적인 생각을 하면서 생활하는 사람이 되야 밝고 힘이 느껴지고 생동감이 느껴지는 말을 할 수 있다. 상대가 내 말을 듣고 기분이 전환되고 기쁘고 밝아지고 유쾌해 질 수 있도록 리드미컬하게 말하자.

❸ 목소리를 낮추자

　큰 의미가 없는 내용을 큰소리로 말하면 사람이 가볍게 느껴진다. 목소리가 큰 사람이 말을 잘하는 것이 아니고 상황에 맞게 목소리를 조절하고 단장하여 말해야 진정으로 말을 잘하는 사람이다. 신문의 사설을 여러 모양의 목소리로 읽으면서 상대가 가장 듣기 좋아할 목소리를 연마하자.

❹ 발음을 정확하게 하자

　말을 빨리하는 것이 잘하는 것이 아니다. 상황에 따라 빨리 혹은 천천히 그리고 강약을 조절하면서 말해야 한다. 그러면서 중요한 것은 발음이 정확해야 한다. 말을 빨리하면서도 발음이 정확하게 전달될 수 있도록 연습해야 한다. 빨리 말하면서도 발음이 정확하면 천천히 말할 때는 내용을 강조하는 말이 될 수 있다. 정확한 발음이 나오도록 연습할 때는 볼펜이나 젓가락을 입에 물고하면 좋다.

❺ 콧소리를 없애라

　말할 때 콧소리가 나면 듣는 사람이 짜증스러워진다. 콧소리는 말하는 소리가 코로 새고 있기 때문에 나는 소리이다. 그러므로 턱과 혀를 느슨하게 하고 입을 벌리고 목을 열어 말소리가 코로 새는 것을 막는 연습이 필요하다.

❻ 날카로운 소리를 자제하라

　사람이 부드러우면 말도 부드럽고 목소리도 부드럽다. 헌데 사람은 부드럽게 생겼는데 목소리가 날카로운 사람이 있다. 사람은 말하지 않고는 생활할 수 없다. 입에서 나오는 말이 부드럽도록 다듬어야 한다.

목소리가 날카롭게 들린다는 지적을 받은 사람은 자신의 목소리를 녹음하여 스스로 인정하고 느껴야 교정이 가능하다. 부드러운 목소리를 내려면 우선 목소리를 낮추고 천천히 말하자. 자세를 바르게 하고 호흡을 조금 늦춘다는 느낌을 가지고 여유롭게 말하는 연습을 하자.

❼ 목소리를 관리하자

성대에 부담을 주지 않도록 한다. 강사는 필히 금연해야 한다. 흡연은 성대를 망가지게 만들고 폐를 병들게 만들고 목소리를 탁하게 만든다.

강사는 목관리가 매우 중요하다. 목감기에 걸리지 않게 주의해야 하고 목감기의 기운이 느껴지면 수건이나 목도리로 목을 감싸고 생활해야 한다. 잠을 자면서도 목을 따뜻하게 보호해 주어야 한다. 강사는 피곤하면 쉬는 것이 좋다. 일하는 사람은 더 큰 일을 하기 위해서는 쉬는 것도 일하는 것 못지않게 중요하다. 또 강사는 스트레스를 받으면 목부터 힘들어진다. 목을 많이 사용하기 때문이다. 목 마사지를 자주 해주고 따뜻한 레몬즙이나 차를 자주 마시면서 목의 긴장을 풀어주어야 한다. 강사의 목에는 찬물이 쥐약이다. 여름에도 찬물보다는 따뜻한 물이 좋고 적어도 미지근한 물이어야 한다. 매일 수시로 소금물로 가글링도 빼놓지 말아야 하고 목도 쉬어주어야 한다. 그래서 가끔은 침묵이 약이 될 수 있다. 목을 깨끗하고 건강하게 관리해 줘야 강사가 말하고 싶을 때 제대로 소리가 나올 수 있다.

제4강
"발성연습"

발성연습은 말하기 연습이다. 성공하는 사람은 준비된 말을 적재적소에 적절히 말하는 사람이다. 펜(글)의 힘이 크다지만, 사람을 당장에 변하게 하고 상황이 바뀌게 하는 것은 말이다. 말의 힘은 그래서 가장 강력할 수 있다. 가장 중요한 말을 아무렇게나 사용해서는 절대로 안 된다. 특히 강의는 더더욱 준비없이 말해서는 안 된다. 노력하고 준비하고 연습하여 상대에 맞는 말을 건네주어야 원하는 효과를 얻어낼 수 있다.

음성연출

목소리는 상황, 상대, 장소, 모인 사람의 수에 따라 적절한 크기로 나와야 한다. 두사람이 서로 마주보며 말하는데 강의하듯 큰 목소리로 말하면 다시는 만나고 싶어하지 않을 것이다. 반대로 100명 200명이 모였는데 너무 작은 목소리로 말하면 사람들이 웅성거릴 수 있고 조는 사람이 생길 수도 있다. 청중이 웅성거리는 것은 내 강의가 재미가 없거나 알아들을 수 없어서 나타나는 징조이다. 또 조는 사람이 많다는 것은 내 목소리가 자장가처럼 들리기 때문일 수도 있다. 강의 내용이 아무리 중요해도 목소리가 어떠냐에 따라 청중의 반응은 달라진다. 그래서 청중이 내가 의도하는 방향으로 나가게 하기 위해서는 음성의 연출이 필요하다. 성우가 목소리의 연출로 연속극을 실감나게 하듯이 강사의 음성도 내용에 따라 적절한 음성을 연출하여 청중이 귀를 기울이며 따라오게 만들어야 한다.

▶ 음성의 종류

❶ 음량 : 음성의 크고 작음을 말한다.

❷ 음폭 : 음성의 굵고 가는 것을 말한다.

❸ 음질 : 음성의 맑고 탁함을 말한다.

❹ 음색 : 음성의 개성을 말한다.

❺ 고저 : 음성의 낮고 높음을 말한다.

❻ 강약 : 음성의 강하고 약함을 말한다.

▶ 음성의 적절한 정도

❶ 10음도 미만 : 일대일 대화, 상담, 면담, 속삭임

❷ 10음도 ~ 30음도 : 개인대화

❸ 30음도 ~ 50음도 : 30명정도의 좌담, 회의, 토의, 강의

❹ 50음도 ~ 100음도 : 100명 이상의 연설, 강연, 설교, 웅변

위의 음성의 적절한 음도는 마이크가 없을 경우의 수치이다. 마이크가 있으면 그 수치는 크게 달라진다. 강사는 마이크를 사용하는 방법을 연습해야 한다. 상황에 따라 왼손에 잡을 것인가 오른손에 잡을 것인가를 미리 파악해 두어야 하고 마이크의 성능을 미리 알아두어야 한다. 그래서 그 성능에 따라 음성의 강약, 고저, 장단을 맞추는 연습을 미리 해 두어야 실수를 줄일 수 있다. 마이크 성능이 좋은데 큰소리로 말하면 시끄러워 분위기를 망칠 수 있다. 마이크 성능이 안 좋은데 계속 큰소리로 말하다보면 목이 다칠 수 있고 파열음이나 탁한 목소리가 나올 수 있다.

▶ 음성의 속도를 낮출 곳

❶ 중요한 것을 강조할 때 소리를 크게 하면서 천천히 말한다.

❷ 중요한 것을 다짐하게 할 때 천천히 말한다.

❸ 내용이나 분위기가 엄숙을 요하는 경우에 천천히 말한다.

❹ 기억하기 어려운 숫자, 이름, 지명 등을 말할 때는 천천히 말한다.

▶ 속도를 빨리할 곳
❶ 상식적인 내용을 설명할 때는 빨리 말해도 된다.
❷ 중요하지 않는 내용은 빨리 말해도 된다.
❸ 청중이 다 아는 내용을 말할 때는 빨리 말해도 된다.
❹ 클라이맥스(강력하게 주장하는 곳, 손에 땀을 쥐게 하는 곳)를 말할 때는
큰 소리로 적당히 빨리 말해야 효과가 크다.

클라이맥스에서는 입모양을 정확히 하고 숨을 들이 마신 뒤에 단어를 분
명하게 발음하면서 파열음이 나오지 않도록 주의해야 한다. 클라이맥스는
매우 중요한 포인트이니 미리 충분히 연습해 두어야 한다.

목소리의 7음
1음 - 속삭이는 듯한 소리
2음 - 일상적인 대화나 토론
3음 - 방송국 아나운서
4음 - 프레젠테이션 스피치
5음 - 쇼핑 호스트 소리
6음 - 대중연설
7음 - 클라이맥스(고음)

▶ 발성연습 1
여러분! 1음에서 7음까지 사용하면서 발성연습을 한다.
여러분!(1음성), 여러분!(2음성), 여러분!(3음성), 여러분!(4음성),
여러분!(5음성), 여러분!(6음성), 여러분!(7음성)

▶ 발성연습 2
사랑하는 여러분!(1음성~5음성까지 발성)

친애하는 여러분!(1음성~5음성까지 발성)

존경하는 여러분!(1음성~5음성까지 발성)

▶ 발성연습 3
만나서 반가운 여러분!(1음성~5음성까지 발성)

언제나 그리운 여러분!(1음성~5음성까지 발성)

사랑이 가득한 여러분!(1음성~5음성까지 발성)

▶ 발성연습 4
내일도 모레도 만나고 싶은 여러분!(1음성~5음성까지 발성)

기쁠 때도 슬플 때도 만나고 싶은 여러분!(1음성~5음성까지 발성)

언제나 어디서나 만나고 싶은 여러분!(1음성~5음성까지 발성)

▶ 발성연습 5
(1음성) 정다운 사람들이 만나면

(2음성) 눈빛과 미소로 말합니다.

(3음성) 다정한 목소리가 화목하게 만들고

(4음성) 부드러운 목소리가 행복하게 만듭니다.

(5음성) 준비된 스피치가 세상을 바꿉니다.

▶ 시조를 통한 발성연습
(2음성) 태산이 높다하되 하늘 아래 뫼이로다

(4음성) 오르고 또 오르면 못 오를리 없건만은

(6음성) 사람이 제 아니 오르고 뫼만 높다 하더라

(2음성) 일 년은 봄 여름 가을 겨울 사계절이고

(4음성) 하루는 아침 점심 저녁 밤 사계절이며

(6음성) 인생도 소년 청년 중년 말년 사계절이다.

10단계 발성 구분법

▶ 제일 낮은 음부터 인간이 낼 수 있는 최고의 음까지 10단계로 구분하여
  내는 발성법

10도의 발성 : 1:1로 속삭이는 작은 음성

20도의 발성 : 2명과 대화하는 음성

30도의 발성 : 3명이상 앞에서 회의나 토론하는 음성

40도의 발성 : 10명이상 앞에서 회의나 토론하는 음성

50도의 발성 : 30명 이상 앞에서 강의 교육하는 음성

60도의 발성 : 100명 앞에서 대중연설이나 강연하는 음성

70도의 발성 : 100명 이상 앞에서 연설 설교 강연하는 음성

80도의 발성 : 300명 앞에서 연설 설교 강연하는 매우 높은 음성

90도의 발성 : 500명 앞에서 웅변하는 최고의 클라이맥스 음성

100도의 발성 : 인간이 낼 수 있는 최고의 발악하는 음성

- 10단계 발성연습

10 : 갓난 애기는 누워있고

20 : 어린 애기는 기어 다니고

30 : 어린아이는 뒤뚱거리며 걸어 다니고

40 : 초등학생은 잠자리 잡으러 뛰어다니고

50 : 중학생은 책가방 들고 도서실로 가고

60 : 고등학생은 미래를 걱정하며 고민하고

70 : 대학생은 조국을 걱정하며 군대에 가고

80 : 군인은 부모형제를 그리워하며 땀을 흘리고

90 : 청년들은 일터에서 꿈과 비전을 이루어가고
100 : 강사는 강단에서 평화를 이루어가자고 힘차게 외칩니다.

▶ 지그재그 발성법
10도에서 100, 20도에서 90도, 30도에서 100
100도에서 20, 90도에서 10도, 100도에서 30

- 지그재그 발성연습
10도 : 사람은 자비롭고 사랑스러워야 합니다.
70도 : 사람은 인자하고 너그러워야 합니다.

20도 : 아침에 우는 새는 배가 고파서 웁니다.
80도 : 저녁에 우는 새는 님 그리워 웁니다.

30도 : 참새는 전깃줄에 앉아도 감전이 안 됩니다.
90도 : 붕어는 물속에 있어도 익사를 안 합니다.

10도 : 겸손한 사람은 누구나 좋아합니다.
90도 : 친절한 사람은 강아지도 좋아합니다.

30도 : 사랑하는 사람은 눈으로도 말을 합니다.
100도 : 부모가 행복해야 자녀가 행복해 집니다.

▶ 3단계 발성법
- 3단계로 충격을 주지 않으면서 강조할 때 쓰는 발성법
10도에서 50도에 이어 100도로
100도에서 50도에 이어 10도로

- 3단계 발성연습

❶ 30도: 나를 위하여 땀을 흘리고

❷ 60도: 이웃을 위하여 눈물을 흘리고

❸ 90도: 인류를 위하여 피를 흘리고

❶ 30도: 도땀은 땅을 위하여

❷ 60도: 눈물은 인류를 위하여

❸ 90도: 피를 하늘을 위하여 뿌립시다.

❶ 30도: 저는 여러분께 자신있게 말 할 수 있습니다.

❷ 60도: 우리가 진정으로 할 수 있다고 믿으면

❸ 90도: 반드시 이루어지고 말 것입니다.

▶ 변칙 발성법

변칙적으로 다양하게 변화를 주는 발성법

30도에서 90도 - 70도, 10도 - 60도, 100도 - 20도 등 다양하게 변화를 주는 방법

- 변칙 발성연습

10도 : 한 달 연습하면 한 단계 성장하고

80도 : 두 달 연습하면 두 단계 성장하고

30도 : 세 달 연습하면 세 단계 성장하고

60도 : 네 달 연습하면 네거리에 서서 말할 수 있고

80도 : 다섯 달 연습하면 다양하게 말할 수 있고

10도 : 여섯 달 연습하면 여러 곳에서 강의하게 되고

90도 : 일곱 달 연습하면 일류강사라 칭찬 듣게 되고

50도 : 여덟 달 연습하면 여기저기서 강의 청탁이 들어오고

20도 : 아홉 달 연습하면 아이들도 좋아하는 강사가 되고

100도 : 열 달 연습하면 열광적인 환영을 받는 강사가 됩니다.

▶ 발성 훈련
- 단모음(홀소리)의 연습.
- 아, 어, 오, 우, 으, 이, 애, 에, 외 9개

가 나 다 라 마 바 사 아 자 차 카 타 파 하
거 너 더 러 머 버 서 어 저 처 커 터 퍼 허
고 노 도 로 모 보 소 오 조 초 코 토 포 호
구 누 두 루 무 부 수 우 주 추 쿠 투 푸 후
그 느 드 르 므 브 스 으 즈 츠 크 트 프 흐
기 니 디 리 미 비 시 이 지 치 키 티 피 히
개 내 대 래 매 배 새 애 재 채 캐 태 패 해
게 네 데 레 메 베 세 에 제 체 케 테 페 헤
괴 뇌 되 뢰 뫼 뵈 쇠 외 죄 최 쾨 퇴 푀 회

어려운 말 연습
아래 내용을 연습하면 입놀림, 혀놀림, 발성연습 등에 큰 도움이 될 것이다.
❶ 육통통장 적금통장은 황색적금통장이고 팔통통장 적금통장은 녹색적
   금통장이다.
❷ 철구 책상 새 책상, 철수 책장 헌 책장 칠수 책상 새 책상, 칠수 책장
   헌 책장.
❸ 작은 토끼 토끼통 옆에는 큰 토끼 토끼통이 있고
   큰 토끼 토끼통 옆에는 작은 토끼 토끼통이 있다.
❹ 저기 저 한국항공화물 항공기는 출발할 항공 화물 항공기인가
   출발 안 할 한국항공화물 항공기인가.
❺ 십년 삽장사 헛 삽장사 삼십년 삽장사 헌 삽장사.

❻ 봄 꿀밤, 단 꿀밤 가을 꿀밤, 안 단 꿀밤.

❼ 저기저 말말뚝이 말 맬만한 말말뚝인가 말 못맬 만한 말말뚝인가.

❽ 재석이네 앞집 팥죽은 붉은 팥 풋 팥죽이고 뒷집 콩죽은 햇콩 단콩 콩죽이다.

❾ 대공원 봄 벚꽃 놀이는 낮 봄 벚꽃 놀이보다 밤 봄 벚꽃 놀이니라.

❿ 호동이 밥집 술국 밥값 갚고 외나무 밥집 장국 밥값은 안 갚고 내빼려고 한다.

⓫ 복씨 땅콩장수의 막 볶은 따뜻한 땅콩 안씨 땅콩 장수의 들볶은 뜨뜻한 땅콩 .

⓬ 건넛마을 김부자댁 시렁위에 얹힌 푸른청청 조좁쌀은 쓸은 푸른 청청 조좁쌀이냐 안 쓸은 푸른 청청 조좁쌀이냐.

⓭ 앞집 안방 장판장은 노란꽃 장판장이고 뒷집 안방 장판장은 빨간꽃 장판장이다.

⓮ 박범 복군은 밤벚꽃놀이를 가고 방범복양은 낮벚꽃 놀이를 간다.

⓯ 정경담당 정선생님 상담담당 성선생님.

⓰ 저기 저 뜀틀이 내가 뛸 뜀틀인가 내가 안 뛸 뜀틀인가.

⓱ 작년에 온 솥 장수는 헌 솥장수이고 금년에 온 솥 장수는 새 솥장수이다.

⓲ 호동이 문을 도로록, 드르륵, 두루룩 열었는가 도루륵, 드로록, 두르룩 열었는가.

⓳ 땅바닥 다진 닭발바닥 발자국 땅바닥 다진 말발바닥 발자국.

⓴ 박법학박사 뿔물뿌리는소 뿔물뿌리고 곽법학박사 뿔물뿌리는 양뿔물뿌리다.

㉑ 경창철창살은 쇠쌍창살이고 찰청창살은 철쌍창살이다.

㉒ 내가 그린 구름그림은 새털구름 그린그림이고 네가 그린구름 그림은 솜털구름그린 그림이다.

㉓ 생각이란 생각하면 생각할수록 생각나는 것이 생각이므로 생각하지 않는 생각이 좋은 생각이라 생각한다.

㉔ 된장공장 주방장과 김공장 주방장은 박주방장이고,
마늘공장 주방장과 파공장주방장은 곽주방장이다.

㉕ 강낭콩옆 빈콩깍지는 완두콩깐 빈콩깍지이고
완두콩옆 빈콩깍지는 강낭콩깐빈 콩깍지이다.

㉖ 양양역앞 양장점은 양양양장점이고
영양역옆 양장점은 영양양장점이다.

㉗ 칠월칠일은 평창친구 친정칠순 잔칫날.

㉘ 저기 가는 저상장사가 새 상 상장사냐 헌상 상장사냐.

㉙ 고려고교복은 고급교복이고
고려고교복은 고급원단을 사용했다.

㉚ 작은 용이름 용룡 큰용 이름 룡용.

㉛ 저기 저 미트소시지 소스 스파게티는, 크림소시지 소스 스테이크보다
비싸다.

㉜ 닭발바닥은 싸움닭발바닥이 제일 크고 밤발바닥은 쌍밤발바닥이
제일 크다.

㉝ 불불이네 벨벨이는 벨벨하고 불불하고 벨벨이네 불불이는 벨벨하고
불불한다.

㉞ 저기 내려오는 별똥별은 빛나는 쌍번 별똥별인가? 빛나는 쌍범 별똥별
인가?

㉟ 안촉촉한 초코칩 나라에 살던 안촉촉한 초코칩이 촉촉한 초코칩
나라의 촉촉한 초코칩을 보고 촉촉한 초코칩이 되고 싶어서 촉촉한
초코칩 나라의 문지기가 "넌 촉촉한 초코칩이 아니고 안촉촉한 초코칩
이니까 안촉촉한 초코칩 나라에서 살아"라고해서 안촉촉한 초코칩은
촉촉한 초코칩이 되는 것을 포기하고 안촉촉한 초코칩 나라로 돌아갔다.

단문연습

강사는 원고를 잘 써야 한다. 에세이도 써봐야 하고 시도 잘 쓰는 시인도 되어야 한다. 긴 문장을 단문으로 만드는 연습을 해야 하고 단문을 길게도 말할 수 있어야 한다. 원고를 직접 작성해서 강의를 해야 하기에 문장력을 길러야 한다. 자신이 직접 작성한 글은 애착이 가서 읽으면 읽을수록 정이 간다. 글을 잘 쓰려면 당연히 남의 글을 많이 읽어보아야 한다. 밤새워 강연문을 썼다가 버리고 다시 써서 수정하고 교정하는 각고의 노력이 있어야 명연설문이 나오고 명강사로 나갈 수 있다. 아래는 필자가 좋아하는 말씀과 직접 작성해 보았던 글들이다. 숨 쉬기와 띄어 읽기 연습에 참고하기 바란다.

▶ 시편 23편

여호와는 나의 목자시니 / 내가 부족함이 없으리로다

그가 나를 푸른 초장에 누이시며 / 쉴만한 물가로 / 인도하시는 도다.

내 영혼을 소생시키시고 / 자기 이름을 위하여 / 의의 길로 인도하시는 도다.

내가 사망의 음침한 골짜기로 다닐지라도 /

해를 두려워하지 않을 것은 / 주께서 나와 함께 하심이라. /

주의 지팡이와 막대기가 / 나를 안위하시나이다.

주께서 내 원수의 목전에서 / 내게 상을 베푸시고

기름으로 내 머리에 바르셨으니 / 내 잔이 넘치나이다.

나의 평생에 선하심과 인자하심이 /

정녕 나를 따르리니 / 내가 여호와의 집에 영원히 거하리로다.

▶ 결실이 되기까지

텃밭에 호박꽃이 노란 얼굴로 변해 있습니다.

곱게 물든 빨간 단풍잎이 살며시 내려와서

호박에게 입맞춤하듯 사뿐히 앉았다가

어디론가 날아갔습니다.

94

호박은 맛있게 요리되어 아름답게 결실되었습니다.
좋은 열매는 아무 곳에서나 열리지 않습니다.
씨앗이 있었고 가냘픈 새싹으로 올라왔다가
화사한 꽃으로 피어납니다.
꽃잎은 떨어지고 애기열매로 태어납니다.
부드러운 바람소리와 다정한 보슬비도 만납니다.
때론 폭우와 세찬 바람과도 싸우면서
농부의 정성어린 보살핌으로
탐스럽고 풍성한 열매로 결실됩니다.
농부들이 크고 탐스런 열매들은 먹고
보잘것 없는 열매의 씨앗을 심었더니
해가 거듭 될수록 열매는 작아졌다고 하였습니다.
가장 좋은 열매의 씨앗을 심어야
탐스런 결실을 볼 수 있습니다.

▶ 그리운 친구
무궁화 꽃이 피었습니다.
어디에 있을까 / 머리카락 보일라
꼭꼭 숨었다가 / 쏜살 같이 달려오던 친구야
지금은 무엇하고 있느냐!

아카시아 꽃피면
꽃잎 한 주먹 입에 넣고
허기진 창자를 달래며
옹색하게 살면서도 / 함께 웃어댔던 친구야
지금은 어디에서 / 잘 살고 있느냐!

달님이 웃어주던 날
재 넘어 수박서리 갔다가
멍멍이 짖어대니
정신없이 도망가면서도
꼭 쥔 손 놓지 않고 / 함께 달렸던 친구야
지금은 무슨 일을 하면서 지내느냐!

가위 바위 보 소리 지르며
열, 다섯, 둘 뛰었다가 멈추면서
해가는 줄 모르고
함께 있는 것이 / 마냥 재밌던 친구야
지금은 어떻게 변해 있느냐!

신작로에 스키장 만들어 놓고
스케이트 나눠 타다가
여학생들 넘어지자 깔깔댔던 친구야
지금도 잘 웃으며 지내느냐!

저녁노을 반짝이던 / 산마루에서
내 이름 불러주던 / 그 목소리
친구야 친구야 다정했던 친구야
지금도 내 이름 기억하니
친구야 불러다오!

▶ 마음에 사랑이 넘치면

마음에 사랑이 넘치면 / 눈이 맑아지고
입술은 아름다워집니다.
부정적이고 / 불평불만은 생각조차 사라지고
정성스런 참말이 / 강처럼 흘러서
듣는 이의 마음도 / 아름답게 만듭니다.

마음에 사랑이 넘치면 / 만면에 미소가
봄빛처럼 흐르고 / 자비로운 눈빛은
보는 이의 / 근심과 걱정을 녹여내고
평안한 마음으로 / 미소가 피어나게 만듭니다.

마음에 사랑이 넘치면 / 기쁨과 감사가
흘러 넘쳐서 / 오염되었던 마음이 맑아지고
생활이 정화되어 / 깨끗한 영혼으로 소생되니
원망이나 미움이나 / 시기심이 사라집니다.

마음에 사랑이 넘치면 / 사소한 것일지라도
배려하고 / 위해주고 / 나누어주고
자연스럽게 / 보듬어주는 생활로 이어지니
사람들이 모여들고 / 칭찬하게 됩니다.

마음에 사랑이 넘치면 / 보석보다 찬란한
사람으로 변합니다. / 어둠을 밝히는 / 빛이 됩니다.
비춰지는 곳마다 / 부활의 환호가 일어납니다.
사랑 넘치는 마음들로 / 피어나게 됩니다.

장문연습

강의는 보통 1시간 정도를 하게 된다. 명연설문들을 구해서 많이 읽어보아야 한다. 명강의는 명연설문이 있어야 가능하다. 아무리 강의를 잘 해도 내용이 빈약하면 명강사가 될 수 없다. 장문의 연설문을 작성해 보아야 한다. 1시간 강의할 원고를 작성해서 읽고 또 읽으며 암기하여 상황에 따라 테크닉을 발휘하여 강의해야 명강사로 갈 수 있다.

아래에 세계적인 명연설로 기록되고 있는 마틴 루터 킹 목사의 연설문을 참그러므로 올린다. (더 많은 예제는 부록1을 참조바람)

▶ 마틴루터 킹목사의 연설

미국 역사상 가장 위대한 자유시위로 기록될 오늘 이 시간, 여러분과 함께 있으니 가슴이 벅차오릅니다. 100년 전, 지금 우리 위에 그림자를 드리우고 있는 저 동상의 주인공 '에이브러햄 링컨'이 노예해방 선언서에 서명했습니다. 노예해방선언은 사그라지는 불의의 불꽃 속에서 고통 받아온 수백만 흑인노예들에겐 희망의 봉홧불이었으며, 기나긴 속박의 밤을 걷어내는 찬란한 기쁨의 새벽이었습니다.

그로부터 100년의 세월이 흘렀지만, 흑인들은 자유를 누리지 못하고 있습니다. 100년의 세월이 흘렀지만, 흑인들은 차별의 족쇄를 찬 채 절름거리고 있습니다. 100년의 세월이 흘렀지만, 흑인들은 물질적 풍요의 바다에서 가난의 섬 안에 고립되어 살고 있습니다. 100년의 세월이 흘렀지만, 흑인들은 미국사회의 구석진 곳에서 고통당하며 망명객처럼 부자유스런 생활을 하고 있습니다.

오늘 우리는 치욕스런 상황을 극적으로 전환하기 위해서 이곳에 모였습니다. 우리는 명목뿐인 수표를 현금으로 바꾸기 위해서 수도 워싱턴에 모였습니다. 미국의 건국에 참여한 사람들이 서명한 헌법과 독립선언서의 화려한

문구들은 약속어음에 비유할 수 있습니다. 이들은 흑인, 백인을 가리지 않고 모든 사람들에게는 양도할 수 없는 '생명권, 자유권, 행복추구권'이 있다는 내용의 약속어음에 서명을 했습니다.

미국은 흑인시민에 대해서 이 약속을 제대로 이행하지 않고 있습니다. 미국은 흑인들에게 이 신성한 약속어음에 명시된 현금을 지급하지 않고 '예금 잔고 부족'이라는 표시가 찍힌 부도수표를 되돌려 주고 있습니다. 하지만 정의라는 이름의 은행은 결코 파산하지 않을 것입니다. 미국이 가지고 있는 기회라는 이름의 거대한 금고 속에 충분한 잔고가 남아 있을 것입니다. 우리는 이 약속어음이 명시하는 자유와 정의를 되돌려 받기 위해서 이곳에 모였습니다.

우리는 미국에게 현재 사태가 긴급함을 인식시키기 위해서 이 신성한 장소에 모였습니다. 지금은 호사스럽게 냉각기간을 가지거나 점진주의의 진통제를 먹고 앉아 있을 때가 아닙니다. 우리는 지금 당장 민주주의의 약속을 실현해야 합니다. 우리는 지금 당장 흑백차별의 어둡고 황폐한 계곡에서 벗어나서 인종적 정의의 양지 바른 길로 걸어 나가야 합니다. 우리는 지금 당장 미국을 위태로운 인종차별의 모래밭에서 건져내서 동포애라는 단단한 반석 위에 올려놓아야 합니다.

우리는 지금 당장 주님의 어린양들을 위해 정의를 실현해야 합니다. 미국이 현재 사태의 긴급성을 인식하지 못한다면, 그것은 아주 치명적인 일이 될 것입니다. 자유와 정의의 상쾌한 가을이 찾아올 때까지 흑인들의 정당한 불만이 지글지글 끓어오르는 여름은 결코 물러가지 않을 것입니다. 1963년은 끝이 아니라 시작입니다. 미국이 사태의 긴급성을 인식하지 못하고 평상시처럼 행동한다면, 흑인들이 분노를 극복하고 행복하게 살기 바라는 사람들은 대단히 불쾌할 것입니다.

흑인들의 시민권을 보장하지 않는 한 미국은 평화로울 수 없습니다. 정의의 새벽이 밝아오는 그날까지 폭동의 소용돌이가 계속되어 미국의 토대를 뒤흔들 것입니다. 정의의 궁전에 이르는 문턱에 서 있는 여러분께 이 점을 말씀드리고 싶습니다. 정당한 자리를 되찾으려는 우리의 행동은 결코 나쁜 것이 아님을 명심하도록 하십시오. 자유에 대한 갈증을 증오와 원한으로 채우려고 하지 맙시다. 위엄있고 규율 잡힌 태도로 투쟁해야 합니다.

우리는 창조적인 항의운동을 물리적 폭력으로 타락시켜서는 안 됩니다. 거듭해서 당부하지만, 우리는 물리적 힘에 대하여 영혼의 힘으로 대처하는 당당한 태도를 가져야 합니다. 흑인사회를 지배하는 새로운 투쟁성에 이끌려 백인들을 불신해서는 안 됩니다. 오늘 이 자리에 참가한 많은 백인들을 보면 알 수 있듯이, 백인형제들 중에는 백인과 흑인이 운명공동체라는 사실을 인식하는 사람들이 많습니다. 이 백인들은 자신들의 자유는 우리들의 자유와 단단히 얽혀 있음을 인식한 사람들입니다. 우리 혼자서는 걸어갈 수 없습니다.

우리는 언제나 앞장서서 행진해야 합니다. 결코 뒷걸음질 쳐서는 안 됩니다. 헌신적인 시민권 활동가들에게 "당신들은 도대체 언제 만족할거요?"라고 묻는 사람들이 있습니다. 흑인에 대한 경찰들의 야만적인 폭력이 없어지지 않는 한 우리는 결코 만족할 수 없습니다. 여행으로 지친 우리의 몸을 여러 도시의 호텔과 모텔에 누일 수 없는 한 우리는 결코 만족할 수 없습니다. 흑인들이 작은 빈민가에서 큰 빈민가로 이주할 자유밖에 누릴 수 없는 한 우리는 결코 만족할 수 없습니다.

'백인전용'이라는 표지판 앞에서 우리 아이들의 자존심과 인간적 존엄성이 짓뭉개지는 한 우리는 결코 만족할 수 없습니다. 여러분 중에는 큰 시련을 겪고 있는 사람들이 있을 것입니다. 여러분 중에는 좁디좁은 감방에서 방금 나온 사람도 있을 것입니다. 여러분 중에는 자유를 달라고 외치면 갖은 박해를 당하고 경찰의 가혹한 폭력에 시달려야 하는 지역에서 오신 분들도 있을 것입니다. 아무 잘못도 하지 않고 받는 고통은 반드시 보상을 받을 것이라는 신념을 가지고 계속 활동합시다.

미시시피로 돌아갈 때, 알라배마, 사우스캐롤라이나, 조지아, 루이지애나로 돌아갈 때, 그리고 북부 여러 도시의 빈민가로 돌아갈 때, 언젠가는 이런 상황은 변화될 것이라는 확신을 가지고 돌아갑시다. 절망의 구렁텅이에 빠져서는 안 됩니다. 친애하는 여러분께 이 말씀을 드리고 싶습니다. 우리는 지금 비록 역경에 시달리고 있지만, 나에게는 꿈이 있습니다. 나의 꿈은 아메리칸 드림에 깊이 뿌리 내리고 있는 꿈입니다.

나에게는 꿈이 있습니다. 조지아 주의 붉은 언덕에서 노예의 후손들과 노예 주인의 후손들이 형제처럼 손을 맞잡고 나란히 앉게 되는 꿈입니다. 나에게는 꿈이 있습니다. 이글거리는 불의와 억압이 존재하는 미시시피 주가 자유와 정의의 오아시스가 되는 꿈입니다. 나에게는 꿈이 있습니다. 내 아이들이 피부색을 기준으로 사람을 평가하지 않고 인격을 기준으로 사람을 평가하는 나라에서 살게 되는 꿈입니다.

지금 나에게는 꿈이 있습니다! 나에게는 꿈이 있습니다. 지금은 지독한 인종차별주의자들과 주지사가 간섭이니 무효니 하는 말을 떠벌리고 있는 앨라배마 주에서, 흑인어린이들이 백인어린이들과 형제자매처럼 손을 마주 잡을 수 있는 날이 올 것이라는 꿈입니다. 지금 나에게는 꿈이 있습니다! 골짜기마다 돋우어지고 산마다, 작은 산마다 낮아지며 고르지 않은 곳이 평탄케 되며 험한 곳이 평지가 될 것이요, 주님의 영광이 나타나고 모든 육체가 그것을 함께 보게 될 날이 있을 것이라는 꿈입니다.

이것은 우리 모두의 희망입니다. 저는 이런 희망을 가지고 남부로 돌아갈 것입니다. 이런 희망이 있다면 우리는 절망의 산을 토막 내어 희망의 이정표를 만들 수 있습니다. 이런 희망이 있다면 우리는 나라 안에서 들리는 시끄러운 불협화음을 아름다운 형제애의 교향곡으로 바꿀 수 있습니다. 이런 희망이 있다면, 언젠가는 자유를 얻을 수 있다는 확신이 있다면, 우리는 함께 행동하고 함께 기도하고 함께 투쟁하고 함께 감옥에 가고 함께 자유를 위해서 싸울 수 있습니다.

내 꿈이 실현되는 날이 반드시 올 것입니다. "나의 조국은 아름다운 자유의 땅, 나는 조국을 노래 부르네. 나의 선조들이 묻힌 땅, 메이플라워호를 타고 온 선조들의 자부심이 깃들어 있는 땅, 모든 산허리에서 자유의 노래가 울리게 하라!" 주님의 모든 자녀들이 이 구절을 새로운 의미로 암송할 수 있게 될 날이 올 것입니다. 미국이 위대한 국가가 되려면 우리의 꿈은 반드시 실현되어야 합니다.

뉴햄프셔의 높은 산꼭대기에서 자유의 노래가 울리게 합시다. 펜실베니아의 웅장한 앨러게이니 산맥에서 자유의 노래가 울리게 합시다. 콜로라도의 눈 덮인 록키산맥에서 자유의 노래가 울리게 합시다. 캘리포니아의 구불구불한 산비탈에서 자유의 노래가 울리게 합시다. 조지아의 스톤 산에서 자유의 노래가 울리게 합시다. 미시시피의 수많은 언덕들과 둔덕들에서 자유의 노래가 울리게 합시다. 전국의 모든 산허리에서 자유의 노래가 울리게 합시다.

이렇게 된다면, 모든 주, 모든 시, 모든 마을에서 자유의 노래가 울린다면, 흑인과 백인, 유태교도와 기독교도, 신교도와 구교도를 가리지 않고 모든 주님의 자녀들이 손에 손을 잡고 오래 된 흑인영가를 함께 부르게 될 그날을 앞당길 수 있을 것입니다. "마침내 자유를 얻었네, 마침내 자유를 얻었네. 전능하신 주님의 은혜로, 마침내 우리는 자유를 얻었네."

사람을 볼 때 제일 먼저 보는 것이 얼굴이다. 얼굴은 얼(혼魂)과 굴窟로써 영혼과 통로로 이루어졌다는 의미를 가지고 있다. 얼굴에는 근육이 80여개가 있고 얼굴로 7000가지의 표정을 지을 수 있다고 한다. 얼굴에는 얼(魂)이 표현되는 곳이 있다. 그것이 눈, 코, 귀, 입이다. 눈은 보는 통로이고 코는 공기를 들이 마시는 통로이다. 귀로는 소리를 듣는 통로이고 입은 음식물을 먹는 통로이면서 더더욱 중요한 것은 입이 바로 얼(魂)을 나타내는 통로이다. 입을 통하여 얼(魂:자신의 인격)을 소리로 나타내는 통로이다. 그래서 얼굴의 통로 중에 가장 중요한 통로가 입이고 그래서 입의 통로가 가장 길다. 입은 항문에 까지 연결되어 인체를 관통하는 통로이다. 자신에게 필요한 모든 영양소를 입을 통하여 얻고 자신의 얼(魂(인격人格))을 성장시키면서 그 인격을 입을 통하여 보여주고 나타내는 것이 목소리이다. 그래서 목소리가 중요한 것이다.

목에서 나오는 소리는 그냥 소리가 아니다. 자신의 혼과 인격을 드러내는 것으로 바로 나인 것이다. 그러므로 목소리를 아름답게 내려고 노력해야 한다. 첫인상이 아무리 좋아도 목소리를 통하여 거짓말이나 폭언이나 흉악한 소리나 사람을 해하는 소리를 질러댄다면 차라리 입이 없고 소리를 낼 수 없는 것이 나았을 것이다.

목소리가 아름다워지면 나의 혼이 아름다워지고 나의 인격이 아름다워진다. 아름다운 목소리로 아름다운 말씀을 하면 사람들을 감동시키고 행복하게 만든다.

강사는 자부심을 가지고 살아가야한다. 강사는 사람들에게 영향을 미치는 사람이다. 가르친다는 것은 교수, 촉진시키는 사람, 컨설턴트, 코치, 튜터, 멘토 등으로 다양하게 불리고 있다. 가르치는 사람들은 그 역할이 각기 다르겠지만 사람들에게 영향을 미치는 사람들임에는 틀림없다. 이러한 가르치는 사람들 중에도 대중강사는 세상에 영향을 미치는 경향이 가장 두드러질 것이다. 강사의 열정적인 목소리가 강의를 하여 청강자들의 심금을 울렸다면 그 청강자들과 또 청강자들의 주변에 엄청난 파급효과가 일어나게 될 것이다.

본인은 1983년도 부산의 모 대학교 대강당에 초청되어 특강을 했는데 강의를 마치고 돌아가려고 할 때 학생 한 명이 급히 다가와 고맙다고 인사를 넙죽하는 것이었다. 그러면서 그 학생은 고백하기를 자신은 자살을 준비하고 있었다고 하였다. 그런데 오늘 강사님의 말씀을 듣고 죽지 않고 열심히 살아야겠다고 결심했다며 감사인사를 꼭 드리고 싶어서 달려왔다고 하였다.

강사는 청강자들과 세상에 자신도 상상하지 않은 엄청난 파급효과를 일으킬 수 있다는 자부심을 가지고 강의를 준비해야 한다.

강사의 목소리는 같은 내용이지만 폐부를 찌르고 정곡을 찌르는 카리스마가 있어야 한다. 그런 목소리는 타고나기도 하지만 누구나 연습하면 개발해 갈 수 있다. 목소리가 작아도 힘있고 카리스마 느껴지게 할 수 있다. 허스키한 목소리도 강약고저의 톤을 연습하면 심금을 울리게 할 수 있다. 문제는 노력이다. 모 가수가 입에서 피가 나도록 연습하여 자신만의 독특한 소리를 개발해서 유명한 가수로 성공하기도 하였다. 명강사도 실력과 함께 자신의 목소리가 명강사다운 소리가 나올 수 있도록 연습을 해야 한다. 강사의 심금을 울리는 목소리가 절실히 요청되는 시대다. 온 국민과 온 인류가 천사의 노랫소리보다 심금을 울려줄 강사를 고대하고 있다.

파워 스피치를 위한
제스처 법

'사람'이라는 동물은 때때로 자기 동작이 많은 것을 나타낸다는 사실을
눈치채지 못한다. 사람은 지나치게 언어에 중점을 두기 때문에
동작, 자세, 표정이 자기를 말하고 있다는 것을 흔히 잊기 쉬운 것이다

– 데즈먼드 모리스

인간은 우주까지 주관하려고 한다
그러나 인간 스스로도 주관하지 못한다
강사는 자기 자신부터 주관하고 다스려야 한다

–《뜻길》중에서

몸짓과 표정은 말보다 먼저 말한다.

말할 때 말의 뜻보다 몸짓과 표정으로 그 말의 뜻을 더 빨리 전달하게 된다. 그래서 몸짓과 표정은 친밀감, 거부감, 노여움, 긴장감, 즐거움 등을 전달하는 언어가 된다.

표정과 몸짓에는 보여 주고 싶은 자신뿐만 아니라 감추고 싶은 자신까지 숨김없이 나타난다. 입말이 라디오라면 몸말은 TV라고 할 수 있다. 강사의 제스처 즉, 바디 스피치는 단조롭고 무미건조한 입말만의 스피치보다 훨씬 강력한 메시지를 전달해준다.

몸은 입으로 하는 말보다 더 많은 것을 이야기 해 준다. 사랑하는 연인에게 100번 사랑한다고 외치는 것보다 손 한 번 꼬옥 잡아주고 어깨를 다정스럽게 감싸주는 것이 더 확실한 감정을 전달해 줄 수 있다. 이는 말이 필요없는 말이다.

제스처에는 눈빛, 미소, 자세, 몸짓, 표정 등 말하는 사람의 태도를 말한다. 손짓 하나 눈빛까지도 강렬한 언어인 것이다.

그러니까 상대나 청중의 눈에 호소하는 신체언어이다. 연설자가 소리만으로 의사 전달이 부정확할 때 손짓, 몸짓, 얼굴표정 등의 제스처(태도)는 의사를 전달하는데 도움을 주며 소리보다도 전달력이 빠르다.

몸말인 보디랭귀지는 세계 어디서나 통하지 않는 곳이 없다. 그래서 보디랭귀지는 만인에게 통용되는 공통언어인 것이다. 보디랭귀지에서도 손이 차지하는 비중이 크다. 부드러운 손의 움직임과 함께 또렷한 연설은 설득력, 감화력, 친화력을 한층 더 높여준다.

제스처를 사용하면 말하는 사람의 입장이 분명해지고 자신감이 넘치며 불안감이 감추어진다. 또한 신념을 외부로 보여 줄 수 있어서 효과는 배가된다.

우리는 무언극을 감상할 때, 말이 없어도 움직임을 보고 그 내용의 의미를 알 수 있다. 그래서 표정은 최악의 밀고자라고 했다. 이와 같이 제스처는 깊은 의미를 가진, 언어를 대신할 수 있어서 신체언어 즉 보디랭귀지라고 말한다. 웅변가나 연설자의 말소리가 우렁찬 힘으로 사람의 감정을 흔들고, 구슬픈 소리로 청중을 울려 주는 힘이 있다고 한다면 제스처는 상대나 청중에게 동작으로 보여주는 언어이다.

스피치에서 표정과 제스처가 차지하는 비중은 대단하다. 현대는 이미지 시대이다. 일류 강사들을 보면 예외 없이 제스처가 시원시원하고 화려하다. 이러한 제스처는 저절로 나오는 것 같지만 사실은 화려한 경력이 쌓여서 자연스럽게 나오는 것이다. 어린이들을 보라. 아이들이 이야기할 때 자연스럽게 나오는 제스처는 아주 크고 명쾌하다. 그래서 평안함은 최고의 소개장이라고 하는 것이다.

우리나라 사람들은 나이를 먹으면서 제스처가 없어진다. 권위주의적이고 획일적인 문화 탓일 것이다. 매사에 절제를 요구하는 유교 문화의 영향도 크다 할 것이다. 표정과 몸짓은 상대의 마음을 읽어 내거나, 상대가 나에게 갖고 있는 감정을 판단할 때 중요한 단서가 된다. 표정과 몸짓은 말보다 더 강하게 친밀감을 줄 수 있고 반대로 거부감과 노여움을 주는 도구가 될 수도 있다. 요즘에는 몸동작이 커지고 있다. 자신을 당당하게 표현하는 수단으로 배짱있고 당당하고 자신감이 있는 사람일수록 제스처도 자연스럽게 커지는 것을 볼 수 있다.

대부분 목회자들은 제스처가 크고 분명하다. 명강사들의 제스처도 연출하듯이 크고 자연스럽게 나타난다. 코미디언들의 제스처도 일부러 한 박자 늦거나 빠르게 하면서 웃음을 연출하기도 한다. 축구나 배구 등의 스포츠 해설가들의 제스처는 강하고 빠른 것을 볼 수 있다. 말의 속도가 빠르기 때문이다. 말의 속도와 톤에 따라 나름대로 철저히 준비한 제스처를 구사하는 것을 볼 수 있다. 제스처는 상황과 장소 그리고 청중에 따라 구분되어야 하고 미리 준비하고 연습의 과정을 통하여 자연스럽게 나타내야 한다. 준비된 제스처가 아니면 부자연스럽고 상대를 어지럽게 만드는 경우가 발생된다. 그래서 제스처도 철저히 미리 준비된 제스처만 사용해야 한다.

제1강
"몸도 말을 한다"

상대의 눈을 마주치며 말하라

대화 할 때 고개를 끄덕이면서 들어주는 사람에게 친밀감이 깊어진다. 강의를 할 때도 강사의 눈을 응시하며 열심히 들으며 고개를 끄덕여 주는 학생들이 있다. 그런 학생이 있으면 강사는 더더욱 신이 나서 강의가 잘 풀려간다. 그래서 강사는 강의를 할 때면 자신의 강의에 집중하고 열심히 들어주는 학생을 바라보면서 강의하게 된다. 그러다보면 강사도 신이 나고 그런 분위기는 점진적으로 주변에 전염되어 간다. 그렇다고 강사는 한사람만 바라보며 강의를 하면 다른 청강생들이 오해를 하거나 소외감을 가질 수도 있다. 강사는 자신의 눈을 학생들에게 골고루 나누어 주어야 전체분위기를 진지하게 이끌어갈 수 있다. 열심히 들어주는 학생에서 그 분위기가 전염되어가도록 이끌어가면서 모든 학생들이 강사의 눈 속에 담겨지게 만들어야 한다. 반짝이는 눈빛으로 청중을 압도하면서 온화한 눈 미소로 청중의 마음을 담아내야 한다.

움직이며 강의하라

강의하면서 강단에서 움직일 때에는 3~4걸음 정도 천천히 양옆으로 움직이면 좋다. 특별히 강조할 내용이 있을 때에는 1~2걸음 정도 앞으로 걸어나가는 것도 효과적이다. 중요한 내용을 강조하면서 앞으로 한 두 걸음 나갔다면 자연스럽게 천천히 제자리로 돌아와야 한다.

▶ 강의할 때 주의사항

❶ 손을 주머니에 넣지 않는다.

❷ 손을 뒤로하고 강의하지 않는다.

❸ 교탁에 비스듬히 기대고 서서 강의하지 않는다.

❹ 교탁을 잡고 강의하지 않는다.

❺ 너무 빨리 움직이지 않는다.

❻ 단상 뒤 벽에 기대서 강의하지 않는다.

❼ 마이크를 두 손으로 잡고 강의하지 않는다.

청강생들이 강의에 동참하게 하라

심리학자들의 연구에 따르면 책을 읽고 나서 하루가 지나면 46%를 잊어버리고 2주가 지나면 79%를 잊어버리고 한 달이 지나고 나면 81%를 잊어버린다고 한다. 그러나 청각을 통해서 기억하기란 더 어렵다는 것이다. 읽는 것은 속도를 조절할 수 있고, 정독 할 수도 있다. 그리고 중요한 것은 다시 반복할 수 있다. 그러나 강의를 듣는 것은 그렇게 할 수 없기 때문이다. 그래서 강의를 할 때는 청강생들이 동참하도록 하는 것이 기억에 있어서 훨씬 효과가 크다. 동참하며 들은 강의는 암기도 잘 되고 오래도록 기억에 남는다. 청강생들이 동참하며 강의할 때 기억력이 높아진다.

청강생들의 기억력을 조사해 보니, 열심히 들었을 때 30%를 기억한다고 하고, 파워포인트나 그림 등을 보면서 들었을 때는 50%가 기억되고, 자신이 연구하여 말한 것을 통해서는 80%가 기억되고, 강의에 동참하여 듣고 말한 것에 대해서는 90%가 기억에 남는다고 하였다.

강사와 눈을 마주치며 강사가 자연스럽게 움직이며 다정스럽고 진지하게 강의를 할 때 들었던 내용은 쉽게 잊혀지지 않는다. 시간이 흐른 후 강사가 강의하던 때를 연상하게 되면 강의내용이 저절로 떠오르게 된다. 그런 강의가 50%정도 기억된다는 것이다. 그런데 강사가 강의하면서 청강생들이 동참하게 하여 질문하고 답했던 세미나식 강의는 90%정도까지 기억에 남는다고 하니 청강자가 꼭 기억하게 하려는 강의를 준비할 때는 청강생들이 동참하게 하는 강의를 해야 효과가 크다. 학교수업에서 선생님과 나누었던 대화나 문제들은 그때를 떠올리면 현실처럼 다가와 그때의 상황이 그대로 그려지는 것을 생각해 보면 맞는 말이라고 사료된다.

몸짓을 활용하라

강의를 하는 내내 가만히 서서 앞만 바라보고 강의를 한다면 강의를 듣는 사람은 서서히 지루해지게 된다. 강의하는 사람도 피곤함이 훨씬 빨리 찾아온다. 강의내용에 따라 다를 수는 있지만 대부분의 강의에서는 중요한 내용을 설명할 때는 제스처가 매우 긴요하다. 중요한 부분일수록 몸짓을 크게 하고 덜 중요한 사항은 몸짓을 작게 하면서 강의를 하면 훨씬 효과적이다.

제스처를 함에 있어서 강의 내용과 손짓 몸짓이 따로 놀아서는 안 된다. 이점을 깊이 주의해야 한다. 별로 중요하지도 않은데 목소리의 톤을 높인다든가 손짓 몸짓이 크게 되면 청강자들은 혼란스럽고 집중이 떨어진다.

제스처는 몸이나 손으로만 하는 것이 아니다. 강사는 특별한 경우를 제외하고는 강의를 하는 동안 눈과 입가에 미소가 담겨있어야 한다.

강사는 당연히 청강생들을 바라보면서 강의를 하게 되는데 밝은 미소를 주면서 강의를 해야 청강생들의 마음이 밝아지고 다정스러움을 느끼며 강의에 집중하고 강의내용을 따라오게 된다. 그래서 강의할 때 강사의 미소는 청강생들에게는 매우 중요한 조미료요 청량제가 된다.

제스처가 강사의 신뢰도에서 으뜸이다

강사는 강의를 하기 위하여 강단에 올라서지만 청강생들은 강사의 말보다 제스처를 통해 신뢰감을 느끼며 청강하게 된다. 강사가 건방지게 보이거나 거북한 몸짓을 하면서 강단에 올라왔다고 느끼게 되면 무슨 강의를 해도 받아들여지기가 쉽지 않다. 그래서 강사는 강단에 올라가는 순간부터 강의를 마치고 내려오는 순간까지 적절한 표정과 몸짓에 신경 써야한다. 중요한 강의내용일수록 강단에 오르면서 제스처에 주의해야 한다. 강사의 신뢰도를 파악해 보았을 때 강의내용을 통하여 강사를 신뢰하게 되었다는 것보다 강사의 제스처에서 강사를 신뢰할 수 있었다는 설문이 있다.

❶ 강사의 제스처는 신뢰감을 준다

강사의 강의에 대한 신뢰도에 대하여 설문조사한 내용이 있다. 강사의 강의내용에 대해서는 신뢰도가 겨우 7%로 나왔다. 그런데 강사의 음성을 통해서는 그 신뢰도가 38%나 나왔다. 강사의 음성이 매우 중요한 것을 알 수 있다. 그러나 강사의 제스처를 통해서는 강사의 신뢰도가 55%나 나왔다. 강사가 강의를 하면서 보여주는 제스처가 강사를 믿게 만들고 그럼으로 강의내용에 대해서도 신뢰를 가지게 만든다. 스피치도 중요하지만 제스처가 강사에 있어서는 어느 무엇보다 중요한 것을 알 수 있다.

❷ 제스처는 눈으로 보고 느끼게 만드는 언어이다

말할 때 손짓, 몸짓, 얼굴표정 등의 제스처를 사용하면 귀로 듣고 느끼는 감정에다 눈으로 보고 느끼는 감정이 더해져서 청중으로 하여금 설득과 감동의 효과를 높이게 된다. 뿐만 아니라 강사의 신뢰도가 높아지는 것이다. 신뢰가 느껴지는 강사가 강의할 때 더더욱 잘 듣는다. 강사가 자연스러우면서 자신감이 넘치는 제스처로 강의하면 강사 자신도 힘이 솟고 강사 자신에게도 감동이 느껴지며 강사의 건강에도 큰 도움이 된다. 강사가 강의했는데 신뢰를 얻지 못했다고 느끼거나 반응이 좋지 않았고 힘든 강의였다고 느끼게 되면 강사 자신이 큰 스트레스를 받게 되고 피로감이 커진다. 강사는 자신의 강의를 통해 청강자들을 만족시키면서 자신의 건강도 양호하도록 유지시켜야 한다. 강의를 하면 할수록 스트레스를 받거나 건강이 나빠지면 결국 강의를 할 수 없게 된다. 그래서 강사의 강의는 청강자뿐 아니라 자신까지도 힐링시키는 강의가 되어야 한다. 이에 제스처를 적절히 사용하면 청중에도 도움이 되지만 강사 자신에게도 큰 도움이 된다.

▶ 제스처의 효과

① 청중이 이해를 빠르게 할 수 있도록 돕는다.

② 청중의 시선을 집중시킬 수 있다.

③ 강사가 힘있게 보인다.

④ 강사의 신념을 보여줄 수 있다.

⑤ 강사가 자신감 있어 보인다.

⑥ 강사가 자신감이 생긴다.

⑦ 강사의 불안감이 해소된다.

⑧ 강사의 피로감이 해소된다.

⑨ 강사의 자세가 자연스러워 진다.

⑩ 강의가 지루하지 않고 시간가는 줄 모른다.

제2강
"" 자연스런 제스처 법 ""

'산 제스처'와 '죽은 제스처'란 말이 있다.

다이나믹한 제스처야말로 '산 제스처'이다. 나의 주장과 신념을 청중에게 제대로 강조하는 것이 제스처라면 제스처는 생동감 있고 활기가 넘쳐야한다. 상황에 맞고 분위기에 맞는 제스처가 되도록 융통성도 있어야 한다. 과일을 깎을 때는 과도를, 나무를 쪼갤 때는 도끼를 사용하듯이 청중의 수나 장소와 규모에 따라 같은 제스처라도 크기가 달라야한다. 그래서 강사는 강의에 앞서 상황을 분석해야 한다. 청중 수, 강당분위기, 청중의 수준, 연령 분포, 음향시설 등 각종 상황을 미리 파악하여 그에 맞는 제스처를 사용해야 효과가 큰 살아있는 제스처가 된다. 제스처가 강의를 돋보이게 하고 청중의 이해력을 돕는 천사의 역할이 되도록 연구와 연습과 세심한 주의가 있어야 한다.

동작이 말보다 0.5초 정도 빨라야 한다

제스처가 말보다 늦으면 보는 이로 하여금 어색하게 만든다. 개그맨들은 일부러 제스처를 한 박자 늦거나 빠르게 하면서 코믹한 분위기를 연출한다. 강의에서의 제스처가 결코 개그가 되어서는 안 된다. 자연스런 제스처는 말보다 약간 빠르고 자연스럽게 나와야 보는 사람들의 이해를 돕게 된다. 마치 전깃불을 킬 때 스위치를 올리니 불이 들어오는 이치와 비슷하다.

제스처는 내용과 일치시키는 것이 포인트이다

말의 내용과 제스처의 의미가 서로 달라서는 안 된다는 것이다.

"말씀드리겠습니다. 알려드립니다. 제안합니다. 호소합니다. 발표합니다." 할 때는 손을 펴서 앞으로 내밀어야 자연스럽게 보인다. "약속합시다. 단결합시다. 각오합시다. 촉구합니다." 등의 말은 주먹을 쥐고 앞으로 내밀어야 설득력이 있다. '말씀드리겠습니다.' 하면서 손을 위로 올린다면 청강생들이 혼란스러워할 수 있다.

제스처와 시선은 동일한 방향이어야 한다

특별한 경우를 제외하고는 제스처와 시선이 동일한 방향을 하고 있어야 자연스럽다. 율동이나 모션에서 손이 가는 방향에 따라 고개와 시선이 따라가야 자연스럽게 보인다. 마찬가지로 강의의 제스처도 시선이 가는 방향을 따라 제스처도 따라가야 한다. 손은 왼쪽을 가리키고 있는데 시선은 오른쪽을 보고 있으면 개그처럼 보일 수 있다. 그리고 아무리 좋은 제스처도 너무 반복적으로 사용하면 혼란스럽고 경망스럽게 보일 수 있고 역효과가 날 수 있으니 신중해야 한다.

말의 속도와 제스처의 속도가 비슷해야 한다

적절하고 자연스러운 제스처는 청중의 시선을 끌고 집중시키는 힘이 있다. 말도 정열적으로 했다면 제스처도 정열적으로 해야 한다. 밸런스가 맞아야 자연스럽다. 말이 빠르면 제스처도 당연히 빨라져야 한다. 말은 늦는데 제스처만 빠르게 나타나면 청강생들은 혼란스러워진다. 그래서 제스처는 말의 속도와 비례한다고 볼 수 있다.

제스처도 단계가 있다

강의에도 단계가 있듯이 제스처에도 준비단계 완성단계 그리고 복귀단계로 구분할 수 있다. 갑작스럽게 움직이면 역효과가 날 수 있다. 제스처를 시작하려는 자세를 보여주고 난 후 준비한 제스처를 취한 후에는 원래의 자세로 돌아가야 한다. 계속 손을 올리고 있다거나 움직이고 있으면 혼란스럽게 느낄 수 있다. 제스처는 청중의 이해를 돕는 것이며 집중하게 하여 설득력을 돕기 위한 것임을 잊어서는 안 된다.

명강사와 유명한 목사의 제스처를 따라해 보자

모방을 통하여 성숙한 단계로 나갈 수 있다.

모방의 과정을 통하여 적절한 제스처법을 익히고 자신에게 맞는 제스처를 개발하여야 한다. 처음에는 어색하고 서툴러도 몇 번이고 반복하여 연습하는 동안 자연스럽게 나만의 멋진 바디 스피치가 개발되게 된다. 준비되지 않은 제스처, 연습되지 않은 제스처가 강의의 수준을 떨어뜨린다.

손을 조심해서 사용해야 한다

강의를 하다보면 제스처에서 손의 비중이 크다. 제스처를 연습하지 않은 강사는 사람을 지적할 때 두 번째 손가락으로 가리키는 경우가 있다. 한국사람은 이를 삿대질했다고 느끼게 된다. 매우 불쾌하게 여긴다. 이를 주의해야 한다. 또 서양에서는 가운데 손가락을 치켜들게 되면 매우 흉한 욕으로 여기게 된다. 아무리 강의를 잘하고 내용이 중요해도 이런 제스처가 있었다면 강의를 망치게 된다.

청강생들을 가리켜야 할 경우에는 손가락을 다 펴고 가리켜야 한다. 또한 손바닥이 아래로 향하게 해서도 안 된다. 손바닥이 아래로 향하면 청강생들을 하대하는 것처럼 느낄 수 있다. 청강생들을 모시고 높이고 받드는 제스처로 손바닥이 위로 향하게 해야 한다. 그리고 특정인을 가리키면 당황할 수 있다. 손바닥을 위로하고 손을 자연스럽게 좌에서 우로 천천히 움직이며 가리키면 적절할 것이다.

제3강
" 강사의 등단^{登壇}과 제스처 "

강사는 강의를 하기 위해 대기하고 있을 때부터 이미 강의는 시작된 것이다. 청강생들은 강사가 어떤 사람일지 매우 궁금하다. 강사가 대기하고 등단할 때부터 유심히 지켜보고 있다. 과연 청강생들을 만족시켜줄 강사인지 체크하고 있다고 보아야 한다. 제스처는 강사가 하고자 하는 말에 힘을 보태주는 가장 좋은 무기라고 하였다. 몸가짐에서부터 제스처까지 일치시켜서 준비한 내용을 입으로 말하되 온 몸으로 보여주는 것이다.

태도

단정한 복장, 가능하면 정장을 입는 것이 좋다. 한국사회의 강단은 대부분 보수적인 면이 강하다. 그래서 강사는 단정해야하고 정장을 입으면 별로 흠잡을 데가 없다. 만일 캐주얼하게 옷을 입었다면 젊은 사람들이나 중고등학생일 경우에는 괜찮을 것이다. 대학생 이상이 모였다면 정장차림이 좋다. 청중은 모두 작업복이나 캐주얼한 옷을 입고 있더라도 강사는 정장을 입는 것이 예의로 여기고 있다.

강사의 태도는 강의 내용 못지않게 중요하다. 겸손한 태도를 유지하고 있어야 한다. 단상에 오르는 순간 공인이 된다. 특별한 경우를 제외하고는 장관이나 국회의원들은 정장을 입고 공손한 태도로 단상에 오른다. 강사는 국회의원이나 장관은 아니어도 그 이상의 자부심을 가지고 강단에 올라서서 가르치는 사람이 되어야 한다. 강사의 자부심과 사명감이 강사를 강사답게 만든다.

❶ 등단 직전

옷 매무새를 점검한다. 넥타이는 제대로 위치되어 있는지, 양복 단추는 잘 잠겨 있는지, 바지의 지퍼가 열려있지 않은지 점검한다.

미리 준비해온 자료는 제대로 있는지 확인한다.

점검이 끝나면 균형있는 걸음걸이로 겸손하고 부드러운 표정과 자세로 나서야 한다. (p205~2 참조)

❷ 등단

강단 중앙에 선 후 한 걸음 물러나 인사한다.

강사와 연단과의 사이는 한 뼘 정도가 좋다.

인사를 한 후 정치인처럼 손을 올려 과하게 흔드는 제스처는 금물이다. 겸손한 태도로 정중하게 인사만 하면 된다.

❸ 단상에 섰을 때

- 다리 : 어깨 넓이로 11자형으로 선다.

단 첫마디를 할 때는 오른발을 약간 앞으로 내밀면서 시작하고, 편안한 자세로 서서 시작한다. 관중은 앞에만 있는 것이 아니고 옆에도 뒤에도 있을 수 있다. 강의를 하면서 만일에 청중이 옆에 있거나 뒤에도 있으면 관심을 가지고 골고루 시선을 나누어 주면서 강의를 해야 한다. 특히 강의를 하다가 자신도 모르게 다리가 움직일 수 있다. 버릇처럼 다리를 떨고 있을 수도 있다. 강사는 사방에서 청중이 보고 있다고 느끼며 긴장을 잠시도 늦추지 말고 강의를 해야 한다.

- 손 : 계란을 쥐듯이 엄지손가락이 가운데 손가락 위에 오도록 하고, 제

스처를 할 때를 제외하고는 자연스러우면서도 반듯한 자세로 서서 말한다. 또한 두 손을 가볍게 연단 위에 올려놓는 것은 무방하나, 연단에 몸을 의지하는 모습이 보이게 해서는 안 된다. 특히 연단을 잡을 때 연단 앞까지 손을 뻗어서 잡으면 안 된다. 또 연단을 누르고 있는 느낌을 주는 방법으로 잡고 있어도 청중의 신경에 거슬린다.

연단 위의 중간 아래를 자연스럽게 잡고 있어야 보기에 좋다. 손을 가볍게 모아 쥐거나 손을 아래로 내리고 있을 때는 바지의 재봉선 쯤의 위치에 놓는 것이 좋다. 강사는 강의하는 도중에 절대로 바지 지퍼를 만지면 안 된다.

- 가슴과 어깨 : 가슴은 자연스럽게 펴고 있어야 한다. 그러다보면 어깨에 힘이 들어간 것처럼 보일 수 있으니 주의해야 한다.

가슴을 오므리고 강의하다보면 가슴이 답답해질 수 있다. 가슴과 어깨를 숙이고 강의하는 것이 버릇들면 허리에 통증이 올 수 있고 허리병이 걸릴 수 있다. 강의하다가 고음을 말할 때는 가슴이 심하게 움직이거나 어깨가 기울어질 수도 있다. 강의도중에 상체만 따로 움직이면 청강생들이 경망스럽게 여길 수 있다. 의도적이지 않으면 상체를 크게 움직이지 말아야 한다.

- 목 : 목이 자연스럽게 서 있어야 몸 전체가 자연스럽게 서있게 된다.

목을 숙이면 허리도 숙어지고 머리가 뒤로 젖혀지면 거만하게 보일 수 있다. 머리가 자연스럽게 서있어야 말이 자연스럽게 나온다.

- 눈 : 관상에서 눈이 차지하는 비중이 70%가 넘는다고 한다. 눈을 통하여 그 사람의 마음과 성품과 현재의 상황까지 읽는다는 것이다. 눈이 이처럼 중요하니 강사는 눈을 제대로 사용해야 한다. 입으로 말하지만 눈으로도 많은 말을 하고 있는 것이다.

강사가 강의를 하면서 눈을 감고 말을 한다면 청중이 어떻게 보겠는가? 별의별 생각을 다 하면서 강의를 들으니 강의가 제대로 들리지 않게 될 것이다. 강사는 눈을 정상적으로 뜨고 청중들에게 골고루 나누어주면서 강의를 하고 있어야 한다. 눈은 마음의 창이라 하였으니 몸은 떨어져있어도 눈을 통하여 마음과 마음이 가까이서 만나며 커뮤니케이션을 이루게 된다.

강사가 강의를 하면서 한곳만 바라본다든가, 한사람만 쳐다보면 청강생들은 오해를 하고 여러 상상을 하게 될 수 있다. 또 강사가 강의를 하면서 창밖을 바라보며 강의를 한다면 청강생들은 창밖에서 무슨 일이 일어났는가 궁금하여 강의가 들어오지 않을 것이다. 강의를 하면서 눈을 자주 깜박여도 청강생들의 주의가 산만해진다. 눈을 청강생 전체에게 골고루 나누어주면 청강생들의 마음을 얻게 된다.

- 얼굴 표정 : 웃는 낯에 침을 뱉지 못한다고 하였다. 미소가 아름다운 사람에게 어찌 함부로 대할 수 있겠는가! 부드럽게 미소를 짓고 있는 사람을 보면 저절로 호감이 간다. 강사의 태도 중에 가장 중요한 태도가 바로 얼굴표정이다. 청중은 강사의 얼굴표정에 따라 분위기가 바뀐다. 강사가 환하게 웃으며 강의를 해야 분위기가 은혜롭게 흘러간다.

강사는 청중들 모두가 자신의 얼굴을 쳐다보고 있다는 것을 명심하면서 밝고 환한 표정을 짓고 있어야 함을 잊어서는 안 된다. 강의내용과 제스처와 표정이 일치되고 있어야 명강의가 된다. 재미있는 내용을 설명하면서 심각한 표정을 짓고 있다면 아마추어 강사다. 강사는 미소를 짓고 있어야 한다고 하여 슬프고 심각한 내용을 설명하면서 환하게 웃고 있다면 역시 아마추어 강사다. 입으로 말하고 눈으로 말하고 표정으로도 말한다. 강의내용과 표정과 제스처를 일치시켜서 보여줄 때 명강사가 된다. 강사의 표정관리는 매우 중요하다. 많은 노력과 연습이 필요하다. 어떤 장소나 상황에서도 흔들림없이 강의내용과 일치된 표정을 지으며 강의할 수 있을 때까지 연습하고 노력해야 강의의 효과가 배가된다.

❹ 하단下壇

대부분 강의를 마치고 나면 박수를 받는다. 그렇다고 지나치게 감사한 표정을 지어서는 안 된다. 손을 올려서 답례를 한다든가 엎드려 인사를 해서는 강사의 이미지를 실추시키고 감명 깊게 강의한 내용을 갉아먹는 꼴이 될 수 있다. 정중하게 인사를 하고 겸손하게 걸어서 내려와야 한다. 감사하다, 수고하셨다, 등의 많은 인사를 하여도 '감사합니다', '고맙습니다' 정도의 인사만 하는 것이 좋다. 혹시 강의를 제대로 원하는 만큼 하지 못했다 해도 '미안합니다', '죄송합니다' 혹은 이런저런 핑계를 대서도 안 된다. 평소처럼 겸손히 감사인사만 하면 된다.

강사는 강단을 내려갈 때까지 강의하고 있는 것이다. 그래서 강단을 내려가서 청중들이 안 보일 때까지 겸손하게 내려와야 하고 걸어야 한다. 강사는 스승이기에 청중들에게 모범이 되어야 하고 일거수일투족이 본받게 하는 모범이 되어야 하기 때문이다. 청중이 강의에 감동 받았다면 하단하여 보이지 않을 때까지 지켜보면서 감사하고 본받으려고 할 것이다. 혹시 강의를 제대로 못했어도 청중들은 하단하는 강사를 끝까지 지켜보면서 겸손한 표정과 뒷모습을 보며 강사의 이면에 흐르는 인격을 본받으려할 것이다.

기본적인 제스처법

준비되지 않은 제스처, 연습되지 않은 제스처는 부자연스럽고 청중들에게 혼란을 줄 수 있다. 제스처는 청중들이 강의 내용을 잘 이해할 수 있도록 도와주는 몸의 말이 된다. 제스처를 사용함으로 청중들이 강사에게 시선이 집중되고 제스처를 사용하면서 말하면 자신도 용기와 자신감이 증강된다. 강의 내용에 어울리는 제스처를 보면서 청중은 말의 뜻을 더 깊게 이해하면서 강사와 하나가 된다.

❶ 제스처의 기본조건

- 제스처는 진실해야 한다.

- 제스처는 자연스러워야 한다.
- 제스처는 간단하고 분명해야 한다.
- 제스처는 말과 시선과 제스처가 일치를 이루고 있어야 한다.
- 제스처는 청중의 수나 분위기나 상황에 따라 달라져야 한다.
- 제스처는 흥분한 것처럼 보여서는 안 된다.
- 제스처는 너무 과장된 것처럼 지나치게 크면 안 된다.
- 제스처는 동일한 동작을 계속 반복해서는 안 된다.
- 제스처는 버릇처럼 계속 나오면 안 된다.
- 제스처는 준비된 동작만 해야 한다.

❷ 제스처의 3단계

손과 표정, 눈길, 어깨, 상반신, 허리, 몸 전체 등을 사용할 수 있다.

제스처는 준비단계, 완성단계, 복귀단계 등의 세 가지의 과정을 통하여 나타나야 한다.

▶ 준비단계 : 제스처가 필요할 때 나타나는 단계

제스처를 갑작스럽게 나타내면 역효과가 생긴다.

제스처가 있을 것이라는 예비동작을 자연스럽게 보여준다.

▶ 완성단계 : 말하고자 하는 내용을 완전히 나타내는 단계

제스처 중 가장 강한 인상을 줌으로 표현에 주의해야 한다.

▶ 복귀단계 : 원위치로 돌아오는 단계

제스처를 취했으면 자연스럽게 복귀해야 한다.

청중이 모르도록 자연스럽게 정상적 위치로 돌아온다.

③ 제스처의 종류

▶ 주장 : 주장이나 각오, 결의, 사상등을 표현할 때
주먹을 불끈 쥐고 힘차게 내밀 것.

▶ 부탁 : 청중에게 호소, 권고, 애원할 때
두 팔을 위로 번쩍쳐들면서 130도간격으로 벌리고, 무엇을 받아들이듯이
손바닥을 안으로 향하도록 한다.

▶ 방향 : 방향, 경고등의 의사 표시할 때
오른손 둘째 손가락이나 손바닥을 펴서 가리키는 곳을 향해 힘차게 뻗거
나, 둘째 손가락 끝을 위로 향하여 지시해도 된다.

▶ 거절 : 거부, 항의, 반대 등의 제스처

어깨를 조금 뒤로 젖히면서 손끝을 위로 하고, 손바닥을 편 다음, 앞으로 함차게 뻗친다. 한 손 혹은 두 손을 다 사용해도 무방하다.

예) 저는 결코 받아들일 수가 없습니다. 저는 하늘에 맹세코 결백합니다.

▶ 요구 : 요구, 촉구, 도전, 선언, 궐기를 할 때

한 손 또는 두 손을 앞으로 수평이 되도록 올리고, 손바닥이 위를 향하도록 함차게 내뻗으면 된다.

▶ 숫자 표시 : 숫자, 순서, 순위를 표시할 때 사용하는 제스처

첫째할 때는 오른손 집게손가락만 펴 보이고,

둘째부터는 셋째 손가락 순으로 꼽아간다.

▶ 존엄 : 숭고한 감정이나 신성한 감정 등을 표현할 때

하늘을 받들듯이 양팔을 머리위로 구부려 펴고 손바닥을 마주보게 한다.

예) 호국 영령들이시어 구천에서나마 편히 잠드소서!

▶ 분리 :

가슴 앞에서 합친 두 손을 좌우 양 쪽으로 가른다.

예) 안타깝게도 우리 정치판이 여소야대로 갈라지고 말았습니다.

▶ 분량 : 분량과 크기를 나타내는 동작

오른손 엄지와 검지로 작은 분량이나 크기를 나타내기도 하고,
양 손을 사용해서 표현하기도 한다.

▶ 정숙 : 소란스런 장내를 조용하게 하거나, 평정이나 억압, 억제 등의 의사표시를 할 때

두 손바닥을 아래로 향하게 하고,

가슴보다 조금 낮은 위치에서 밑을 누르듯이 사용한다.

예) 여러분, 조용히 해 주십시오.

▶ 감탄 : 희열, 감격, 통탄 등 마음속에 끓어오르는 감정을 표현할 때

양손 또는 한손을 이용하여 손바닥을 위로 올리면서 사용한다. 감정의 정도에 따라서 상, 중, 하로 쭉 뻗으면 된다. 특히 환희 등의 표현을 할 때는 두 주먹을 가슴 앞으로 모아 쥐고 부르르 떨면 좋다.

▶ 기도 : 기원, 소망, 소원을 나타내는 표시를 할 때

양손을 맞잡거나, 양손바닥을 포개어 경건한 표정을 지으면 된다.

▶ 결판 : 결심의 확정, 단절을 나타낼 때

오른손 손바닥을 완전히 펴서 팔뚝을 구부린 자세로 자기 얼굴 높이에서 45도 각도로 힘차게 내리뻗는다.

예) 이런 몰상식한 일은 반드시 근절되어야 합니다.

▶ 승리 : 성공, 행운, 승리의 표시로 가장 많이 사용

오른손을 높이 들고 둘째와 가운데손가락을 "V"자 모양으로 만들어 보이면 된다.

▶ 돌격 : 전진, 진군 등을 나타내는 지휘적인 동작

주먹을 불끈 쥐고 두 손을 힘차게 앞으로 뻗치는 방법과 양 손으로 오른쪽에서 왼쪽으로 한꺼번에 뿌리기도 한다.

예) 남북 대화합의 길에 힘차게 전진합시다.

▶ 환영 : 수용, 포용, 이해, 환대의 감정을 표시

양 팔을 벌려서 상대를 안으려고 하는 듯한 동작을 취하면 된다.

예) 여러분. 저를 찾아오십시오. 언제든 누구라도 환영합니다.

▶ 으뜸 : 최고를 나타내는 제스처

오른손 엄지손가락을 앞으로 내뻗으면 된다.

▶ 단결

오른손이나 왼손을 약간 앞으로 내밀고, 남은 한 손으로 가볍게 맞잡으면 된다. 두 손을 동시에 내밀면서 불끈 쥐어도 상관없다. 쥐는 강도는 단결의 의지에 따라 약간 다르다.

▶ 통탄 : 비극적인 사태. 분노와 통곡을 드러내는 격한 상태

손바닥이나 주먹으로 연단을 내리친다.

예) 사람으로서 어떻게 이런 천인공로할 일을 저지를 수가 있겠습니까!

④ 제스처에서 사용해서는 안 될 것

대화할 때도 상대의 눈을 바라보지만 몸 전체를 보면서 말하게 된다. 강사가 강의할 때는 더더욱 그렇다. 강사의 눈만 보는 것이 아니다. 강사의 표정, 몸놀림, 손가락 하나 움직이는 것까지 주시하고 있다. 그래서 강사는 단상에 있을 때는 몸을 절대로 함부로 움직여서는 안 된다. 평소의 버릇이 단상에서 나오지 않도록 주의해야 한다. 강의 내용만 신경을 쓸 것이 아니라 몸동작까지 신경 쓰면서 강의를 해야 한다. 강사는 입으로만 강의하는 것이 아니고 온 몸으로 말하고 있기 때문이다.

- 다리를 꼬거나 풀지 말 것.
- 함부로 자신의 등을 보이지 말 것.
- 두 손으로 엉덩이를 감싸고 인사하지 말 것.
- 귀나 코 등을 만지거나, 물을 마시는 것을 되도록 삼가할 것.
- 웅변이나 선거 연설시 심사위원석에 아부하는 듯한 태도 금지.
- 손가락으로 청중을 가리키는 행동
- 말을 할 때 함부로 혀를 내밀지 말 것.
- 눈동자를 굴리며 강의하지 말 것.
- 뒤로 물러나 벽에 기대어 강의하지 말 것.
- 팔로 몸을 감싸고 강의하지 말 것.
- 다리를 떨면서 강의하지 말 것.
- 머리를 긁적이며 강의하지 말 것.
- 물을 먹는 동작을 주의할 것.

강사가 강의를 하다가 입이 마르거나 혀가 자연스럽지 못하여 물을 마셔야 하는 경우가 발생할 수 있다. 이 때 물을 매우 조심스럽게 마셔야 한다. 물을 마시다보면 강의가 잠시 중단되니 강사는 당황스러울 수 있다. 어쩔 수 없이 강의를 중단하고라도 물을 마셔야할 상황이면 서두르지 말고 컵을 조심스럽게 들어야 한다. 서두르다가 잘못하여 컵을 놓치기라도 했다가는 강의분위기가 흐트러질 수 있다.

특히 조심해야 할 것은 물을 마실 때이다. 목이 말라서 갑자기 물을 먹다가 물이 기도로 들어가면 큰일 날 수 있다. 필자도 700여명의 청강생이 있는 곳에서 특강을 하다가 물을 조금 마셨는데 물이 기도를 막아서 혼쭐이 난 경험이 있다. 다행히 기침을 몇 번 하였더니 목소리가 제대로 나와서 큰 실수는 모면했었다.

강사는 강의 중에 물을 마실 적에는 각별히 주의해서 마셔야 하는 것을 꼭 기억해야 한다. 우선 마음을 가다듬고 천천히 마셔야 한다. 그리고 가급적이면 입술이나 입안을 가볍게 적시는 정도로 마셔야 한다.

❺ 제스처 실습

다음 예문을 소리 내어 읽으면서 밑줄 그은 곳에서 적절한 제스처를 사용해보자.

제스처에 특별한 형식이나 법이 정해지지는 않았다. 그러나 청중이 호감을 느끼고 도움이 되는 제스처야 된다. 그런 의미에서 이미 기술한 내용들을 참고하면서 아래의 문장을 읽으면서 제스처를 연습해 보자.

- 그 때 기분이 아주 좋았습니다. (가슴에 손을 올리며)
- 갑자기 말을 멈추는 것이었습니다. (주먹을 가볍게 쥐고)
- 여러분의 생각은 어떻습니까? (손을 펴고 가리키며)
- 그 분의 성품은 대쪽 같아요! (검지손가락을 들고)
- 여러분, 저 들판의 아름다운 꽃을 보십시오. (손을 크게 펴고)
- 당신의 말은 그럴 듯합니다. 하지만 현실성이 없습니다. 나는 반대합니다.
(주먹을 내리며)
- 우리 모두 맡은 바 책임을 완수할 것을 굳게 결의합시다. (주먹을 올리며)
- 자, 여러분! 조용히 해 주십시오! 진정해 주십시오!
(검지를 입 가까이 – 손을 펴고)
- 우리는 무엇보다도 첫째, 원칙을 지키는 생활을 해야 되겠습니다.
(검지손가락을 펴고)
- 국민 여러분! 가슴에 손을 얹고 냉정히 생각해 보십시오.
(가슴에 손을 얹고)

제4강
" 인사와 표정 "

강사는 인사를 공손하게 해야 한다. 지인과 악수를 나누면서 손만 잡고 눈은 엉뚱한 곳을 바라본다든가 다른 사람과 말을 하고 있다면 악수를 하는 상대는 매우 불쾌할 것이다. 악수를 하면서 상대의 눈을 바라보며 다정스런 미소를 주고 있어야 진정한 악수가 된다. 마찬가지다. 강사가 무대에 올라서서 인사를 하는 것은 모든 청중과 악수를 나누면서 인사를 올리는 것이다. 겸손한 표정과 부드러운 미소로 정중하게 인사를 하고 있어야 청중은 좋아하게 된다. 그래서 청중은 강사가 무대에 올라서서 제대로 인사를 잘 하는지 지켜본다. 청중은 강사가 무대에 올라와서 인사하는 자세와 표정을 보면서 강사의 점수를 판단하기 시작한다. 무대에 오르는 자세도 당당하면서도 겸손해야 하고, 인사 할 때도 겸손하고 공손한 미소로 청중의 마음을 사야 한다. 인사를 할 때의 자세가 중요하고 표정과 눈도 같이 인사를 하고 있어야 한다. 청중을 진정으로 사랑하고 존경하는 마음으로 인사해야 한다. 강사가 인사하는 모습을 보면서 청중은 느낀다. 강사가 청중을 얼마나 사랑하고 좋아하는지를!

인사가 담고 있는 것

❶ 돈 안들이고 나를 귀하게 여기도록 만드는 기회이다. 자존심이 강한 사람일수록 고개를 숙이지 않는다. 자존심이 밥 먹여 주냐는 말이 있다. 한국 사람들 가운데 길을 잘 모르는데도 묻지 않고 가다가 헤매는 사람이 있다. 서양 사람들은 대부분 반갑게 인사하며 다가와 길을 묻는다.

인사하고 묻는 것이 결코 자존심 상하는 것이 아니다. 모르면 물어야 하고 사람은 누구를 막론하고 귀히 대하며 인사하는 것이 당연하다. 부처님이 천상천하유아독존天上天下唯我獨尊이라 하셨다. 인간이 그렇게 귀하다는 것이다. 공자님도 천지방간만물지중인간최귀天地坊間萬物之衆人間最貴라 하시며 천지간에 인간이 가장 귀하다고 하셨다. 이렇게 귀한 인간들이기에 당연히 정중히 인사를 건네야 한다. 강사는 언제나 내가 먼저 인사해야 한다는 마음으로 사람들을 만나야 한다. 인사 잘하는 사람을 업신여기는 사람은 없다.

❷ 인사의 정도를 통하여 상대의 인격을 측량하기도 한다. 그래서 인사는 자신의 인격을 표현하는 기회이다.

❸ 정성스러운 나의 마음을 전달하는 순간이다.

▶ 인사의 종류와 각도

❶ 목례 (15°)
사무실 복도, 엘리베이터 안, 계단, 동일인과 2회 이상 마주칠 때

❷ 보통례 (30°)
고객에게 인사나 배웅

❸ 정중례 (45°)
극치의 사과나 감사의 뜻을 전할 때, 결혼식장의 하객들에게

강사는 15° ~ 20° 정도로 겸손한 인사가 좋다.

인사단계

❶ 눈을 맞추고 미소짓기
고개를 숙이기 전에 잠깐 동안 청중의 눈을 둘러보며 미소 지으며 상체를 서서히 숙인다.

❷ 일직선으로 상체 숙이기

상체를 숙이는데 머리와 몸이 함께 서서히 숙여야 한다.

③ 잠시 멈춘다(1~2초)

상체를 숙인 후 바로 일어서지 말고 잠시 멈춘 후 서서히 일어난다.

④ 천천히 일어나면서

빨리 일어나면 경망스럽게 보인다. 미소를 지으며 서서히 일어선다.

⑤ 눈을 맞추고 미소짓기

일어선 후에는 잠시 동안 청중의 눈을 둘러보면서 미소를 지어준다.

인사의 5대 포인트

① 내가 먼저

한국사람들은 먼저 인사하는 사람이 아랫사람이라는 편견을 가지고 있다. 서양사람은 누구를 만나든지 먼저 인사를 하고 밝게 맞이한다. 그들이 모두 아랫사람이라서 그런 것이 아니다. 먼저 인사하는 사람이 겸손한 사람이고 마음이 큰 사람이다. 강사는 당연히 먼저 인사를 해야 한다.

② 눈인사

인사를 할 때는 반드시 상대방의 눈을 바라보며 인사를 해야 한다. 다른 곳을 바라보거나 다른 사람을 바라보며 인사하는 것은 인사가 아니고 상대를 외면하는 행위이며 상대와 빨리 헤어지자는 표현이 된다. 입으로만 인사를 해서는 안 된다. 꼭 상대의 눈을 바라보며 눈도 함께 인사를 나누어야 한다.

③ 밝게 웃으며

악수는 그리웠던 사람들이 오랜만에 만나서 손을 잡고 덩실덩실 춤을 추는 동작에서 시작되었다고 한다. 인사를 할 때는 마음으로부터 진정으로 기쁘고 반가운 마음으로 인사를 나누어야 밝게 웃는 표정이 자연스럽게 지어질 수 있다. 밝게 웃어주며 인사해 준 사람은 친밀하게 느껴지며 다시 만나고 싶어진다.

❹ 다정한 말로

인사를 하면서 무슨 말로 칭찬을 하고 덕담을 나눌 것인가를 생각해 두어야 한다. 상대에게 적절한 인사말은 많은 대화를 나눈 것보다 위력이 클 수 있다. 잠깐의 인사와 받은 덕담이 마음에 오래도록 담겨있는 경우가 많다. 인사만 잘 해도 오래 사귀어온 친구처럼 다정해 질 수 있다.

❺ 상대에게 맞는 인사

사람은 다양한 계층이 있다. 나의 위치를 고려하며 상대에 맞는 인사를 하고 인사말을 주어야 한다. 나이가 어리다고 고개를 뻣뻣하게 세우고 인사를 받으면 다시는 인사하고 싶지 않을 것이다. 어떤 사람은 인사를 반대로 받는 사람이 있다. 인사를 하면 오! 그래! 하면서 고개를 뒤로 젖힌다. 고개를 숙이고 인사한 사람은 매우 불쾌하고 거만하게 느낄 것이다. 거만하고 자존심이 강한 사람들이 고개를 숙이지 않는 경우가 많다. 그런 사람은 먼저 인사하면 자존심이 상한다고 생각하며 먼저 인사하는 법이 없다. 그런 사람일수록 윗사람에게는 넙죽넙죽 절을 한다. 아부 근성이 있기 때문이다. 아무리 아랫사람이고 어린 사람이라 할지라도 인사를 받으면 고개를 다정스럽게 약간이라도 숙여주는 것이 도리다. 아랫사람일수록 밝게 웃어주며 다정스럽게 고개를 끄덕여주면서 덕담을 잘 주어야 한다. 어른들의 덕담 한마디가 성장하는 아이들에게는 꿈의 활력소가 되기 때문이다. 아이들은 자신을 귀하게 여겨준 어른에게 감동하고 고마워하면서 더 큰 꿈을 꾸게 된다. 부하에게도 마찬가지다. 인사를 통하여 나의 이미지가 새롭게 인식되게 할 수도 있다.

표정관리

환한 표정은 상대의 마음을 밝게 만들어 커뮤니케이션이 가능하게 만드는 윤활유가 된다. 표정은 첫인상을 좌우한다. 표정이 밝으면 상대와의 거리가 가까워지고 커뮤니케이션의 장벽이 무너진다. 표정은 마음가짐의 외적 표현이다. 슬픈 상황을 가지고 있는 사람이 계속 밝은 표정을 짓고 있기란 쉽지 않다. 지금의 마음자리가 표정으로 나타난다. 표정을 밝게 하고 있어야 밝은 상황과 환경이 만들어진다. 밝은 미소로 사람들을 맞이해야 분위기가 화기 애애해져서 소통이 된다.

① 표정이 보여주는 것들

- 미소 짓고 있는 사람은 친절하게 느껴진다. 나의 친절 마인드를 전달하는 수단이다.

- 미소 짓고 있으면 상대가 자연스럽고 쉽게 그리고 정답게 다가온다. 밝은 미소는 상대의 마음을 열게 하는 수단이다.

- 강사는 강의 내용과 함께 자신의 이미지를 보여주고 있다. 밝게 웃으며 강의하면 청중들에게 강의 내용이 고급스럽고 귀하게 느껴지게 만든다.

② 밝은 표정 만들기

- 우리 얼굴에 근육은 밝은 표정을 지을 때 얼굴이 더 예뻐지도록 만들어졌다. 기쁘고 행복하고 여유로운 사람의 표정이 밝다. 그런 사람은 건강하고 젊음을 오래도록 유지하게 된다. 그래서 밝게 미소짓고 있는 얼굴이 아름답고 예쁜 것이다. 강사는 아름답고 예쁜 얼굴로 강의를 해야 한다. 강의 내용은 좋은데 얼굴을 찌푸리고 강의한다면 강의 내용이 반감될 것이다. 밝은 표정으로 강의 해야 청강생들이 더 열심히 듣고 그래야 오래도록 기억에 남는다. 그래서 강사는 자신의 강의하는 표정을 항시 관찰해야 한다. 거울을 보면서 밝고 아름다운 다양한 표정을 평소에 연습해 두자. 특히 입을 통한 미소뿐 아니라 눈에서도 미소가 보일 수 있도록 연습을 하자. 비디오를 찍어서 교정해가야 한다.

③ 밝은 표정을 만들기 위한 운동

- 눈과 눈썹 운동을 해야 한다. 미는 입에서 시작하여 눈으로 이어진다. 눈 과 눈썹 운동을 해 두어야 자연스럽게 눈웃음을 지을 수 있다.

- 입과 볼 운동을 해야 한다. 강의 하면서 많은 말을 하다보면 입놀림이

부자연스러워질 수 있다. 자연스런 미소를 짓기 위해서는 입이 부드러워야 한다. 또한 볼이 자연스러워야 한다. 미소는 볼 근육이 부드럽고 자연스러워야 가능하기 때문에 강의를 시작하기 전에 필히 입 운동과 볼 마사지를 해 두어야 한다.

- 턱과 코 운동을 해야 한다. 강의는 입으로 하기 때문에 입 운동과 함께 턱 운동을 해 두어야 한다. 입이 자연스러우려면 당연히 턱이 부드러워야 한다. 입을 크게 벌리고 턱운동을 하여 턱이 자연스럽게 움질 수 있도록 준비해야 한다. 코 운동은 강의 중에 코에 이물질이 들어간 것처럼 느껴지거나 가려운 것처럼 느끼게 하여 강의를 방해할 수 있다. 미리 코를 운동하여 코 역시 부드럽게 해둘 필요가 있다. 또한 코 속에 이물질이 있는가 확인하고 코 속도 청결하게 해야 한다.

- 발성연습과 함께 근육운동을 해야 한다. 강사는 목소리를 통하여 내용을 전달하는 만큼 목소리가 적절히 나올 수 있는지에 대하여 연습해 두어야 한다. 또 강의를 하다보면 몸에 피곤이 몰려와서 강의에 어려움을 느끼게 할 수 있다. 강사는 평소 근력운동을 충분히 하여 장시간 서서 강의를 해도 피곤이 느껴지지 않도록 준비해 두어야 하고 강의 전에 간단히 손이나 발 그리고 목과 허리를 돌리면서 긴장된 근육을 풀고 강단에 올라가야 한다.

❹ 웃음의 효과는 무궁무진하다

- 강사가 웃으며 강의하면 마인드컨트롤 효과가 있다. 웃음은 마음에 여유가 있어야 나온다. 당황하고 긴장하면 웃음이 자연스럽게 나오지 않는다. 웃으며 강의하면 당장 마음에 여유가 찾아온다. 여유가 생기니 하고자 하는 말이 자연스럽게 나온다. 긴장이 안 되니 청중과 눈 맞추기도 자연스러워진다.

- 웃으며 강의를 하면 청중과 대화를 하고 있는 효과가 있다. 미소를 지으며 청중을 바라보면 청중은 강사가 자신을 보고 미소를 지어준다고 느낄수 있다. 강사와 청중의 마음이 이어져서 마음의 대화를 하며 강의를 이어

갈 때 효과가 크게 나타난다.

- 강사가 밝은 얼굴로 미소를 지으며 강의하면 청중에게 호감을 얻게 된다. 웃는 사람은 나쁜 사람이 거의 없다. 좋은 사람이라는 소릴 들으려면 언제나 웃으며 사람을 대해야 한다.

- 웃는 얼굴은 이미지 메이킹 효과가 있다. 다정스럽게 웃으며 강의하는 사람은 평소에 느끼지 못했던 프로정신이 느껴지게 된다. 강단에 서면 완전히 변신하는 사람이 있다. 평소에는 다정스럽던 사람이 강단에 오르면 표정이 굳어지거나 화난 표정으로 변하는 경우가 있다. 반대로 평소에는 과묵하게 보이던 사람이 강단에 오르면 다정스럽게 웃으며 말하여 이미지가 완전히 다르게 느껴지도록 만드는 사람이 있다. 웃는 얼굴로 강의하면 자신을 좋은 사람으로 보이게 하는 이미지 메이킹 효과를 내게 된다. 프로는 항상 이미지 메이킹을 하면서 강의를 해야 한다.

- 강사가 웃으며 강의하면 청중도 같이 미소를 지으며 청취한다. 강사의 미소에는 청중을 컨트롤하는 효과가 있다.

- 강사는 스트레스를 많이 받을 수 있다. 강의가 제대로 풀리지 않았거나 반응이 좋지 않았을 때는 큰 상처를 받을 수 있고 스트레스가 쌓여 병을 얻을 수도 있다. 그래서 강사는 늘 밝은 마음으로 여유를 가지고 미소 지으며 강의하는 버릇을 들여야 한다. 그래야 긴장이 풀어지고 건강을 유지할 수 있으며 스트레스가 쌓이지 않는다.

당당하게 그리고 시대와 상황에 맞추라

프로 모델들은 무대에서 걷는 모습을 보여주기 위하여 걷는 연습을 수십 번, 수백 번을 한다. 모델들이 걷는 모습을 보면 참 아름답다. 당당하고 씩씩하면서도 자연스럽게 걷기 때문이다. 강사들도 무대에 오를 때, 그리고 무대에서 강의를 할 때는 모델처럼, 연기자들처럼 당당하고 아름다워야 한다. 청강자들은 강사의 말만 듣는 것이 아니고 표정과 걸음걸이와 의상과 몸매도 함께 보면서 무언가를 느끼고 얻으려 한다는 것을 잊어서는 안 된다.

제스처에 있어서 요즘의 트렌드는 자연스러움이다. 웅변에 있어 예전에는 중요한 클라이맥스에서는 2~3번 정도는 제스처가 허용되었으나 요즘에 와서는 단 한 번의 동작도 하지 않는 것이 트렌드다. 강단에 오르면 대중에게 가르치는 공인이 되기 때문에 준비하고 발표할 내용만을 기술적으로 충실하게 전달하여 설득하고 감동시키라는 것이다.

단상에서 연설할 때의 제스처는 강의 내용에 혼선을 줄 수 있고 강의 내용에 집중력을 떨어뜨릴 수 있기 때문에 제스처는 주의해야 한다는 것이다. 그렇게 되면 발성법과 화법의 비중이 커지게 될 것이다.

반면에 요즘에 뜨고 있는 강사들 중에는 예전보다 훨씬 큰 동작과 제스처로 강의하는 사람도 있다. 그런 강사들은 한결같이 주장하기를 강사는 입으로만 강의하는 것이 아니고 온 몸으로 강의해야 집중력, 설득력, 이해력이 커진다고 말한다. 어떤 강사는 무대 전체를 사용하면서 강의하기도 한다. 뒤로 앞으로 좌측으로 우측으로 무대 전체를 왔다 갔다 하면서 청중을 휘어잡고 강의를 한다. 서양의 강사들이나 지도자는 강의할 때 보면 제스처가 많은 것을 볼 수 있다.

서양은 동적이기 때문에 그럴 것이다. 서양에서는 예로부터 동적이기 때문에 과학문명이 발달되었다. 반면에 동양은 정적이기 때문에 인간의 내면적인 것을 중요시 여기고 연구하다보니 종교적인 것들이 발달되어 왔다. 그러고 보면 세계의 대부분의 종교는 동양에서 나왔다. 그래서 동양에서는 참선이나 명상이나 영성훈련을 중시하다보니 그런 것이 교육과 강의에도 반영되어 제스처가 경망스럽게 느껴졌을지도 모른다.

동양 국가지도자들의 연설을 보면 제스처가 많지 않음을 보게 된다. 우리 대한민국에도 고위층으로 올라갈수록 제스처가 줄어든다. 그러나 서양 국가 지도자들은 연설을 할 때 제스처가 자연스러운 것을 볼 수 있다. 우리 한국의 교육학은 대부분 서양의 교육학을 그대로 가져와서 배우고 있다. 그러다보니 강의에 있어서도 제스처가 자연스럽게 받아들여지게 되었을 것이다.

지금은 21세기이고 글로벌문화 지구촌시대 세계화시대이다. 교육에 효과적인 내용이라면 국경, 인종, 문화, 종파를 초월하여 접목시켜야하고 토착화 시켜가야 글로벌시대에 중심국가가 될 수 있을 것이다.

강사는 이러한 상황과 트렌드들을 기억하면서 강의 내용과 함께 제스처까지 준비해야 한다. '꿩 잡는 게 매'라고 하였다. 명강사는 청강자들을 연구해야 한다. 청강자들이 보수적이라 제스처를 싫어하면 점잖게 서서 강의하면 된다. 제스처를 사용하여 효과적일 수 있다면 배우고 준비된 제스처를 사용하면 된다.

제스처는 어디까지나 강의 내용을 돋보이게 하는 보조 수단이기에 강의내용과 청강자의 상황과 잘 매치되어야 한다. 강의가 끝나고 나면 청강자들이 강사의 제스처는 잊어버리고 강의 내용이 잘 기억되도록 자연스러운 제스처가 되어야 한다.

Part IV

명강사
스피치 기법

나는 교사가 아니고 길을 가르쳐 주는 동행자에 지나지 않는다

– 버나드 쇼

무한히 줄 수 있는 사람이 무한히 받을 수 있다
우리는 천만 사람에게 좋게 쓰이는 재료가 되자

–《뜻길》중에서

뛰어난 명강사는 뛰어난 'Voice'가 있어야 있다.

명강사의 Voice란 단순한 '목소리'가 아니라 사람의 마음을 움직이고 변화시키는 목소리다. 그런 목소리는 사랑이 담겨있는 목소리다. 그래서 명강사의 Voice는 심정과 열정에서 나온다. 심정은 상대를 한없이 사랑하는 마음이다. 부모가 자녀를 한없이 사랑하는 것은 심정에서 폭포수처럼 솟아져 나오는 그리움 때문이다. 그리움은 한없이 좋고 귀하고 사랑하기 때문에 일어난다. 상대가 기뻐하고 행복하고 잘 되기를 바라는 마음이 그리움에 의한 심정의 사랑이다. 강사는 청중을 그렇게 사랑하고 귀하게 여기면서 위해주고자 하는 마음을 가지고 강의해야 한다. 그런 마음이 목소리에 배어있어야 청중은 강사에게 빠져들고 감동하게 된다.

명강사는 당연히 열정passion을 가지고 있어야 한다. 열정이 없는 강의는 신뢰감을 줄 수 없다. 열정적인 강의는 청중을 감동시키고 변화시키는 놀라운 힘이 있다. 명강사의 강의에는 변화를 일으키는 놀라운 힘이 있어야 한다. 제주도에서 예배를 드리기 위하여 매주 서울까지 오는 사람들이 있다고 한다. 제주도에도 교회가 많은데 서울까지 오는 이유가 무엇이겠는가! 꼭 믿음 때문만은 아닐 것이다. 명설교가 그리워서 일 것이다. 명설교는 열정이 담겨있다. 명설교를 들으면 마음이 변화되고 힐링이 일어난다. 그래서 먼 길도 마다하지 않고 서울까지 오는 것이다. 감동과 치유를 일으키는 강의라야 사람들이 모여든다. 심정과 열정이 목소리에 담겨있어야 사람들이 모여든다.

열정적인 강의는 목소리가 크고 우렁차고 호소력이 있어야 된다고 생각할 수 있다. 그렇지 않다. 부모가 자녀를 사랑하며 주는 말을 생각해 보라. 부드럽고 온화한 말이다. 그래서 사람들은 부드럽고 온화한 말을 어린아이에서부터 노인에 이르기까지 모든 사람이 좋아한다. 본연의 참된 인간은 부드럽고 온화한 말을 주고받으면서 살았을 것이다. 사람들은 본연의 참된 사람에 가까운 사람일수록 존경하고 신뢰한다. 그래서 신뢰감을 얻고 존경받는 명강사가 되려면 부드럽고 온화한 말을 해야 한다. 심정과 열정이 담겨있고 부드럽고 온화한 말이어야 사람이 모여든다. 그런 말은 저절로 나오지 않는다. 사람의 인품은 생활과 언어를 통하여 나타난다. 평소에 청중을 그리워하고 위하는 마음을 가지고 살아야 한다. 그리고 그런 목소리를 훈련하고 연출해내야 한다.

말은 잘하는데 진실하지 못하고 존경스럽지 못하다면, 그런 강사의 강의는 다시는 들으려하지 않을 것이다. 강사는 강의만 잘하면 되는 것이 아니라 언행일치가 되고 있다는 모습을 보여주고 있어야 진정으로 존경받는 명강사가 된다. 지식이 많다고 명강사가 되는 것이 아니다. 지식과 진실과 심정과 열정이 혼합된 목소리이어야 하고, 부드럽고 온화하면서도 호소력 있는 목소리로 흘러나왔을 때 명강사라 할 수 있다.

다 갖추어졌는데 목소리가 부드럽지 못하고 온화하지 않으며 호소력이 없다면 훈련을 해야 한다. 성공이 하루아침에 일어나는 일은 없다. 긴 과정이 필요하다. 훈련이라는 과정을 통하여 연마해가고 성공으로 나가게 된다. 그래서 훈련을 게을리 하거나 안하는 사람은 결코 성공을 기대할 수 없다. 말 잘하는 훈련을 해야 하고 목소리를 다듬어야 한다.

'쿠션언어'라는 것이 있다. 생활에서 쿠션이란 없어도 상관없지만 있으면 편리하게 사용할 수 있는 소품이다. 따라서 쿠션언어는 말랑말랑한 부드러운 언어를 말한다. 예를 들어"죄송합니다만", "번거로우시겠지만", "번거롭지 않으시다면", "괜찮으시다면", "불편하시겠지만", "실례합니다만" 등과 같은 쿠션언어를 사용한다는 것은 상대방에 대한 세심한 배려와 정성이 느껴지게 하는 언어이다. 그래서 쿠션언어를 사용하는 사람은 상대방으로부터 신뢰감을 얻고 존중받을 수 있다. 쿠션언어를 받는 사람은 자신이 신뢰받고 존중받는다는 느낌을 받기 때문에 신뢰감과 존중심이 건네지는 것이다.

쿠션언어는 대화에 있어서 성공으로 가게 만드는 힘이 있다. 강사도 대중을 향하여 쿠션언어를 기억하면서 사용할 때 신뢰와 존경을 얻는다. 쿠션언어는 평소에 대화를 통해 사용하고 있어야 자연스럽게 나올 수 있다. 우리는 자신도 모르게 부정적이거나 명령적인 느낌을 주는 대화를 하는 경우가 많다. 우리는 일상생활에서 흔히 "식사 하세요", "식사 안할 거예요" 라는 말을 쉽게 듣고 또 말한다. "식사 하세요" 라는 말은 명령적인 느낌을 준다. 그리고 "식사 안할 거예요" 라는 말은 부정적인 느낌을 주는 말이다. 이런 말도 쿠션언어를 사용하면 "식사할 시간입니다", "식사가 기다리고 있네요", "식사 하셔야죠" 라고 할 수 있다. 비슷한 말이지만 듣는 사람입장에서 보면 부드럽고 정이 가는 말로 바꾸어보자. 이런 쿠션언어를 연습해 보자.

❶ 능력을 치하하고 싶을 때

역시 선생님이 최고예요.

선생님이 너무 존경스럽습니다.

❷ 처음 만난 사람에게

인상이 좋으시군요.

좋은 분을 만나서 행운입니다.

❸ 방문하여 만났을 때

분위기가 참 좋습니다.

행복하게 느껴집니다.

❹ 새 넥타이를 맺을 때

넥타이 색상이 참 좋습니다.

넥타이가 잘 어울리십니다.

⑤ 일하고 있는 사람에게

뭐 도와드릴 거 없을까요?

제가 할 수 있는 일이 없을까요?

⑥ 고마운 인사를 할 때

선생님 덕분입니다.

선생님 은혜에 항상 감사하고 있습니다.

⑦ 힘들어 하는 사람에게

제가 돕고 싶습니다.

제게 도울 수 있는 일이 없을까요.

⑧ 평소와 다른 차림을 했을 때

오늘 아주 멋지신데요.

한 5년쯤은 젊어 보이십니다.

⑨ 헤어지는 자리에서

오늘 함께 해서 즐거웠습니다.

다시 만날 날을 기다리겠습니다.

⑩ 어려운 사람에게

항상 기도해 드리겠습니다.

제가 필요하면 언제든지 불러주십시오.

⑪ 강의를 듣고 나면

오늘 감동받았습니다.

많이 배웠습니다.

⑫ 칭찬 받을 때

더 열심히 노력하겠습니다.

고마운 칭찬을 기억하며 열심히 노력하겠습니다.

부부싸움을 자주하는 사람은 대부분 말을 잘못하여 싸움이 시작된다. 부부지간에 쿠션언어를 사용하면 싸움이 줄어들게 되고 서서히 화목하게 되어

간다. 말에 가시가 있어서 상대를 아프게 하니까 화를 낸다. 말에 쿠션이 아니라 펀치가 들어있으니 두들겨 맞는 것 같아 화를 낸다. 목소리의 톤이 신경질적이니 귀에 거슬려 화를 낸다. 말에도 역지사지易地思之 할 필요가 있다. 상대가 듣고 기쁘고 행복할 말을 준비하여 말해보자. 기쁘고 행복한 말을 건넸으니 당연히 감사와 존경이 돌아온다. 쿠션언어는 상대를 배려하는 말이니 어느 누가 들어도 기쁘고 감사하게 된다.

강사들도 강의를 하다가 자신도 모르게 귀에 거슬리는 말 한마디로 청중의 기분을 상하게 하여 존경의 탑을 망가지게 만드는 경우가 많다. 강사는 강단에 서서 할 말을 가능한 원고지에 적어서 충분한 연습을 해야 한다. 최대한 많은 자료를 준비하여 최상의 단어와 가장 아름다운 언어와 함께 부드럽고 온화한 쿠션언어까지 넣어서 강의 원고를 써야 한다. 적당히 중요한 핵심만 메모하여 강단에 오르는 사람이 있다. 매우 위험한 일이다. 명강사가 된 후에도 위험할 수 있다. 명강사들은 원고가 없이 강단에 오르는 경우가 많다. 그렇다고 원고를 아예 안 쓴 것은 아니다. 이미 원고를 써놓고 모두 암기하거나 소화하였기에 원고지 없이 강단에 오른 것이다.

"5분간 말하기 위해서는 50분간 이야기할 수 있도록 자료를 준비하라." 강사들에게 이 말은 진리이다. 아무리 박식하고 달변가라 할지라도 사전에 철저한 준비 없이 등단한다면 100% 실패한다. 강사는 연단에 서기 전에 강의의 목적과 목표가 무엇인가를 꿰뚫고 있으면서 그것을 어떻게 전개할 것인가 즉 서론과 본론과 결론은 어떤 내용으로 구성, 전개해 나갈 것인가를 구체적으로 논문 쓰듯이 강연문 작성을 잘 해야 명강사로 갈 수 있다.

먼저 강의 주제에 따른 충분한 자료를 수집해야 하고 청중의 수준과 반응도를 상상하면서 원고를 작성해 나가야 한다. 원고가 완성되면, 완성된 원고를 중심으로 요약정리 해서 강의내용을 완벽히 연습해야 한다. 그리고 강단에 서서 강의하듯 준비를 갖춘 후 돌발 상황이 벌어져도 풀어나갈 수 있는 여유까지 염두에 두고 강단에 올라야 한다.

그렇지 않고 무턱대고 올라갔다가는 예측불허의 상황이 발발한다든가 청중의 반응이 무덤덤하고 썰렁하게 되면 강사는 긴장하게 되고 더더욱 썰렁해지면 강사는 할 말을 잃어버릴 수도 있으며 결국 강의를 헤매다가 연설을 실패할 수도 있다. 그래서 강사는 강의에 앞서 다양하고 세심하고 완벽한 자료를 준비해야 하는 것이다. 원고지와 요약문을 준비해야 하고 돌발상황도 대비하여 간략한 메모지나 쪽지도 준비해 두어야 한다. 그리고 야외에서 강의할 때는 우천시를 대비하여 코팅을 해서 등단하는 치밀성도 있어야 한다.

꽤 큰 회사의 회장이 전 직원을 강당에 모아놓고 중요한 연설을 하게 되었다. 한 여름인지라 에어컨이 있어도 강단은 높아서 더울 수밖에 없다. 비서가 회장을 위한답시고 선풍기를 가지고 와서 회장 옆에다 틀어주었다. 잠시 후 큰 문제가 터지고 말았다. 선풍기 바람에 원고지가 날아가 버린 것이다. 점잖은 회장님은 원고지를 주우러 다녀야 했고 비서도 달려와서 도와주었지만 원고지 순서가 뒤섞여 한참이나 강의는 중단되었다. 모인 청중이 회사직원들이어서 참고 있었지만 속으로는 매우 비웃었을 것이다.

강사는 그래서 세심하게 준비해야 한다. 원고지가 여러 장이면 스크랩해 묶어서 올라가야 한다. 그리고 전체 내용을 간략하게 요약한 원고지도 준비해야 한다. 준비한 원고의 분량이 많을 때는 전체 내용의 원고지 말고도 요약한 내용을 중심하고 핵심과 중점사항만 강의를 할 수 있도록 준비해야 한다. 강의를 하다보면 갑작스럽게 상황이 바뀔 수 있다. 90분 강의를 청탁받아서 90분 분량의 강의를 준비했는데 막상 현장에 도착하니 50분 동안에 강의를 마쳐달라고 부탁하는 경우가 허다하다. 그러므로 강사는 강의를 함에 있어서 고무줄 장사나 엿장수처럼 길게 만들 수도 있고 짧게 오므릴 줄도 알아야 한다. 한 시간 강의 분량을 10분만에도 끝낼 수 있도록 준비되어 있어야 하고 2~3시간동안 강의할 수도 있게 준비되어야 명강사라 할 수 있다.

제1강
강사는 프레젠테이션을 "
" 잘해야 한다

프레젠테이션presentation이란 여러 사람 앞에서 자신의 의견이나 생각을 자세히 발표하는 것, 그리고 설명하는 것을 말한다. 그러므로 프레젠테이션을 하려면 미리 충분한 준비가 필요하다. 구체적으로 설명할 내용, 통계자료, 정확한 수치 등을 준비하여 청강자들의 이해도를 높여 주고 다양한 욕구를 충족시켜주어야 한다.

프레젠테이션presentation을 하는 이유

오늘날에는 기업체에서 프레젠테이션을 매우 중시한다. 자기 기업에 투자 유치하는데 프레젠테이션이 결정적 역할을 한다. 또 제품을 구입할 수 있도록 만드는 것도 프레젠테이션의 성공 여부에 달렸다. 강단에서 강사가 프레젠테이션을 어떻게 하느냐에 따라 청중의 반응이 달라진다. 프레젠테이션은 다양한 효과를 가져 온다. 이를 나누어보면 다음과 같다.

❶ 동기유발의 효과
프레젠테이션을 통해서 청중의 무관심을 자극하여 강의에 대한 관심으로 전환시키는 효과가 있다.

❷ 정보제공 효과
청중이 모르는 정보를 강사가 준비된 자료나 통계를 통하여 제공한다.

❸ 설득의 효과

　준비된 강의내용과 자료를 중심으로 설명하기 때문에 청강생들이 강사를 신뢰하고 유능하게 보면서 결심으로 이어진다.

❹ 행동하게 하는 효과

　강사에 대한 신뢰감이 결심으로 이어지고 그 정도에 따라 생활 속에서 실천하게 된다.

❺ 화동하게 하는 효과

　강사의 강의가 신뢰감을 주고 필요한 정보를 얻었다고 느끼면 청중은 감사와 만족을 느끼게 되고 강의내용은 삶에 큰 활력소로 전환되어 기쁨과 즐거움으로 이어지게 된다.

❻ 기억력 증진 효과

　청강자들은 강사의 말만 듣는 것이 아니기 때문에 정확하고 구체적인 자료를 보여주면서 강의하면 쉽게 알아듣고 오래도록 기억한다.

－ 커뮤니케이션 전문가 앨버트 머레안Albert Mehrabian은 프레젠테이션에서 시각적 효과는 55%, 음성의 효과는 38%, 언어의 효과는 7%라고 하였다.

－ 프레젠테이션이 청중에게 미치는 영향에서 구연법 전문가 존 켈트너 Tohn W.keltner는 언어가 35%, 비언어적인 것이 65%의 영향을 미친다고 하였다. 시각적인 것이 음성이나 언어보다 훨씬 영향력이 크다는 것을 알 수 있다.

－ 강사는 언어만으로 프레젠테이을 하지 말고 멀티미디어를 통한 강의자료를 수집해야 한다. 강의 내에 어울리는 이미지, 동영상, 사진 등을 준비하여 전달할 때 기억력이 훨씬 더 증강된다는 것을 명심하고 프레젠테이션을 준비해야 한다.

❼ 강사의 자신감 효과

　강사는 강의할 내용을 미리 준비하고 연습하여 강단에 서서 설명하기 때문에 실수를 줄이고 자신감을 가지고 강의할 수 있다.

⑧ 강사의 신뢰감 효과

프레젠테이션을 통하여 공신력있는 자료와 수치를 중심으로 설명하고 체계적이고 논리적으로 강의하니 청강자들이 강사에 대한 신뢰감이 커지고 정확한 정보를 제공해 준 강사에게 고맙게 생각한다.

⑨ 자료를 준비하며 공부하는 효과

프레젠테이션은 멀티미디어를 사용할 때 효과가 크다. 특히 파워포인트를 활동할 때 효과가 극대화될 수 있다. 그러므로 강사는 파워포인트를 제작하고 사용할 수 있는 스킬을 익혀야 한다. 강사가 파워포인트를 준비하면 강의에 대하여 미리 공부하는 효과도 있다.

▶ 파워포인트 기본적인 활용법

① 글씨와 색깔이 선명해야 한다.

② 글씨체는 청중의 수준과 연령을 고려하여 사용한다.

③ 글씨가 너무 많지 않도록 화면에 10줄 이하로 글을 쓴다.

④ 글씨가 충분히 보일 수 있도록 크게 쓴다.

⑤ 어려운 내용은 그림을 넣어서 설명한다.

⑥ 한 화면에 여러 색상을 넣지 않는다. 2~3가지 색상이 적당하다.

⑦ 한 화면에서 글자의 서체가 3가지 이하가 되어야 혼란스럽지 않다.

⑧ 내용을 압축하고 요약하여 올리고 설명해 준다.

⑨ 애니메이션animation이 너무 혼란스럽지 않도록 주의해야 한다.

⑩ 이해가 쉽도록 도표, 그래프를 활용한다.

⑪ 이해도를 높이기 위해 사진, 동영상, 음악을 활용한다.

⑫ 첫 화면과 마지막 화면에서는 공손한 인사말을 넣는다.

" 청중을 위한 준비와 강의 "

강사는 강의 청탁이 들어오면 구체적으로 물어야 한다. 강의 주제, 강의 내용, 원하는 내용, 청중의 수준, 청중의 요구, 청중의 수, 강의 시간, 음향시설, 전기시설, 강의 기자재 현황, 강당 분위기 등을 충분히 알고 이에 맞는 강의를 준비해야 한다.

프레젠테이션을 할 때 청중은 강사에 대하여 매우 궁금해 한다. 과연 강의를 잘하는 사람인지, 재미있게 강의할지, 수준, 학력, 출생지, 경력 등을 궁금해 한다. 그러므로 강의를 시작하기 전에 사회자가 강사의 프로필과 경력 등을 잘 소개하도록 부탁해 두어야 한다. 강사를 소개하는 것을 티업tee-up이라고 한다. 티업이 제대로 되면 청중의 1단계 궁금증을 풀어주었으니 강의를 시작하기가 수월해 진다.

청강자들이 강의에 집중하지 못하는 이유
청강자들의 입장에서 볼 때 강의에 집중하지 못하는 이유가 있다.

❶ 기대하거나 필요로 한 내용이 전개되지 않을 때 (예를 들어 동쪽에 대한 내용을 알고 싶어서 왔는데 계속 서쪽에 대한 내용만 나오니 강의를 듣지 않게 된다)

❷ 강의하는 내용에 동의할 수 없을 때 (동의할 수 없는 내용이라고 느끼는 부분이 있으면 그 다음부터 나오는 내용은 계속 분석하면서 듣기에 강의를 제대로 듣지 못한다)

❸ 강의를 들으면서 질문거리를 준비하고 있거나 스마트폰으로 동영상을 보거나 게임을 하고 있을 때.

❹ 멀티미디어나 강의 기자재가 준비되지 않고 강사의 제스처도 없이 그 대로 서서 강의해 갈 때.

❺ 강사의 목소리가 듣기 싫은 톤이거나 강약고저의 조화가 없고 졸리도 록 강의할 때.

❻ 강의내용이 추상적이거나 너무 복잡하다든지 전문용어가 너무 많고 이 해가 어려우며 외국어를 많이 사용할 때.

❼ 강의내용이 너무 수준이 낮거나 단순하고 유치할 때.

❽ 강사가 자신감이 없어 보이고 억지로 강의한다고 느껴질 때.

❾ 강당 환경이 빈약하고 낡았거나 청강생의 수준차이가 클 때.

❿ 의자나 좌석이 불편하거나 강당의 실내가 춥거나 덥거나 환기가 되지 않거나 또 밖의 소음이 들려올 때.

청강생들이 좋아하는 강사

강사는 청강생들을 가르치려 해서는 안 된다. 나를 위하여 모여주신 고마운 분들이다. 가르치려고 하지 말고 필요로 하는 정보를 제공해 드린다. 커뮤니케이션을 통하여 즐거운 시간을 만들어 드리고 나도 즐거운 시간을 갖는다. 무언가 위해주려는 마음으로 다가갈 때 청강생들이 좋아한다. 청강생들이 좋아하는 강사가 되기 위해서는 아래의 내용을 기억해 두어야 한다.

❶ 자신을 도와주는 강사

강사는 청강생들을 가르치려고 온 사람이 아니고 무언가 제공해 주려고 온 사람이다. 그러므로 청강생들은 강사로부터 무언가 얻어가기를 바란다. 청강생들은 다양한 처지와 상황을 가지고 찾아왔다. 그런 청강생들을 다 만족시키고 도와주기란 쉽지 않다. 그러므로 강사는 최대한 청강자들 편에 서서 위로하고 격려하고 칭찬하면서 강의를 진행해 가야 한다. 청강생들이 위로와 격려와 칭찬을 느끼면 큰 것을 얻은 것처럼 매우 흡족하게 된다.

❷ 많은 것을 알고 있는 강사

강사는 당연히 무언가 제공해 주려고 왔기 때문에 많은 것을 가졌고 많은 것을 알고 있는 사람이어야 한다. 가진 것도 없고 아는 것도 없는 사람은 결코 강사라 할 수 없다. 청강생들은 강사가 많은 것을 알고 귀한 정보와 지식과 뉴스를 제공해 주기를 기대한다.

❸ 정해진 시간을 잘 지키는 강사

명강사라 할지라도 시간을 어기면 인기가 떨어진다고 했다. 청강생들은 주어진 시간을 정하고 들어왔다. 60분을 강의하기로 정했으면 적어도 3분전에는 끝내주어야 한다. 시간이 지나간 후부터는 아무리 좋은 말을 해도 들어오지 않는다. 시간을 넘기는 순간부터 강사는 욕을 먹기 시작한다.

❹ 신비감이 있는 강사

강사는 청강생들과 달라야 한다는 통념이 있다. 무언가 더 많이 알고, 더 멋있고, 더 많이 가진 사람으로 청강생들은 생각하려고 한다. 그러므로 강사는 이러한 기대에 어긋나지 않도록 적어도 강단에 서 있을 때와 청강생들이 지켜보는 앞에서는 신비감이 느껴지고 대단한 사람으로 비추어질 수 있도록 노력해야 한다.

❺ 비전을 제시하는 강사

대중 강사는 강의를 통해 정보, 지식, 뉴스와 함께 비전이 제시되어야 한다. 정보나 지식전달만으로 끝나서는 안 된다.

❻ 힘이 있는 강사

강사에게 강력한 파워가 느껴져야 청중도 힘이 솟는다. 병든 의사가 병자를 치료한다고 하면 환자는 불안할 것이고 신뢰가 가지 않을 것이다. 강사는 강의 내용을 전달하면서 강사의 강력한 에너지가 청강자들에게 느껴지게 만들어야 한다. 청강자들이 강사의 건강을 걱정할 만큼 힘없게 느껴진다면 강사는 더 이상 강의하기 어려울 것이다.

❼ 성실한 강사

강사의 진실은 청강자에게 신뢰감을 준다. 성실誠實은 진실보다 더 높은 단계이다. 성실은 정성과 진실과 참됨을 가지고 있는 것이니 청강자들이 좋아하고 존경스러운 모습이다.

❽ 열심히 노력하는 강사

강사의 노력은 강사의 수명을 길게 만든다. 처음 강의를 들었을 때보다 업그레이드되어 있어야 더더욱 신뢰받고 존경받는다. 강사는 열심히 공부하고 노력하면서 자신의 책도 만들어 내야 나날이 성장할 수 있다.

❾ 솔선수범하는 강사

강사는 언행일치된 생활을 해야 한다. 성직자 생활이 어려운 것은 자신이 설교한 내용을 몸소 실천하여 본보기로 보이고 있어야하기 때문이다. 청강자들에게 공인의 입장에 있는 강사도 역시 마찬가지이다. 언행일치된 생활이 아니거나 솔선수범을 보이지 않는다면 표리表裏가 어긋난 사람이니 강의 청탁이 줄어들게 될 것이다.

청강자들이 원하는 명강사 스타일

❶ 청강생은 대부분 지적받는 것을 원치 않는다.

특별히 많이 알고 나서기를 좋아하는 사람 외에는 직접적으로 지적받게 되면 매우 불안해 하고 강사를 원망하는 마음이 일어난다. 강의 서두부터 특정인을 지적하는 것은 지양해야 한다.

❷ 청강생은 너그러운 자세를 보여주는 강사를 좋아한다

강사가 "여러분 점심을 먹었으니 졸리겠지요? 졸리는 분은 억지로 참지 마시고 주무셔도 됩니다." 이런 말을 했을 때 더 열심히 청강한다는 것이다.

강사는 청강생들에게 희망을 주면서 강의를 해야 청강생들은 계속 흥미를 가지면서 열심히 들으려고 한다.

❸ 청강생은 리드미컬한 강의를 좋아한다

　　강의분위기가 좋아지면 재미있고 알기 쉬운 내용을 중심으로 적당히 질의응답을 하면서 강의를 하면 청강생들에게 긴장감과 기대감을 줄 수 있다.

❹ 청강생들은 추상적인 것보다는 구체적이고 확실한 것을 좋아한다

　　이미 알려진 실제사건이나 사례와 강사의 경험담을 중심하고 강의를 이끌어 가면 청강생들의 시선을 집중시킬 수 있다.

❺ 청강생들은 강사의 분위기에 따라 변하게 된다

　　강사가 미소 짓고 있으면 청강생들도 미소를 띤다. 강사가 심각한 표정으로 강의하면 청강생들의 표정도 심각해진다.

❻ 강사의 솔직하고 겸손한 태도에서 청강생들은 인간적 아름다움을 느낀다

　　모르는 것은 머뭇거리지 말고 모른다고 대답해야 하고 그에 대한 답을 찾아서 언제 어느 때까지 알려 주겠다고 하면 더더욱 신뢰받게 된다.

❼ 한꺼번에 다 알려주려고 하지 말라

　　많은 것을 알려준다고 다 기억하는 것은 아니다. 강사는 중요하다고 느끼는 것을 중심으로 핵심을 정확히 집어주면서 오래 기억할 수 있도록 강조하여 알려주어야 한다. 강사가 중요한 내용을 너무 많이 말하면 청강생들은 머리가 아프다고 한다.

❽ 완벽한 준비만큼 좋은 강의는 없다

　　강사의 능력은 정해지지 않는다. 준비한 만큼 그리고 경험에서 우러나오는 스킬이 쌓이면서 강사의 능력이 나온다. 독서와 강의 원고 작성과 강의 횟수에 따라 강사의 능력이 커진다. 강의를 할 때 도입하고 인용한 내용은 그 출처도 밝히며 강의하면 강사는 더더욱 존경받게 된다. 남의 것을 인용해 놓고 자기 것처럼 말하고 넘어가면 아는 청강생들은 강사를 무시하게 된다.

청중의 규모에 따른 강의방법

❶ 15명 내외

질문을 주고받으며 가족적인 분위기를 연출하여 다정스럽게 프레젠테이션을 하는 것이 효과적이다. 칠판을 사용해도 좋다.

❷ 20~30명 내외

칠판과 파워포인트를 준비하여 청중과 가깝게 서서 표정과 몸짓을 관찰하며 친밀감 있게 프레젠테이션을 하는 것이 효과적이다.

칠판을 사용할 때는 필히 글씨를 예쁘게 잘 써야 한다. 글씨가 예쁘지 않은 사람은 역효과가 날 수 있다. 글씨를 잘 쓰면서 칠판 전체를 활용하여 판서를 해야 한다. 칠판에 글씨를 조금 쓰고 지우고 또 쓰고 지우기를 계속하면 강의분위기가 흐려질 수도 있다. 칠판에 글씨를 많이 쓸 경우에는 왼쪽 위에서부터 질서정연하게 줄을 맞추어 순서적으로 쓰고 칠판 전체에 다 썼을 때 지우고 다시 쓰면 된다. 칠판에 글씨를 쓸 때도 강의는 계속 이어져야 한다. 글씨를 쓰는 중에 말이 끊어지면 강의의 흐름에 방해가 될 수 있다.

❸ 100명~200명인 경우

100명이 넘으면 칠판을 사용해서는 안 된다. 중간이후로 있는 사람들에게 보이지 않기 때문이다. 가능하면 파워포인트를 사용하는 것이 효과적이다. 뒷좌석에 앉아 있는 청강생들의 집중력을 유지시키고 강의를 따라오게 하려면 멀티미디어를 사용해야 한다. 동영상, 사진, 음악 등을 사용하여 집중력을 끌고 가야 한다.

❹ 300명이상인 경우

파워포인트를 활용해야 하고 대형스크린을 사용해야 한다. 500명이상이 되면 스크린을 양쪽에 세우고 멀티미디어를 적절히 사용해야 한다. 100마디의 말보다 적절한 동영상이 더 큰 효과를 줄 수 있다. 내용에 적합한 사진 역시 효과가 크다.

청중의 학력이나 전공에 따라 바라는 강의내용

강사는 강의를 준비하면서 청강자의 수준과 전공을 알아두는 것이 좋다. 청강자에 따라 외국어를 어느 정도까지 사용해야 하는지, 한문을 사용해도 되는지 등을 미리 알아두는 것이 좋다. 외국어나 한문을 사용하여 이질감이나 위화감을 주어 강의 분위기를 떨어뜨릴 수도 있기 때문이다.

❶ 이과 계통의 사람들

이과 계통 사람들은 단순하고 간결하고 확실한 것을 원한다. 긴 설명 필요 없이 용건만 간단히 설명하라는 태도로 청강할 가능성이 높다.

❷ 문과 계통의 사람들

강의 내용의 깊이보다는 강의 중에 나오는 문장이나 수식어를 어떻게 구사하는가를 관찰하고 뉘앙스에 관심이 많으며 질문할 내용을 메모하면서 청강할 가능성이 높다.

청중의 연령에 따른 강의

❶ 젊은 층

요즘 강의의 트랜드는 말의 속도가 매우 빠르다는 것이다. 특히 젊은 이들에게 강의할 때는 발음을 정확하게 하면서 말을 빨리하면 좋아한다. 젊은이들에게는 또래들 간에 흔히 사용하는 영어나 외국어를 사용하고 최신 유행어들을 섞어서 강의하면 청중과 가까워지고 벽을 쉽게 허물 수 있다. 그러나 한문을 사용하면 이질감이 생길 수 있다. 요즘 젊은이들은 한문을 거의 모르기 때문이다.

❷ 연령이 많은 층

연령이 많으신 분들은 젊은이들에게 강의하듯이 강의하면 꾸중을 들을 수 있다. 우선 말의 속도를 천천히 또박또박 해야 한다. 특히 중요한 것은 발음이 정확해야 하고 필히 존칭어에 신경을 써야 한다. 아무리 내용이 좋았어도 존칭어가 생략된 부분이 있었으면 그것을 트집 잡으며 모든 강의를 무시해 버릴 수 있다. 어른들에게 강의할 때는 가급적이면 외국어는 삼가는 것이 좋고 한문은 어느 정도까지는 사용해도 무방하다.

청중의 부류

❶ 열정파

강의를 열심히 들으면서 배우고자하는 열의가 강한 사람이며 질문과 비판도 많은 사람이다. 강의시간이 지났어도 불평하지 않으며 열심히 필기하면서 들어야할 강의는 꼭 들어야 하는 모범생이다. 점심을 굶더라도 강의는 들어야 하고 강의가 끝나면 남아서 질문하는 사람이다. 중요한 약속이 있어도 잊어버리고 강의를 듣고, 아무리 맛있는 식사를 사 준다고 해도 뿌리치고 강의 장소에 오는 사람이다. 그런데 강의 내용이 기대에 미치지 않으면 크게 꾸중하고 주최 측에 항의하기도 하며 크게 비판하기도 한다. 강의를 하다보면 이러한 모범생이 꼭 있다. 그래서 강사는 강의를 철저히 준비해야 한다.

❷ 여유파

세미나에 참석해서는 점잖게 앞자리에 앉아서 청강해 주는 사람이다. 일부러 세미나에 참석했으니 열정적인 것처럼 행동한다. 그러나 강의 내용보다는 분위기, 체면, 인간관계를 중요시 여기는 사람이다. 세미나를 통하여 어떤 지식을 얻을 것인가 보다는 누구와 만나고 어떤 음식을 먹으며 무슨 담화를 나눌 것이며 어떤 차를 마실 것인가에 관심이 더 큰 사람이다. 이런 사람은 강사가 웬만큼 강의를 했으면 무조건 잘했다고 칭찬한다. 매우 후하게 점수를 주며 추켜세워준다. 강사와도 원만한 인간관계를 맺고자하는 마음이 있기 때문이다. 이런 청강생이 많은 곳에서 강의를 하면 박수를 크게 받는다. 대중강의를 하다보면 이러한 부류의 사람들이 절반을 넘을 때가 많다.

❸ 동참파

친구나 지인이 좋은 강의가 있으니 가자고 권유하니 따라온 사람이다. 소위 친구따라 시장에 온 사람이다. 그러니 세미나에는 관심이 없다. 뒷자리에 앉기를 즐겨하고 기회가 되면 맨 먼저 졸기 시작한다. 그렇지만 전체적인 분위기를 따라 주변사람이 박수치면 같이 박수치고 시간되면 식사하고 쉬면서 중간정도의 위치에서 눈치보며 세미나에 적당히 동참한다. 대중강의를 하다보면 이런 부류가 의외로 많다. 강사는 이런 사람들까지도 강의에 집중하고 감동, 감화할 수 있도록 이끌어내야 한다.

청강생들의 성격유형

청강자들 전체가 내 강의를 잘 듣고 감동할 것으로 생각하지 말라. 청강자들 중에 60%이상만 내 강의를 잘 들어주면 감사하다는 생각으로 강의를 해야 한다. 40%이하로 떨어지면 심각한 수준이 된다. 100명의 청강생들이 강의를 들을 때 나타나는 성격의 유형을 네드 허만Ned Hermann교수는 다음과 같이 말했다.

➊ 불안 초조형(26%)

새로운 강의를 듣게 되니 불안 초조하다. 혹시 강의 중에 자신에게 질문이나 하면 어떻게 할까 걱정도 된다. 이런 불안 초조형 청강생들이 의외로 많다는 것을 기억하면서 강의실 분위기를 부드럽게 이끌어가야 한다. 그리고 시작부터 질문을 해서는 안 된다. 강의 분위기가 안정되었을 때 쉽고 다 아는 내용을 전체에게 질문하는 것은 바람직 할 수 있다.

➋ 영웅형(9%)

어디나 자신을 드러내고 뽐내려는 사람이 있기 마련이다. 손들고 질문하고 반문하고 알은체하는 사람들이 있다. 이런 사람은 인정해 주고 칭찬해 주어야 한다. 만일 거절하거나 꾸중하면 이들이 강의 분위기를 흐려놓을 수 있다.

➌ 동기 부족형(4%)

덩달아 따라온 사람이다. 강의 주제나 분위기와는 상관없다. 그저 앉아 있다가 분위기 따라 움직이다가 가는 사람이다.

❹ 침묵형(20%)

침묵형의 청강생이 의외로 많다. 강사가 무슨 말을 하는지 들어나 보자는 식이다. 잘해도 그만 못해도 그만이다. 강사는 이런 사람 앞에서 강의하기가 가장 어렵다. 무표정 무감정이기 때문이다. 하지만 이런 사람들도 강의 분위기가 화기애애해지면 그 분위기에 휩쓸려 동화되어 간다.

❺ 순종형(10%)

강사가 제일 좋아하는 사람들이다. 강사의 말을 웬만하면 동의하고 받아들이는 사람이다. 항상 긍정적이고 순종하며 따르는 사람이다. 그러나 이런 사람은 많지 않다. 강사가 처음에는 이런 사람들을 주시하며 강의를 해야 힘이 난다. 강사는 강의하면서 청강생들이 순종형으로 동화되어 가도록 만들어야 한다.

❻ 독립형(12%)

뒷좌석이나 코너에 외톨이로 앉아있는 사람들이다. 강사의 강의 내용과 자기가 가지고 있는 이론과 비교하며 듣는다. 그러면서 자기 스타일로 강의안을 만들어 가기도 한다.

❼ 불평형(9%)

강의 내용에 흠잡을 데가 없는가 궁리하는 사람이다. 이런 사람이 강의 분위기를 흐려놓을 수 있으니 경계해야 할 청강생이다.

❽ 친절형(11%)

봉사의 마음을 항상 간직하고 있는 사람이다. 강사에게 물을 떠다 준다든가 음료수나 선물을 전해 주기도 한다. 다른 청강생들도 친절히 안내해 주고 강당분위기가 좋아지도록 신경을 쓰고 있는 사람이다. 강사는 이런 사람들 때문에 보람을 느끼게 된다. 강사에게 참으로 고마운 사람들이다.

청중의 성별에 따른 강의

강사는 강의에 앞서 청중을 살펴보아야 한다. 남녀노소 어떤 분들이 참석하고 있는가? 분석한 후에 남녀노소에 적합한 언어를 사용해야 한다. 어르신들이 많은 곳에서 현 사회가 노령화되어 심각하다는 말을 해서는 안 될 것이다. 그러면 노인폄하 발언이 될 수 있기 때문이다. 또 여성들이 많은 곳에서 요즘은 여성시대가 되어 여성의 기가 너무 강해져서 남자들이 기가 다 빠져있다는 말을 해서는 안 된다. 그것이 여성 비하 발언이 될 수 있기 때문이다. 남녀 성별에 따른 말을 할 때는 각별한 주의가 필요하다. 또 연령에 따른 말을 할 때도 세심한 주의가 필요하다. 남성들만 있다고 여성을 비하하는 말을 해서도 안 되고 여성들 앞이라고 남성을 비하하는 말을 해서도 안 된다. 인간은 대부분 낮에는 밖에서 열심히 살다가 밤이 되면 가정으로 돌아간다. 가정에는 남녀노소가 다 함께 있는 곳이다. 가족은 어느 누구나 소중하다. 그러므로 남녀노소 누구든 비하하면 그것이 나 자신을 비하하는 것이 되고 내 가족을 비하하는 것이 되기 때문에 주의하여야 한다.

청중은 강사를 빨리 판단한다

강사는 청중을 결코 과소평가해서는 안 된다. 청중 가운데에는 어떤 분이 있을지 모른다. 요즘에는 노인대학, 어르신대학원, 평생교육원, 시민대학 등 여러 사회평생교육기관이 많다. 80, 90이 넘으신 어르신들이 컴퓨터를 배우고 파워포인트, 엑셀 등을 제작하여 활용하시는 분들이 많다. 매스미디어 mass media를 통하여 평생학습을 하고 계시는 어르신들이 많다. 비록 거동이 불편하고 기억력은 예전만 못하더라도 연륜과 경륜과 함께 강건하신 분들이 많다. 더욱이 그 아래 젊은이들은 더더욱 과소평가해서는 안 된다.

그래서 강사는 '내가 가르치러 간다'는 생각보다는 '내가 배우러 간다'는 생각으로 강단에 서야 한다. 강사가 강단에 서면 강사가 청중을 파악하기도 전에 청중이 먼저 강사를 파악하기 시작한다. 청중은 강사로부터 무언가 배우고 얻어가기 위하여 왔다. 그러니 과연 강사로부터 무엇을 배우고 얻을 수 있을 것인가에 대하여 아래의 내용들을 파악하기 시작한다.

❶ 강사가 오늘 기분이 좋게 강의러 왔는지, 기분이 나쁜 상태에서 올라왔는지 청중은 쉽게 판단한다. 강사의 얼굴에 쓰여 있기 때문이다.

❷ 강사가 강의를 제대로 준비했는지 준비없이 강의하는지 주시한다.

❸ 강사가 준비한 강의를 앵무새처럼 입으로만 말하는지 진정으로 알려주고 싶어서 강의하는지 쉽게 안다.

❹ 강사가 제대로 알고 진실을 말하는지 자신도 잘 모르면서 거짓말을 하는지 청중은 파악한다.

❺ 강사가 청중을 진정으로 좋아하면서 강의하는지 싫은데 억지로 강의하는지 느낄 수 있다.

❻ 청중은 강사가 실력이 있는지 없는지 분석한다.

❼ 청중은 강사가 인격적인가 비인격적인가를 가늠한다.

❽ 강사가 자기자랑이나 하는지 무엇인가를 선전하는지 주시한다.

❾ 강사의 말에서 들을 것이 있는지 시간이 아깝지만 어쩔 수 없이 마칠 때까지 기다려 주어야 할지 계산한다.

❿ 강당에 함께 앉아있는 다른 청강생들이 잘 듣고 있는지 졸고 있는지 인지하며 청강하고 있다.

강사가 청중을 감동시키기 위한 기본적인 준비

강사는 적어도 전문가이다. 프로이고 전문가니까 강단에 서서 가르치고 있는 것이다. 강사로서의 자부심과 사명감과 책임감이 있어야 한다. 그러려면 철저히 준비하는 강사가 되어야 한다. 강의를 통하여 청강생들이 깨닫게 하고 잠자고 있는 잠재의식을 깨워서 꿈틀대게 만들어 변화되도록 해야 한다. 사람은 사람에게서 가장 많은 영향을 받고 바로 교육을 통하여 가장 많은 영향을 받는다. 강사의 준비된 강의로 말미암아 인생의 방향과 목적과 비전을 세울 수 있다. 단 한 번의 강의로 꿈꾸게 만들고 인생의 진로를 바꾸어 새사람이 되게도 할 수 있는 것이 강의이다. 강사는 준비된 지식이나 정보만 전달하는 것이 아니다. 강의 내용과 함께 강사의 진실과 열정과 조화된 테크닉으로 청강자들을 감동시켜 발전하고 도약하게 할 수 있도록 강의해야 한다. 그런 감동적인 강의를 위하여 아래 내용을 갖추어야 한다.

❶ 멀티미디어

강사는 다양한 멀티미디어를 준비하여 중요하고 전문적인 것을 간단명료 하면서도 청강자들이 충분히 이해하고 납득할 수 있도록 최대한의 효과를 내면서 강의하여 청강자들을 감동시켜야 한다.

❷ 의상

강사는 화려하지 않지만 말끔하고 전문인다운 의상을 통하여 청강자들을 감동시켜야 한다.

❸ 신발과 헤어스타일

강사는 누가 봐도 신사라야 한다. 기본적으로 단정한 헤어스타일과 신발을 신고 무대에 올라서서 청강자들을 감동시켜야 한다.

❹ 목소리

강사는 가장 아름다운 목소리로 강의하여 청중을 감동시켜야 한다.

❺ 열정과 정성

강사는 열정적이며 정성을 다하여 강의하려는 모습을 보여주면서 청강자들을 감동시켜야 한다. 강사가 강의 준비를 잘 했다면 청강자는 외면할 리 없다. 청강자는 강사가 준비한 만큼만 감동하기 때문이다. 기본적인 준비에 충실해야 한다. 가깝고 쉬운 것부터 준비하여 전문적인 준비로 마무리해서 강단에 섰을 때 청강자들은 감동한다.

제3강
"적절한 유머 사용법 "

    성공적인 프레젠테이션을 위해서는 논리적인 설명, 효과적인 비유, 전달 과정의 짜임새 있는 구성, 시청각 요소를 활용한 입체적 자료 등이 구비되어야 한다. 그리고 여기에 유머가 더해지면 금상첨화일 것이다. 유머를 곁들이지 않고도 프레젠테이션 할 수는 있다. 하지만 사람의 집중력에는 한계가 있기 때문에 아무리 진지한 프레젠테이션이라 해도 일정한 시간이 지나면 서서히 주의가 산만해지기 마련이다.

    지루하던 강의시간을 갑자기 활기 넘치게 만드는 것은 당연히 유머다. 적절한 유머는 청중을 위한 배려다. 유머를 적절히 사용할 줄 모르는 강사는 명강사로 나갈 수 없다. 한마디로 재미없는 강사다. 유머를 전혀 사용하지 않는데도 지루해하지 않는다면 그것은 강력한 정보나 절실히 요청되는 지식이며 위급한 상황을 타개하기 위한 작전설명 등일 것이다. 대부분 일반적인 강의에서는 레크리에이션과 유머는 필수다. 서점에 다양한 유머집이 많다. 강사는 상황에 맞는 유머를 사용할 수 있도록 많은 유머를 기억하여 적절히 활용할 수 있어야 명강사로 나갈 수 있을 것이다.

강의에서 유머는 짜릿한 청량제이다

    사람이 강의를 들을 때 최대한 오래 집중할 수 있는 시간을 연령대별로 나타낸 숫자가 있다. '초7, 중10, 성15'라는 말이 있다. 초등학생은 7분, 중학생은 10분, 성인은 15분이 지나면 잡념이 생긴다는 얘기다. 그래서 주의가 산만해질 시간대마다 적절한 유머를 사용하면 청중의 주의를 환기시킬 수 있다. 처음부터 끝까지 설명과 보그러므로만 일관하면 딱딱하고 지루한 프레젠테이션이 될 테지만 '유머'라는 양념이 첨가된 프레젠테이션은 훨씬 설득력과 호소력이 있어 더 큰 효과를 발휘할 수 있을 것이다.

유머는 사람들의 직업, 성별, 나이, 교육수준 등 대상에 맞게 구사해야 한다는 것도 기억해야 될 대목이다. 유머를 받아들일만한 수준을 점검하고 그에 적절한 유머를 사용해야 한다. 유머는 일반강의보다 훨씬 어려울 수 있다. 강사는 평소에 스스럼없는 사람들과 대화를 통해 유머를 사용해보고 적절한 반응이 나왔던 유머를 상황과 수준 그리고 대상에 맞는 유머로 구사해야 한다. 프레젠테이션에서 재미있는 유머를 활용하는 목적은 강의 내용을 더욱 돋보이게 하여 이해력을 돕고자하는 것임을 기억해야 한다. 그러려면 유머에 대하여 많은 연습을 한 후에 실전에서 사용해야 한다.

말도 안 되는 이야기나 부정적이고 부적절한 비유, 경박하거나 타이밍이 적절하지 않고 전달하고자하는 강의 내용에 맞지 않는 엉뚱한 유머, 정제되지 않고 핵심도 불분명한 이야기로 웃긴답시고 늘어놓는 것 등은 오히려 역효과를 낳을 수 있다. 특히 타이밍이 중요하다. 적절한 시간에 맞추어 적당히 유머를 사용해야 한다. 아무 때나 또 너무 많이 유머를 사용하면 강의가 코미디처럼 될 수 있고 강의 내용에 대한 본질은 잃어버리고 유머만 기억하게 하고 강의를 마치는 경우가 될 수 있다. 그래서 유머를 사용함에 있어서도 원칙이 있다. 게임에서 원칙을 벗어나면 엘로우카드, 레드카드를 받듯이 강의에서 아무리 좋은 유머도 원칙을 지키며 사용해야 한다.

유머의 원칙

《웃기는 리더가 성공한다》에서는 프레젠테이션에서 유머를 활용할 때 지켜야 할 원칙이 있다고 강조하였다. 강사가 성공하기 위해서는 청중이 눈물 흘리게 하였을 때 가장 큰 감동을 준 강의가 된다. 다음으로는 기쁘고 행복하게 한 강의를 잊지 못한다. 바로 웃고 재미있게 해 준 강의다. 눈물을 흘리도록 강의한다는 것은 쉽지 않을 것이다. 그러면 웃고 행복할 수 있도록 적절한 유머를 사용하여 감동을 주어야 한다. 그러려면 유머를 사용함에 있어서 원칙을 알고 지키며 사용해야 할 것이다. 감동적인 유머는 웃게 만들고 많이 웃다보면 눈물이 나기도 한다.

❶ 발표의 주제와 직접적으로 연관된 유머를 활용하라.

❷ 자기가 던진 유머에 자기가 먼저 웃지 말라.

❸ 청강생 어떤 누구의 감정도 상하지 않게 하라.

❹ 간결하고 핵심이 뚜렷한 유머를 구사하라.

❺ 유머를 청중과 연관시켜라.

❻ 잘 알아들을 수 있도록 큰 소리로 말하라.

❼ 실패한 유머는 반복하지 말라.

❽ 성공한 유머도 반복하지 말라. 같은 얘기는 한번으로 족하다.

❾ 자기 자신을 소재로 한 유머를 구사하라. (자신의 외모, 재미있었던 경험, 성공과 실패의 경험 등)

❿ 청중과 관계있는 실제 인물을 유머에 등장시켜라.

⓫ 이미 다 아는 유머는 사용하지 마라.

⓬ 신체 장애에 관한 유머는 삼간다.

⓭ 음담패설이나 그에 근접한 유머도 절대 삼간다.

제4강
" 강의는 어떤 순서로 진행할까 "

강의를 청탁받으면 사회자가 누구인가를 미리 알아야 한다. 사회자가 강사의 약력을 어떻게 설명했느냐에 따라 청중이 강사를 보는 시각이 달라진다. 강사를 있는 그대로 약력을 소개하면서 청강자들이 강사에게 호기심과 존경심을 가지고 바라볼 수 있도록 소개해야 한다. 강사는 사회자가 소개를 하고 있는데 올라가면 안 된다. 소개 후에 천천히 겸손하게 강단에 올라간다. 어떤 강사는 박수치는 청중을 향하여 손을 흔들며 올라가는 경우가 있는데 이는 정치인들의 제스처이다. 강사는 그냥 겸손하게 올라가서 공손히 인사법에 따라 인사하면 된다. 인사를 단상 옆으로 옮겨서 하는 경우가 있는데 이 역시 정치인 스타일이다. 강사는 단상 앞에서 정중히 인사를 하는 것이 적당하다.

서언
시작이 반이라는 말이 있다. 청중은 강사가 처음에 무슨 말을 하는지에 따라 관심과 집중에 대하여 판단하게 된다. 첫마디에 청중의 관심과 집중을 끌어들여야 한다. 명강사가 되려면 처음 10초, 첫마디, 첫 말에 목숨을 걸어야 한다. 아래의 방법들을 중심하고 강의에 들어가는 연습을 해 보자.

❶ 질문 : 가벼운 질문을 던지면 무거운 분위기가 가라앉는다.
❷ 일화 : 간략한 재미있는 일화로 시작하면 무거운 분위기가 내려앉는다.
❸ 인용 : 강의 주제에 연결된 쉽고 재미있는 인용을 한다.

❹ 깜짝 놀라게 하는 말 : 강의 주제에 연관된 큰 대형사건이나 시사 등을 중심한 놀라운 내용을 이야기 한다.

❺ 역사 : 강의 주제와 연관된 역사적 사실을 간략하게 설명한다.

❻ 제목의 설명 : 강의 제목에 담겨있는 뜻을 간략히 설명한다.

❼ 용어의 정의 : 강의에 나올 용어로써 흥미를 자극시킬만한 용어를 찾아서 미리 설명한다.

❽ 궁금증이 생기게 하는 그림 : 분위기를 부드럽게 할 그림이나 흥미를 유발시킬 수 있는 그림을 올려놓고 설명한다.

▶ 유의사항

❶ 서언을 강단에 나가는 길에 하거나, 나가자마자 말하지 않는다.

❷ 강단에 오르면 필히 먼저 정중히 인사를 하고 잠시 2~3초정도 청중을 바라보며 눈인사를 나눈 후 서언을 시작한다.

❸ 박수를 치거나 인사를 했으면 모든 청중이 강사에게 주목한 후 서언을 시작한다.

효과적인 서론

강사의 소개, 티업tee-up이 제대로 안되었으면 강사가 자신을 간략히 소개하는 것도 좋다. 그러나 결코 길어서는 안 된다. 오늘 강의할 주제에 대하여 강단에 서서 강의할만한 자격이 있음을 알려주는 수준이면 족하다.

강의의 첫 단추를 잘 끼워야 한다. 아무리 좋은 옷이라 해도 단추를 잘못 끼우고 있으면 웃음거리가 될 수 있다. 말도 마찬가지다. 아무리 좋은 내용을 가지고 단상에 올라가도 서론을 잘못 말하면 강의 분위기가 뒤틀릴 수 있다. 모든 것에는 순서가 있다. 순서가 잘 갖춰졌으며 질서적이고 논리적이어야 잘 적응한다. 말 하는데도 마찬가지다. 질서적이고 논리적이며 정렬이 잘 된 말이어야 이해하기 쉽다. 강의를 시작할 때 처음에 하는 말이 전체 내용을 전달함에 있어서 매우 중요한 시간이다. 처음에 말할 소재를 제대로 찾아야 한다. 말할 소재는 가까운 곳에서 주어진 상황과 환경에서 찾아야 직접적으로 피부에 느끼며 쉽게 적응한다. 상대의 상황을 고려하면서 상대가 좋아할 수 있는 소재를 찾아 상대의 반응을 살피면서 들어가야 한다.

말을 시작함에 있어서 중요한 것은 온화한 분위기로 이끌어 가야 한다는 것이다. 시작부터 분위기가 다운되게 시간을 끌면 대화나 강의가 잘 풀려가기 어렵다. 그래서 시작 후 3분에서 5분까지가 중요하다. 이 시간은 본론으로 들어가기 위한 워밍업이니 너무 무거워도 안 되고 그렇다고 가볍게 보여서도 안 된다. 진지하면서도 차분하고 상대가 불안감을 갖지 않도록 주의하면서 다정스런 미소가 흐르며 온화한 분위기를 만들어 가야 한다. 말하는 내용이 분명하면서 어렵지 않아야 하고 재미있으면 좋겠지만 그러나 너무 익살스럽거나 장난스럽지 않게 이야기를 풀어가야 한다.

❶ 청중들이 친밀감을 느낄 수 있는 말로 시작한다.
❷ 강의할 내용에 대하여 간략히 요점을 설명한다.
❸ 강의주제에 대하여 청중들이 얼마나 알고 있는지 쉬운 질문을 한다.
❹ 강의주제가 청중들과 어떤 관련이 있는지에 대하여 간략히 설명한다.
❺ 강의를 전체적으로 어떻게 이어갈 것인가에 대하여 그리고 얼마동안 단계적으로 강의할 것인가에 대하여 설명한다.
❻ 강의내용에 대한 질문시간을 미리 안내해 준다.

▶ 유의사항
❶ 서론은 필히 강의주제에 대한 내용이어야 한다. 분위기를 부드럽게 한답시고 강의주제와 전혀 상관이 없는 엉뚱한 이야기를 끌고 오면 안 된다. 특히 농담으로 서론을 시작하면 절대로 안 된다.
❷ 청중들이 메시지를 이해하지 못하고 있다고 짐작하여 서론을 길게 말하지 말라.

본론

준비한 주제에 대하여 구체적이고 순차적으로 밝혀가야 한다. 강의 중에 주제에 벗어난 말을 해서는 안 된다. 집중력을 잃어버릴 수 있다. 그야말로 본론만 말해야 한다. 불필요한 말은 청강자들을 혼란스럽게 한다. 청강자들이 충분히 이해할 수 있도록 번호와 순서를 정해 놓고 강의해 가는 것이 효과적이다.

▶ 효과적인 본론

❶ 말하고자 하는 것을 하나씩 순서대로 말한다.

❷ 요점을 충분히 설명하고, 중요한 내용은 반복 설명한다.

❸ 강의 내용이 청중들에게 어떤 의미가 있고, 어떤 가치가 있으며, 어떻게 활용할 수 있는가를 설명하고 증거를 제시한다.

❹ 시청각 보조자료, 시범 등을 해 청중들의 시선, 관심이 계속 집중하게 한다.

❺ 실례, 구체적인 통계 숫자 등을 제시하여 실감나게 한다.

❻ 가능한 한 청중들을 참여시키며 강의를 이어간다.

❼ 청중들이 확실하게 이해하도록 쉬운 용어를 사용한다.

❽ 문제제기 -문제해결, 문제원인 – 결과설명, 상황소개 – 상황전개 –상황마무리 등의 방법으로 강의를 진행하면 집중력을 증강시킨다.

❾ 다음 주제로 넘어갈 때는 마무리와 시작에 대하여 분명하게 설명한다.

▶ 유의사항

강의하면서 청중의 반응을 응시하며 강의해야 한다. 이해가 안 되고 혹은 다 아는 내용을 지루하게 반복하는 경우가 생길 수 있다. 강사는 강의를 연결해 가면서 청중의 반응을 계속 주시하며 청중과 교감하며 강의를 이끌어가야 한다.

결론

본론에서 설명한 내용을 종합하여 간략히 요약해서 설명해 주면 효과적이다. 본론과 완전히 판이한 엉뚱한 말을 하면 청강생들을 혼란스럽게 할 수 있다.

▶ 효과적인 결론

❶ 본론에서 설명한 내용의 요점을 정리해 준다.

❷ 서언에서 제시했던 주제를 상기하며 그에 대한 결론을 제시한다.

❸ 본론에서 놓친 중요한 내용이 있으면 간략하게 짚어준다.

❹ 강의주제에 대하여 충분히 이해가 되었는지, 동의하는지, 설명이 잘 되었는지, 시간이 남으면 질문을 받아도 좋다.

▶ 유의사항

❶ 결론 부분에 가서 갑자기 떠올랐다며 새로운 정보나 학설이라고 하면서 본론과 주제와 상관이 없는 내용은 아예 꺼내지 말아야 한다.

❷ 서론은 강의 전반에 대한 안내이고 본론은 강의 주제에 대한 전개이고 결론은 강의 전체에 대한 요약이다.

❸ 서론은 아름답고 간결하게, 본론은 더 아름답고 더더욱 간결하게 설명해야 한다. 끝으로 결론은 가장 아름답게 마무리해야 명강의가 된다.

맺음말

알파와 오메가라 하였다. 처음 시작처럼 마지막 강의를 마칠 때까지 강사는 긴장을 늦추지 말아야 하고 겸손한 자세를 유지해야 한다. 강의 중에 부족한 면이 있었다면 맺음말에서 인기를 만회하고 강사를 기억할 수 있도록 특별한 말을 준비할 필요가 있다. 그렇다고 강의 내용과 거리가 먼 내용을 들고 나오면 안 된다.

▶ 효과적인 맺음말의 유형

❶ 긴 설명보다 역사적으로 유명한 성인이나 학자의 말이나 문학작품을 인용하고 강의를 마쳐도 좋다.

❷ 강의 전체에 대한 중요한 요점을 간략히 정리해 주면서 강의를 마쳐도 좋다.

❸ 강의 주제에 맞는 재치있는 이야기로 강의를 마무리해도 좋다.

❹ 청중을 칭찬하는 덕담을 건네면서 강의를 마무리해도 좋다.

❺ 강의 주제에 따른 함축된 단어를 선정하여 결단이나 다짐을 촉구하는 구호를 함께 외치거나 중요한 사항을 호소하고 강의를 마무리해도 좋다.

▶ 유의사항

❶ 맥없이 상투적인 말로 강의를 마무리해서는 안 된다.

❷ 강의가 끝나기도 전에 원고를 정리하는 태도를 보여서는 안 된다.

❸ 청중에게 정중히 인사한 후 정리하고 강단에서 내려가야 한다.

강사가 실수를 했을 때

강사는 완벽하지 않기 때문에 얼마든지 실수할 수 있다. 완벽하게 준비한 강사도 실수를 한다. 국제적인 행사장에서 짧은 연설문을 낭독하면서도 실수하는 경우가 왕왕 있다. 그러므로 강사가 실수를 너무 지나치게 두려워할 필요는 없다. 인간이기에 실수할 수 있고, 청강자들은 그런 면을 자연스럽게 보아 넘겨 줄 아량을 대부분 가지고 있을 것이다. 그러나 실수가 반복되어서는 안 된다. 실수는 부끄러운 일이니 다시는 실수하지 말아야 하고, 그래서 실수를 했으면 실수에 대한 만회를 해야 한다.

❶ 실수를 했다고 느끼면 겸손히 실수를 인정한다

사람은 누구나 실수하기 때문에 실수를 인정하고 겸손히 머리를 숙이면 대부분 청강자들은 머리를 끄덕여 준다.

❷ 실수에서 배우자

　실수를 하여 얼굴이 빨개졌다면 그 순간은 오래도록 기억에 남게 된다. 그냥 기억만 해서는 안 된다. 왜 실수를 하였고 어떻게 해야 다음에는 실수하지 않을 것인가를 충분히 연습해 두어야 한다.

❸ 실수한 것을 잊지 말자

　실수는 누구나 할 수 있다. 그러나 그 실수를 또다시 반복해서는 결코 안 된다. 짐승들은 자신이 실수한 곳에는 본능적으로 느끼며 다시는 가지 않는다고 한다. 강사들이 동일한 실수를 반복하는 경우가 있다. 자신이 실수했다고 느끼지 않기 때문이다. 강사는 자신의 단점과 약점을 정확히 느끼고 있어야 한다. 실수한 내용을 본인이 녹음하여 파악하던지 피드백을 받아서 정확히 숙지하고 있어야 한다. 실수한 것을 알아야 고칠 수 있다. 실수한 것을 알아서 충분히 연습하고 노력하여 실수했던 것이 장점으로 나타날 수 있도록 만들어내야 명강사라 할 수 있다.

　실수가 꼭 나쁜 것만은 아니다. 사람들은 실수를 통하여 성장하고 발전하기 때문이다. 어린아이가 수없이 넘어지면서 일어서고 걷듯이 말이다.

　그래서 독창적인 것일수록 실수가 많다고 수많은 히트곡을 작곡한 팝가수 빌리 조엘이 말했고, 많은 실수를 할수록 더 많은 것을 배우고 더 빨리 익힐 수 있다고 델 컴퓨터 최고경영자인 마이클 델이 말했다. 또 아무런 실수도 저지르지 않은 사람은 아무 일도 하지 않은 사람이라고 프랑스의 소설가 로맹 롤랑이 말했으며, 실수를 안 해본 사람은 실수했을 때 이를 발견하고 신속히 수정하는 방법을 모른다고 위대한 경영학자 피터 드러커가 말했다. 실수하지 않는 자는 아무것도 이루지 못 한다는 영국속담도 있다.

강사가 해서는 안 될 일

❶ 강의 중에 종교, 정치, 이데올로기, 성차별, 인종차별, 인신공격 등의 말은 하지 말아야 한다.

❷ 있는 사실을 과장하거나 부풀려 말하지 말아야 한다.

❸ 아무리 좋은 경험이나 에피소드라 할지라도 강의 내용과 무관하면 말하지 말아야 한다.

❹ 지나친 자기비하를 하면 강사의 권위가 떨어지고 강사를 무시하여 강의내용의 전달효과가 떨어질 수 있다.

❺ 자기자랑이나 가족자랑이 계속되면 반감을 산다. 차라리 청중은 강사의 실패담에 더 강한 호감을 느낀다.

❻ 청강생이 어린 학생들이라 하여도 반말이나 훈시조의 말이나 어투로 말하면 반감을 산다.

❼ 열변이 길어지거나 울부짖는 강의는 청강자들을 짜증스럽게 만든다.

❽ 강사의 톤이 일정하거나 목소리가 작으면 청강자들이 지루해 하고 졸게 된다.

❾ 사투리나 억양이 강하면 청강자들의 귀에 거슬린다.

❿ 시간을 초과하면 명강사도 인기를 잃고 불만이 날아온다.

제5강
" 명강사가 되는 법 "

시선처리를 잘하자

무대에서 연기연습을 하다보면 가장 많이 지적되는 것 중 하나가 시선처리다. 관객의 입장에서는 배우의 시선을 따라가게 된다. 여러 사람 앞에 나와서 발표할 때도 똑같다. 시선이 어디 있느냐가 매우 중요하다. 그럼 시선은 어디에 두는 것이 가장 효과적일 것인가? 청강자들의 중간쯤에서 맨 끝자리를 왔다갔다 이동하면 좋다. 연극에서는 흔히 일층 관객석 끝에 시선을 둔다고 한다. 그래야 전체를 바라본다는 느낌을 주게 된다. 그러면 청중은 자연스럽게 발표자를 주목하게 만든다. 시선이 너무 한 곳에 고정되어 있으면 경직되어 있는 느낌을 줄 수도 있으니까, 시선을 이동시켜주는 것도 좋다. 단 청강자들의 범위 안에서 이동하는 것이다.

시선이 청강자들을 과도하게 벗어나면 발표자가 엉뚱한 곳에다가 발표하는 꼴이 된다. 시선이 너무 흔들리거나 아래에 있으면 발표자는 매우 자신없어 보인다. 시선이 너무 뜨면 장난하는 것 같기도 하고, 단순히 암기한 것을 외운다는 느낌을 줄 수도 있다.

최대한 자신의 전면前面을 보자

연극에서 가장 꺼리는 행동 중 하나가 무대 위에서 등을 보이는 것이라고 한다. 답답하다는 느낌을 주기 때문이라고 한다. 실제로 발표하는 학생들의 경우를 보면 내용도 좋고, 발성도 좋은데, 계속 칠판에 글씨를 쓴다고 등을

181

보이면서 발표하는 경우가 많다. 재미없고, 자신없어 보인다는 느낌을 준다. 최대한 자신의 전면을 보이면서 발표해야 청강자들이 발표자에게 집중하는 효과를 주게 된다.

분명하게 말하자

강의를 하다보면 자신도 모르게 불확실한 말을 많이 하는 경우가 있다. "그럴 것입니다", "그럴 것이라고 생각합니다", "아마 그럴걸요" 이런 말들은 청강자들로 하여금 애매하게 만드는 말투이다. "강사가 아직 잘 모르겠으니 청강자들이 연구해 보십시오." 하는 의미가 내포된 말투로 볼 수 있다. 강사는 자신이 충분히 이해하고 알고 정확한 것만 말해야 한다. 잘 모르거나 아직 준비 중인 것, 그리고 연구하고 있는 것을 말해서는 안 된다. 이미 학계에 알려져 있고 공식적으로 인정한 사항을 말해야 한다. 때론 정확한 것도 버릇이 들어서 "그럴 것이라고 생각합니다." 는 식으로 아직 불확실한 것처럼 말하는 경우가 있다. 겸손하게 말한다고 생각하며 그렇게 말하는 경우도 있다. 결코 바람직한 표현이 아니다. 강사는 언제나 분명하게 "그렇습니다." 라고 말해야 한다.

어깨, 팔, 다리의 위치와 제스처도 중요하다

칠판에 팔을 짚거나 몸을 기대는 행위, 교탁에 몸을 기대는 행위, 팔짱을 끼거나 짝다리 짚는 행위, 주머니에 손을 넣는 행위 등은 항상 기억하면서 삼가야 할 행동들이다. 매우 건방져 보이기 때문이다. 어깨를 움츠리거나 손을 입으로 가리는 행동들도 안 좋다. 자신감이 없어 보이기 때문이다.

하체는 고정된 것이 좋고 하체가 흔들흔들하면 사람이 불안정해 보인다. 다리의 넓이는 어깨 넓이로 벌리는 것이 좋다.

적절한 제스처는 발표의 효과를 배가시킨다고 하였다. 제스처도 요령이 있다고 이미 설명하였다. 최대한 자연스럽게 하는 것이 좋다. 그러나 상황에 따라 제스처를 삼가야 할 경우도 있고 준비되지 않은 제스처는 어색할 뿐이다. 어느 것을 가리킬 때도 손가락 하나로 가리키는 것보다, 손 전체로 가리켜야 한다. 손가락 하나로 가리키면 오해할 수도 있다. 손동작을 보일 때도, 팔꿈치를 몸에서 뗀 다음 팔꿈치 이상의 높이에서 움직여야 좋다. 팔꿈치 아래에서 움직이면 자신없어 우물쭈물하는 것으로 보이기 때문이다.

시작과 끝맺음이 확실해야 한다

어디서 시작하고 어디서 끝을 맺을 것인가에 대하여 알려주는 것도 중요하다. 중간이 아무리 좋아도, 시작과 끝이 확실하지 않으면 별로 좋은 효과를 내지 못한다. 자기가 무엇을 왜 발표 할 것인지, 어떤 내용을 발표할 것인지를 확실하게 설명하고 시작하는 것이 좋으며, 어디서 끝나는지, 어디가 끝인지를 분명하게 알려주는 것이 좋다. 시작할 때 어떤 순서로 발표 할 것인지 미리 말하는 것도 좋은 방법이다. 끝날 것처럼 말하다가 다시 말하고, 결론 같은데 다시 전개하고, 끝맺음이 불확실하게 느껴지면 청강자들은 시계만 보면서 강의는 뒷전으로 밀쳐놓는다. 강의내용이 길어질 것 같으면, 그 이유를 설명해 주어야 한다. 서론 본론 결론을 정확하게 밝히고 설명해 가야 청강자들이 진지하게 참여하게 된다.

머릿속에 그림을 그려라, 그리고 발표하는 순간을 즐겨라

머릿속에 그림을 그리라는 말은 어떤 순서로 어떻게 발표를 할 것인가를 머릿속에 정리해 담아 놓으라는 것이다. 그리고 실전에서 머릿속에 그려진 그림을 그대로 발표하는 것이다. 이러면 실전에서 엉뚱한 방향으로 흘러가는 것을 방지할 수 있다.

발표하는 순간을 즐기라는 것은 강사에 있어서 매우 중요한 말이다. 강사가 강의하는 것이 지겹고 힘들고 귀찮다면 당장 강사라는 직업을 그만 두는 것이 좋다. 강사는 사명감이 있어야 하고 강사가 먼저 신이 나서 열정을 가지고 강의에 임해야 한다. 강사가 사명감과 열정이 없고 준비 또한 미흡한 상태로 강단에 오르게 되면 청강생들은 금세 알아챈다. 무엇인가에 쫓기듯 강의하고 여유없이 안절부절 못하고 혼란스럽게 주제와 거리가 먼 강의를 하였다면 청강생들이 매우 불쾌할 것이다. 그런 강사가 자기 남편이고 아들이라 해도 나무라고 꾸중하고 싶어질 것이다.

발성과 발음은 중요하다

강의가 강단에서 하는 연극과 비슷하다고 말하면 비약일까. 배우가 무대에서 연기하는 것과 강사가 강단에서 강의하는 것은 청자에게 메시지를 전달하려 한다는 공통점이 있다. 그리고 그 메시지를 전달하는 수단은 양쪽 모두 음성에 기대는 바가 크다. 배우에게는 연기가 가장 중요하다고 생각할지 모르지만 그 못지않게 중요하게 여기는 것이 발성과 발음이다. 그래서 연기를 잘해도 발성과 발음이 나쁘면 일류가 되기는 어렵다. 강의하는 것도 마찬가지이다. 속으로 중얼중얼 하듯 말하면 듣는 사람도 답답하고 짜증난다. 적어도 맨 뒤에 있는 사람들도 들을 수 있을 정도의 크기는 되어야 한다. 그렇다고 악을 써서도 안 된다. 악쓰는 소리는 소음공해고 얼마 못가서 목이 쉬고 만다. 자신의 평소 목소리보다 약간 더 크면 된다. 평소 목소리가 50%라면 60%에서 70%정도가 적당하나 청강생들의 수에 따라 달라질 수 있다. 또 마이크를 사용하느냐, 사용하지 않느냐에 따라 달라진다. 마이크를 사용하면 마이크 사용법을 익혀야 한다. 마이크 사용법에 따라 목소리가 부드럽게 들릴 수 있고 실제 목소리보다 둔탁한 목소리로 변해서 나올 수 있다. 마이크 잡는 법, 마이크로 말하는 법을 평소에 연습해 두어야 하고 강의 장소에 따라 음향시설이 다르므로 미리 시험해 보는 것이 좋다.

▶ 마이크 잡는 법

❶ 마이크는 중간을 잡는다. 끝을 잡으면 마이크선이 빠질 수 있다.

❷ 마이크 헤드부분이 입 가까이 오게 잡는다. 마이크헤드가 입과 수평이 되도록 잡으면 안 된다. 마이크 꼬리 부분이 아래로 향하게 잡아야 한다.

❸ 마이크를 잡고 강의할 때는 마이크가 스피커와 마주보면 하울링

howling이 생길 수 있으니 조심해야 한다.

❹ 마이크를 단상에 놓고 강의할 때는 스크린 있는 쪽에 마이크를 두고 강의해야 한다. 그래야 강사가 강의를 하며 스크린을 볼 때 정상적으로 마이크에 목소리가 들어갈 수 있다.

❺ 마이크 선을 돌려서 마이크와 함께 잡고 있으면 보기에 좋지 않다.

❻ 단상의 위치는 가급적이면 왼쪽이어야 하고 그럴 때 마이크는 오른쪽에 있어야 정상적이다.

말의 속도도 중요하다. 너무 빨라서도 안 되고 너무 느려서도 안 된다. 적당한 속도라야 한다. 그런데 요즘 트렌드는 강의하는 말이 매우 빠른 경우가 있다. 말을 빨리하려면 정확한 발음내기가 중요하다. 말이 빠른데 발음이 정확하면 똑똑하게 보인다. 반대로 말이 너무 느리면 답답하게 느껴진다. 그러나 발음이 정확하면서 또박또박 천천히 말하면 말에 카리스마가 더해져 명확한 강사로 보일 수 있다. 강사는 자신의 능력과 소질에 따라 그리고 청강자들이 원하는 상황에 따라 적절한 말하기를 해야 한다. 또 청강자들이 흥미를 갖도록 필요한 부분에서 속도를 조절하거나 강약을 조화시켜 강의 내용과 함께 목소리가 하모니를 이루어 청중이 감동할 수 있도록 이끌어가야 한다.

가장 중요한 것은 자신감이다

강사가 자신감이 넘쳐 보여야 청강생들이 집중하고 강사의 강의 내용에 끌려오게 된다. 강사는 강의 기법을 충분히 익히고 청탁받은 강의에 대한 충분한 연구와 함께 원고를 작성하여 강의 내용을 완벽히 이해하고 소화하고 있어야 한다. 강사 자신이 강의 내용에 대한 확신이 분명해야 강사는 그 강의에 대한 자신감이 넘치게 된다. 내가 미쳐야 상대를 미치게 할 수 있다. 강사가 자신감이 있어야 열정적으로 강의할 수 있고 강사가 열정적으로 강의를 해야 청강자들에게도 감동이 이어지게 된다.

Part Ⅳ
제6강
" 명강사가 가져야 할 태도 "

날마다 정보의 바다를 여행하라

날마다 정보의 바다를 여행하고 있어야 한다. 요즘은 하루마다 옛날의 10년 100년 동안의 정보가 쌓이고 있다. 열흘만 쉬어도 시대에 뒤떨어진 강사라는 소리를 들을 수 있다.

책을 많이 읽어야 한다

명강사는 독서광이다. 책 속에는 정치, 경제, 사회, 교육, 문화, 예술 등 각 분야에 걸친 지식과 상식이 담겨 있다. 아무 책이나 읽어서는 안 된다. 강사는 강의 준비와 강의 연습을 해야 하기 때문에 시간이 많지 않다. 꼭 필요한 책을 구입해 자투리시간을 활용해야 한다. 강사로 오래 남으려면 쉬지 말고 독서를 해야 한다. 철학자 프랜시스 베이컨Francis Bacon은 "아는 것이 힘이다"라고 하였다. 독서량이 많아야 내공이 커진다. 내공이 커야 강의를 하다가 돌발질문이 날아와도 적절하게 대처하고 임기응변에 능하게 된다.

수시로 라디오 방송을 듣는다

강사가 라디오방송을 들을 한가한 시간이 있을 리 없다. 필자는 강의청탁을 받으면 대부분 혼자서 자가용으로 이동한다. 자가용을 타고 가면서 그때가 그야말로 나 홀로의 자유연습 시간이다. 음악감상도 하지만 그 시간에 강의시뮬레이션을 하고 그래도 시간이 남으면 라디오방송을 듣는다. 라디오방

❗ PartⅣ 명강사의 스피치 기법

송에서는 신문이나 텔레비전에서 들을 수 없는 토론과 뉴스를 통하여 강의에 필요한 정보와 아이디어를 얻을 수 있다.

텔레비전을 자주 보아야 한다

강사가 무슨 시간이 있어서 텔레비전을 보겠느냐고 할 수 있다. 아무리 시간이 없어도 9시뉴스는 보아야 하고, 100분 토론이나 여타의 토론에서도 강의 자료나 영감을 주는 내용이 많으므로 보는 게 좋다. 심야에 진행되는 토론이나 뉴스도 보는 게 좋다. 텔레비전에서는 이 시각 국내외적으로 일어나고 있는 상황과 정보와 지식을 그대로 보여주기 때문에 현실상황에 민감해야할 강사에게는 매우 긴요한 정보수집 창구가 된다. 그렇다고 강의하는 중에 라디오에서 들었다고 말하거나 텔레비전에서 보았다는 등의 말을 해서는 안 된다. 적어도 명강사는 보통사람이 아니기 때문이다. 전문서적이나 논문 등을 참고하여 얻은 정보처럼 말해야 차별성을 느끼며 진지하게 들어준다.

영화나 음악 감상은 물론 미술작품 등의 감상을 많이 해야 한다

강사의 강의 내용에는 종합예술이 다 들어가 있어야 한다. 청강자가 특정한 계층이 아니기 때문이다. 모든 예술과 음악과 영화까지도 강의 내용에 자연스럽게 등장시켜 강의를 돋보이게 하고 관심과 집중으로 이어지게 만들어야 한다. 벤허의 한 장면을 예화로 등장시켜 이야기하면 벤허 영화를 본 사람들은 그 영화의 장면을 상상하며 강의를 더더욱 진지하고 실감나게 듣게 될 것이다.

질문을 많이 해야 한다

질문하면서 강의하는 것이 쌍방통행 강의이다. 질문할 때는 조심해야 한다. 특히 어려운 질문은 특정인에게 해서는 절대로 안 된다. 어려운 질문은 전체에게 툭 던지고 대답이 안 나오면 강사가 자연스럽게 답을 말하며 강의를 이어가면 좋다. 아무리 쉬운 질문이라도 아무에게나 던져서는 안 된다.

그가 답을 모르면 당황하고 다른 청강자들에게 비웃음거리가 될 수도 있기 때문이다. 그래서 질문은 전체에게 던지는 것이 좋다. 그러다보면 모든 청강생들이 자신에게 질문할지도 모른다고 생각하여 긴장하며 청강하게 된다. 질문하며 강의하는 것은 청강생에 대한 배려가 되고 예의가 될 수 있지만 시간이 많이 걸린다는 것을 기억해야 한다. 강의진도를 계산하면서 질문하며 강의할 때 효과는 더 크다.

청강자에 대해 열린 마음을 가져야 한다

강사는 너무 보수적이거나 진보적이어서도 안 된다고 생각된다. 강의를 하다가 강사의 사상이나 편향이 보이게 해서는 안 된다. 강사는 어느 누가 들어도 좌우로 치우침이 없음을 보여주어야 한다. 미리 청강자들이 어느 성향이 많은지 알아서 강사는 청강생들의 편향에 서서 강의를 하는 것이 이상적이다. 강사는 절대로 겸손해야 한다. 자신의 강의로 청강자들의 사상이나 편향을 바꾸겠다는 교만한 마음을 가졌다가는 큰 코 다칠 수 있다. 그래서 강사는 늘 열린 마음으로 강의를 준비하고 강의를 해야 한다. 강사는 언제나 양심과 진리와 정의의 편에 서서 전체를 아우르는 중용의 자세로 강의를 이끌어가야 한다. 청중이 좌나 우로 지나치게 치우쳐 있어서 강의하기가 부담스러우면 적당히 양보하거나 사양하는 것이 차라리 적절할 수 있다.

여유를 품고 살자

강사의 적은 두려움이다. 강의를 하다가 누군가 모르는 것을 질문하면 어떻게 할까! 누군가 강의내용을 비방하면 어떻게 할까! 강의내용이 틀렸다고 소리치면 어쩌나! 등등의 두려움은 강사의 내면에 늘 도사리고 있다. 그런 것들이 강사를 긴장하게 하고 더더욱 준비하게 한다. 그런 생각은 가지고 있으되 한편에는 마음의 여유를 가지고 있어야 한다. 여유로운 마음이 있으면 어떤 상황에서도 대처할 지혜가 떠오르기 때문이다. 필자는 1980년 초 부산의 모 대학에서 종교철학적인 내용의 공개강의를 했었다. 당시에는 학생들이 철학에 대하여 관심이 많았었기 때문에 많은 학생들이 모였다. 강의를 마치고 나니 여러 학생들이 여기저기에서 비판적인 질문을 던졌다. 몇몇 학생에게는 대답을 해주었지만 시간이 흐를수록 질문은 폭주하였다. 당황스러웠다. 그 때 어느 학생이 질문을 하고 있을 때, 심호흡을 하면서 여유를 마음속에서 끌어냈다. 여유로운 마음이 들어오니 대답이 나왔다. 그래서 던졌던 말이 "인류역사는 철학논쟁사이다. 수천 년간 논쟁해 온 철학사상을 어떻게 이 자리에서 다 해결할 답을 낼 수 있겠는가! 더 알고 싶은 학생은 사무실로 찾아오면 개인적으로 친절히 답해드리겠다." 고 하였더니 잠잠해졌고 사무실에서 기다렸지만 찾아오는 학생은 한명도 없었다. 그 때의 기억이 지금도 생생하다.

진정한 말은 경험과 체험에서 나온다

강사는 누구보다 많은 경험을 가지고 있어야 한다. 직접 경험하지 않은 내용을 설명하려면 실감이 나질 않는다. 미국을 가보지 않은 사람이 미국상황에 대하여 설명하기란 쉽지 않다. 본인이 이스라엘과 중동에 대하여 많은 강의를 했지만 강의를 하면 나부터 실감나지 않았다. 실재로 이스라엘과 중동지방을 순회하고 난 후부터는 그에 대한 강의를 하면 머릿속에 중동이 떠오른 상태에서 강의가 줄줄이 풀려나왔다. 강사는 가능하면 많은 여행을 해야 하고 사람들이 하는 일이라면 최대한 동참하고 체험해 보아야 실감나는 강의를 할 수 있다. 모든 오락과 스포츠도 경험해 보아야 한다. 직접 경험하지 않은 것은 실제로 경험한 사람의 이야기를 듣거나 책을 통해서 간접적인 경험이라도 해 봐야 한다.

화술은 하루아침에 이루어지지 않는다

명강사는 타고나는 것이 아니고 노력하여 자신을 명강사로 만드는 것이다. 유능한 화술가일수록 연습을 게을리하지 않는다. 발레리나들의 발을 보면 그 사람의 수준을 알 수 있다. 강수진씨의 발이 인터넷에 떠서 화제가 되었다. 수많은 강사들이 특히 비전을 말하는 강사들은 강수진의 발 사진을 보며 이렇게 되도록 연습해야 세계적인 발레리나가 된다고 독려하고 있다. 꿈을 꾸고 그 꿈을 이루기 위하여 발이 그렇게 되도록 연습한 강수진처럼 연습하고 노력하라는 강의를 한다. 강사도 마찬가지다. 하루라도 강의연습을 안 하면 명강사는 멀어진다. 강의가 없는 날은 쉬는 날이 아니고 더 큰 무대에서 강의할 준비를 하는 날이다. 그래서 강사가 쉬는 날은 명강사로 웅비하기 위한 날갯짓을 하고 있는 날이다. 그런 날들이 쌓이고 쌓이면서 서서히 명강사의 반열에 올라서게 되는 것이다.

화술과 유머능력은 연습에 비례한다

아무리 말을 잘해도 어느 때는 말이 버벅거리고 꼬일 때도 있다. 연습이 부족했거나 쉬는 시간이 길어서 그럴 것이다. 강의를 할 때 버벅대고 꼬였던 단어들은 기억해 두었다가 평소에 자주 연습을 해야 한다. 그리고 명언이나 중요한 문장은 가끔 연습해 두어야 한다. 적절한 예화나 유머도 수시로 연습하여 언제 사용해도 줄줄 흘러나올 수 있도록 연습해 둬야 한다. 강의를 하다 보면 갑자기 막힐 때가 있다. 그런 때를 대비하여 유머나 명언이나 재미있는 이야기를 가능한 많이 알아두고 평소에 연습해 둬서 즉흥적으로 사용하여 방송사고(방송사고란 방송에서 뉴스를 진행하는 앵커가 3초 이상 머뭇거리는 것을 말함)를 막아야 한다. 강사의 언어순발력은 평소에 얼마나 연습했느냐에 달렸다.

명강사가 되기 위한 개인연습

매일 아침 다짐을 한다

매일 출근 시간에 거울 앞에서 "나는 명강사가 되어야 한다. 나는 명강사가 될 수 있다. 나는 명강사다."는 자기신념 강화 구호를 3번 이상 외친다. 매일 명강사가 되겠다는 꿈과 비전을 가지고 출발한다.

항상 자신의 부족한 부분을 연습하자

스피치의 기본원칙을 생각하며 나의 부족한 부분을 표시해놓고 매일 연습하여 나의 개선 포인트가 장점 포인트가 될 때까지 1주일 혹은 1달 단위로 연습하여 개선해 간다.

매일 소리연습을 한다

매일 신문의 사설이나 명언집을 택해서 큰 소리로 읽는다. 강의는 말이라는 소리를 통하여 전달되기 때문에 매일 소리연습을 해야 한다. 평소에 큰소리로 연습해 두면서 목을 단련시켜야하고, 실제로 강의할 때는 옥타브를 조절하여 강의한다.

거울 앞에서 연습해 본다

재미있는 이야기나 명언이나 명강사들의 강의내용 등을 실제로 거울 앞에서 말해본다. 제스처를 사용해 입모양, 표정, 몸놀림 등을 스스로 모니터하면서 연습해 본다. 기회가 되면 큰 거울 앞에서 연기자들이 연습하듯 강의를 연습해 본다.

단문장으로 말하라

옛날에 쓰여진 글을 보면 문장이 엄청나게 길다. 최근에 와서야 문장이 짧아졌다. 긴 문장을 말로 옮기려면 숨쉬기가 쉽지 않다. 아름다운 발성은 호흡이 자연스러워야 한다. 악보에서도 쉼표가 있다. 강의에서도 마찬가지다. 문장이 길면 청중은 호흡에 거부감이 들 수 있다. 강사의 숨쉬기가 자연스럽고 문장이 단문장이어야 좋다. 이야기나 강의 내용을 가능하면 단문장으로 만들어서 연습해 본다. 한 문장이 20자 이내여야 좋다.

생활공간을 연습공간으로 활용하라

강사 인기가 올라가면 하루에도 2~5번의 강의 청탁이 쇄도할 수 있다. 그러면 연습할 시간이 없어진다. 별도로 시간을 내어 연습할 수 없다. 모든 생활공간을 연습공간으로 생각하면서 언제 어디서나 연습을 해야 한다. 지나간 강의 중에 부자연스러웠던 내용을 연습하고 새로운 강의를 연습하는데 장소가 별도로 있을 수 없다. 화장실에 앉아서 볼일을 보면서도 연습해야 한다. 본인은 하루에 6강좌의 청탁을 받고 강의한 경우가 많다. 그럴 때면 잠깐 쉬는 시간에 사무실에 가면 사람들이 찾아오므로 화장실에 가서 조용히 앉아서 연습하는 경우가 많았다.

겸손한 자세로 연습하고 자신과 강의를 늘 업그레이드 시켜라

강의를 하다보면 많은 박수를 받기도 한다. 그러면 강사는 최상의 기분이 되고 자신이 강의를 매우 잘하는 명강사가 되었다는 자부심이 생긴다. 그러다보면 이미 명강사가 되었다는 착각 속에 연습을 게을리하고 이미 강의한 것으로 재탕하게 된다. 그러면 그 강사는 서서히 내리막길을 걷게 되고 강사의 수명이 끝나간다. 강사의 수명은 강의 청탁이 없으면 끝나는 것이다. 재탕강사는 강의 청탁이 끊어질 수밖에 없다. 아무리 좋은 강의도 두 번 들으면 싫증나는 법이다. 그래서 강사는 항상 겸손해야 한다. 부족하다고 느끼며 언제나 새로운 정보와 비전을 찾아 뛰고 연구하고 노력해야 한다. 연습과 실습을 게을리 하면 재탕 강사가 되고 재탕 강사는 청강자들이 금세 알아본다.

인사, 칭찬, 배려의 행동도 연습하자

청강자는 겸손한 강사를 원한다. 아무리 박식해도 교만해 보이면 청강자들의 마음은 서서히 떠나버린다. 그래서 강사는 겸손히 인사를 잘해야 하고, 청강자들을 진실로 칭찬해 주어야 하고, 친절히 배려하는 모습을 보여줄 때 청강자들은 강사에 대하여 존경심이 우러나고 그래야 강의에 관심을 기울이며 청강하게 된다.

강사들은 자신이 대부분 인사를 잘 한다고 생각하겠지만 청강자의 입장에서 볼 때 잘하였는가가 문제다. 공손히 인사하는 법도 거울을 보면서 연습을 해야 한다. 그리고 친절한 행동도 자연스럽게 나올 수 있도록 연습해야 한다.

평소 칭찬을 하지 않는 사람은 강단에 서서도 칭찬이 어렵다. 칭찬하는 말을 연습해야 한다. 칭찬을 잘 하는 사람이 인정받고 칭찬받는 사람이 된다. 칭찬이 자연스럽도록 평소에 칭찬하며 생활하는 습관을 들이자.

피드백feedback을 생활화하자

피드백feedback이란 어떠한 행위를 마친 뒤 그 결과가 최초의 목적에 부응하는가를 보아 행동을 변화시키는 일을 말한다. 서투르다고 생각하는 사람, 잘 못한다고 생각하는 사람일수록 피드백을 회피하지 말아야한다. 만일 내 화술이 서투르다고 생각한다면 그 벽은 내 자신이 깨뜨릴 수밖에 없다. '플랜 두 시plan do see' 즉, 순환의 피드백을 원하는 청강자가 있으면 설정한 목표를 이룰 수 있도록 매뉴얼화해 잘 지도 해야 한다. 자존심이 강하고 교만한 강사는 정중히 모셔야 할 스승을 함부로 대하고 무시하고 욕하는 경우가 있다. 설정한 목표를 시스템화하는 피드백을 해 주면 진정으로 바라던 성과를 거둘 수 있다. 이외도 '피드 포워드 컨트롤feed foward control'이 있는데 이는 목표의 갭을 예방한다는 말로 깊이 간직하고 있으면서 고쳐가고 개선해 가는 것을 말한다. 피드백의 한 방법으로 자신의 강의 내용을 녹화나 녹음해서 스스로 모니터링하는 습관을 들여야 한다. 그래서 어색하거나 잘못된 것이 발견되면 메모하여 개선해갈 때 명강사로 나갈 수 있다.

▶ 피드백 분석을 하면서 고려할 점

피드백에서 단점이나 부족한 면만 찾으면 강사가 위축되고 강의에 대한 두려움이 커질 수 있다. 장점도 발견해 가라는 것이다. 장점이 커지면 단점은 장점에 가려 희미해 질 수 있다. 장점이 크게 보여야 강사가 자신감을 가지고 당당하면서 단점을 보완해 갈 수 있다. 피드백 과정에서 단점을 두 개 찾았으면 장점은 네 개 이상은 찾아야 한다.

제8강
"명강사 전략"

명강사가 되려면 먼저 많은 명강사의 강의를 들어보아야 한다. 명강사의 강의를 들으며 나의 롤 모델role model을 정하여 모방하기도 하지만, 화법, 발성법, 제스처 법 등을 분석하고 연구하여 비판적으로 받아들여 내 것으로 만들어내야 한다.

남들이 이미 사용한 원고나 파워포인트는 그대로 사용하면 안 된다. 청강자 중에 그 강의를 들었던 사람이 있으면 강사가 도용 했다고 금세 소문나고 그러면 강사 이미지는 실추되고 엉망이 된다. 원고를 수정하고 보완하고 추가하여 완전히 갱신해야 한다.

논문이나 책을 쓸 때도 자료를 가져와 참고하여 만든다. 강의도 마찬가지다. 명강사나 학자들 그리고 전문가들이 이미 연구하고 발표한 논문이나 서적과 원고들을 가져와 인용하고 참고하면서 강의원고를 만들어 발표하게 된다. 명강사의 원고를 수집하고 파워포인트를 구하여 그 강사처럼 강의해 보는 것이다. 그러면서 거기에 새로운 정보와 내용을 추가하고 첨삭하면서 자신의 스타일로 바꾸어 강의를 하다보면 나도 명강사로 나갈 수 있다.

강의 청탁이 왔으면 사전에 많은 정보를 받아야 한다. 청강생과 강당의 시설과 상황을 많이 알면 알수록 강의준비를 잘 할 수 있다.

❶ 청강생에 대한 내용 : 청강생들의 수준, 인원, 성향, 성비, 연령층, 원

하는 내용 등.

❷ 강당에 대한 것 : 강의를 위한 기자재, 음향시설, 강의 장소와 환경 등.

이러한 상황을 충분히 알았으면 이에 맞는 강의를 준비한다. 강의를 하는 날에는 적어도 강의시작 30분 전에는 도착하여 상황을 확인할 필요가 있다. 그리고 20분 전에는 조용히 워밍업을 한다. 강의할 내용 전체를 머릿속에 펼쳐놓고 이어갈 순서를 구성해 본다.

그리고 적어도 5분전에는 강의실에 도착하여 청강생들 중에 앞자리 앉아 있는 사람과 가볍게 인사를 하거나 간단한 정담을 나눈 후에 단상에 오르면 훨씬 여유로워진다.

강단에 올라갔는데 긴장이 풀리지 않으면 긴장을 푸는 호흡법을 활용하여 긴장을 풀고 단상에 나가야 한다. 강단에 올라서서 첫마디가 중요하다고 했다. 분위기를 환기시킨답시고 농담을 하는 경우가 있는데 절대로 삼가야 한다. 강의를 농담으로 시작하면 청강생들은 강사를 가볍게 보고 아무리 신중한 말을 해도 강의에 집중을 하지 않게 된다.

강사는 첫마디부터 진지하고 신중한 자세로 그러면서도 겸손한 자세로 강의를 시작해야 한다. 강사가 첫마디에 조심해야할 말이 있다. "그냥 생각나는 대로 말씀드리겠습니다. 혹은 제 전공은 아니니까 좀 부족할 수도 있습니다. 또 제가 여러분보다 조금 아는 것이 많으니까 말씀드리겠습니다." 이런 말들로 시작하면 청강생을 무시한다고 느낄 수 있다. 전공이 아닌데 왜 강의를 하려고 하느냐? 그래 얼마나 아는 것이 많은가 보자. 이런 생각을 하는 청강생이 있을 수 있다는 것이다.

명강사들의 스피치 전략

명강사는 저절로 되는 것이 아니고 누가 만들어 주는 것도 아니다. 자신이 자신을 명강사로 만들어 간다. 명강사로 가는 길은 누구에게나 비슷하다. 준비를 많이 하고 많이 강단에 서서 강의를 해 봐야한다. 강의횟수가 많아질수록 명강사로 다가가게 만든다. 강의를 많이 했다는 것은 강의를 잘하여 강의 청탁이 많았다는 것이다. 명강사의 전략은 분명하다. "5분간 말하기 위해서 50분간 이야기 할 수 있도록 언제나 철저히 자료를 준비하라!" 강사에게 이 말은 진리이다. 아무리 박식하고 달변가라 할지라도 사전에 철저한 준비가 없이 등단한다면 100% 실패한다. 준비를 잘하는 강사는 서서히 청중이 알아주고 입소문이 돌면서 강의청탁이 많아지고 명강사 반열에 올라가게 된다.

❶ 겸손하고 진실하게 강의한다

청중은 겸손한 강사를 좋아한다고 하였다. 강의 내용이나 표현하는 억양에서도 겸손이 담겨있을 때 청중은 강사의 말에 집중하게 된다. 또 강사가 진실하게 느껴져야 청중의 시선과 귀가 강사에게 쏠리게 된다. 사람은 누구나 진실한 사람을 좋아한다. 거짓말이고 가식으로 꾸민 이야기 같다고 느끼게 되면 청중의 마음은 떠나가 버린다. 그래서 강의 내용과 전달하는 표현 속에 진실성이 느껴지도록 강의해야 한다. 그렇다고 강의 중에 "진실로, 정말로" 라는 말을 써서는 안 된다.

❷ 자신감 가지고 강의한다

강사는 진실하고 확실한 내용을 강의하게 되니 자신없는 표정이나 힘없이 강의해서는 안 된다. 강사가 가장 강사답게 느껴지게 만드는 것은 겸손하면서도 당당하고 건강하게 보이는 것이다. 강사는 사람을 변화시키는 최고의 의사와 같다. 그런 사람이 당황하거나 안절부절한다면 청중이 어떻게 보겠는가! 강사는 그야말로 위풍당당해야 한다.

강사가 떨고 있으면 인턴이 대수술을 하겠다고 나선 것과 마찬가지가 된다. 속으로는 긴장하고 있어도 외적으로는 당당하게 보여야 한다. 그래서 강사의 가슴에는 언제나 여유를 품고 있어야 한다.

❸ 늠름한 태도와 몸짓으로 강의한다

강사의 미소는 모든 청강생들을 편안하게 안심시키고 기쁘게 만드는 효과가 있다. 강사가 심각한 표정을 짓고 강의하면 청강생들의 마음이 괜히 불편해 진다. 미소를 머금고 늠름한 태도와 몸짓으로 강의하는 강사를 보면 듣는 입장에서 볼 때 진실성과 신뢰감이 느껴진다. 그렇다고 늠름함이 과하면 거만하고 오만하게 느껴져 도리어 거부감을 줄 수 있으니, 강사는 언제나 겸손함을 잊어서는 안 된다. 겸손하면서도 늠름하고 당당한 자세로 자연스럽게 강의를 풀어갈 때 청강생들의 눈과 귀가 강사에게 모이게 된다.

④ 배짱과 열정을 가지고 강의한다

강사는 겸손하면서도 배짱있게 보여야 한다. 소극적이고 가냘픈 사람을 보면서 기분이 좋은 사람은 없다. 적어도 강사는 청강자들에게 도움을 주려고 온 사람이다. 그러므로 청강생들은 강사가 우리에게 무언가 도움이 되겠다고 느껴져야 강사를 바라보면서 강의에 집중하게 된다. 도리어 강사를 청강생들이 도와주어야할 형편이라고 느껴지게 만들면, 그 강사의 강의는 꽝이 되고 만다. 그래서 강사는 어떤 상황에서도 배짱과 열정을 가지고 강의를 해야 한다. 강의 도중에 돌발적인 상황이 벌어져도 강사가 카리스마를 가지고 열정적으로 강의하면 분위기가 흔들리지 않는다.

중요한 주제 강의를 하고 있었는데 맨 뒷자리에 앉아 있던 사람이 갑자기 각혈을 했다. 그것도 두 번이나 많은 피를 토해냈다. 강의를 하고 있던 필자도 놀랐으니 주변사람들은 더욱 많이 놀랐을 것이다. 약간의 소란이 있었지만 본인은 그 상황을 못 본 것처럼 더더욱 큰소리로 진행해 갔다. 스탭들이 들어와서 환자는 병원으로 실려 갔지만 강의는 중단 없이 계속 이어졌던 경험이 있다.

⑤ 컨디션을 양호하게 유지한다

제 아무리 훌륭한 달변가도 연단에 설 때마다 어느 정도 불안감은 있기 마련이다. 때론 스트레스가 쌓였고 몸상태가 좋지 않은 상태에서 강단에 오를 수도 있다. 그러면 대부분 강의를 실패하는 경우가 많다. 강사는 컨디션이 좋고 건강해야 강의를 제대로 할 수 있다. 그래서 강사는 건강과 양호한 컨디션을 유지하기 위한 노력이 필요하다. 강사는 아무리 바빠도 운동을 하고 있어야 한다. 가장 좋은 운동은 걷는 것이다. 강의를 많이 하는 강사는 다리가 제일 고통스럽다. 오래도록 서 있기 때문이다. 강사가 몸무게가 많이 나가게 되면 관절염 허리병 등이 생길 수 있다. 그래서 강사는 음식조절을 잘 해야 한다. 무엇을 얼마나 먹을 것인가를 자신의 체질에 맞도록 먹어야 한다. 특히 과음과 과식 그리고 흡연은 금물이다. 명강사들을 보면 대부분 건강하고 특히 날씬하다. 뚱뚱하고 몸무게가 많이 나가는 사람은 장시간 강의하기 어렵다. 전문강사가 되려면 머리에는 많은 것을 담고 있어야 하고 몸무게는 가볍게 하고 있어야 양호한 컨디션을 유지하면서 강의를 잘할 수 있다.

❻ 박수를 받을 부분은 사전에 연습한다

강사는 청강생들의 박수를 먹으며 사는 사람들이다. 그러니 명강사가 되려면 청강생이 박수를 많이 칠 수 있도록 준비해야 한다. 청강생들은 아무 때나 환호하고 박수를 보내지 않는다. 그럴만한 내용이거나 클라이맥스라고 느낄 때 박수를 친다. 감동적인 부분이나 클라이맥스에서는 저절로 박수가 나온다. 그러므로 강사는 그런 강의내용과 상황을 연출할 필요가 있다. 청강생들도 자신이 박수친 부분에 대해서는 오래도록 기억에 남는다. 그러니 강사와 청강생 모두에게 효과적이다. 그렇다고 억지로 박수를 치게 한다든가 억지로 박수를 유도하면 반감을 살 수 있다. 박수를 유도하는 것도 자연스러워야 한다. 분위기 전환을 위한 박수치기도 어색하지 않고 자연스럽도록 유도하는 테크닉이 필요하다. 박수받을 상황에 목소리가 더듬거리거나 소리가 작아지면 박수가 나오려다 들어가 버린다. 그래서 박수 받을 상황에 대한 내용은 충분히 발성과 제스처를 연습해 두어야 한다.

❼ 청중을 제압하며 강의한다

아무리 능력있는 강사라 해도 청중을 제압하지 못하면 그 강의는 실패하기 마련이다. 성공적인 강의의 열쇠는 연사가 청중을 제압하는데 있다. 강사가 주눅이 들어 있으면 반대로 강사가 청강생들에게 제압되어 강사의 기량을 발휘하지 못하게 된다. 강사가 청중에게 제압되어 강의를 진행하면 최악의 강의가 될 수 있다.

❽ 자신의 원고에 확신을 가지고 강의한다

강사의 신념은 확신에서 나온다. 확신 없는 강의 내용에서 신념이 나올 수 없다. 강의 내용에 대한 확신과 신뢰가 강사 자신부터 확고해야 한다. 강사가 확신과 신념을 가지고 강의할 때 명강의가 된다. 확신이 있고 신념에 차 있어야 당당하고 강력하게 주장하면서 강의 내용에 믿음과 신뢰를 이끌어낼 수 있다. 그런 강의가 설득력 있고 감동과 감화를 일으킨다.

❾ 예화나 명언을 사용한다

청중을 설득함에 있어 예화나 고사성어, 자신의 경험담, 명언은 상당한 설득력을 준다. 경전 말씀을 인용해도 설득력이 강해진다. 종파를 초월하여 다양한 경전을 인용하며 강의하면 연사가 유식하고 똑똑해 보이는 효과를 누릴 수 있다. 그러나 흔히 알려진 예화나 일화, 가벼운 명언들은 흥미를 떨어뜨릴 수 있다. 그러므로 생소한 명언이나 건전한 예화를 많이 알아두는 것이 좋다. 명언이나 경전의 문구를 인용할 때는 필히 출전을 알려줘야 진실성과 신뢰감을 줄 수 있다.

❿ 시대 상황을 정확히 파악하면서 강의한다

강사는 명강의를 하기 위해서는 투철한 국가관과 역사관, 그리고 시대의 흐름을 파악하고 있어야 한다. 그러나 특정한 정치적인 말이나 정당에 관한 말을 해서는 역효과가 발생할 수 있다. 아무리 잘 알고 있다하더라도 이데올로기나 이념적인 말도 피해야 한다. 지나간 정권을 비판하거나 들먹여서도 안 된다. 강사는 항시 중도, 중용, 그러면서도 진보적이면서 보수적인 입장을 견지하고 있으면 큰 무리는 없다. 청중과 상황에 따라 색깔을 약간씩 바꿀 수 있기 때문이다.

⓫ 강사는 강의에 대한 열병을 앓고 있어야 한다

아무리 좋은 내용이라 할지라도 가슴속에 솟구치는 말이 아니면 그 것은 한낱 약장수 말장난에 지나지 않는다. 마치 신의 계시를 받은 듯한 강의, 역사의 사명을 띤 듯한 강사의 소리, 그것은 바로 강사가 먼저 감동 되어 있어야 가능하다. 강사 자신에게서 가슴을 파고드는 전율과 감격이 용솟음칠 때 청중은 함께 감동한다. 그냥 입에서 나온 소리가 아닌 가슴에서 우러나오는 말, 그것이 살아있는 강의이다. 강사는 그러한 강의를 할 수 있도록 항상 강의를 잘하기 위한 열병을 앓으면서 준비하고 있어야 한다.

⑫ 내 강의를 청중이 재탕해야 한다

유명한 연설가 포스팅은 "가장 훌륭하고 성공적인 연설은 청중들이 자신의 연설을 듣고 그 연설 내용을 제 3의 장소에서 재인용 하는 것"이라고 했습니다. 감동적인, 그러면서도 폐부를 찌르는 칼날 같은 주장, 그런 강의가 청중의 가슴에 오래도록 여운으로 남게 한다. 여운으로 깊이 남겨진 강의내용은 누구에겐가 알려주고 싶은 충동으로 이어진다. 그런 강의는 제3의 장소로, 제 3의 사람들에게 전파되게 된다.

청중을 장악하는 명강의

명강사에게 가장 중요한 일은 청중을 장악해야 한다는 것이다. 강사가 청중을 장악해야지 강사가 청중에 휘둘려서는 명강의가 될 수 없다. 청강자들이 강사의 눈을 바라보며 강사 표정을 따라오게 해야 하고 강사가 움직이는 방향에 따라 눈동자도 움직이게 해야 한다. 명강사는 청강자들의 눈을 빛나게 하며 강의를 따라오게 만들어야 한다.

청강생들을 모여들게 하는 명강사는 뭔가 다르다. 대학교 강의도 인기 있는 교수 강의실은 학생들의 수강신청이 넘친다. 내용은 비슷할지라도 가르치는 방법이 다르기 때문이다. 교회도 마찬가지다. 신도들이 모여드는 교회는 목회자의 설교가 다르다. 명설교가 있는 교회에는 자동적으로 사람들이 모여든다. 요즘은 법당에도 마찬가지다. 말 잘하는 명강사가 있는 곳에 사람이 모인다. 사람은 아무 곳에나 가지 않는다. 참신한 정보가 있다든가 재미있고 기쁨과 행복을 주며 힐링이 된다면 아까운 돈을 내고라도 달려간다. 강사는 여기에 초점을 맞추어 강의를 준비해야 한다. 명강사나 명설교가의 강의나 설교를 들어보면 아래의 내용들이 공통적으로 담겨 있음을 볼 수 있다.

❶ 멋진 서두로 청중의 시선을 끌어당기고 생동감있게 말한다.

❷ 음성의 고저高低, 강약强弱, 완급緩急, 정지停止를 조절한다.

❸ 청중에게서 시선을 떼지 않으며 연기자처럼 쇼맨십을 발휘한다.

❹ 충격적인 자료 제시 및 신선한 이야기와 유머를 잘 활용한다.

❺ 적절하고 확실한 사례와 예화를 든다.

❻ 주제에 몰입하며 비유법, 강조법, 변화법 등을 사용한다.

❼ 문답법. 스스로 결론을 내리게 하는 설의법, 단조롭지 않고 리드미컬한 전개를 보여준다.

❽ 변화있는 표현으로 호기심을 유발한다.

❾ 청산유수 같은 말보다 정곡을 찌르는 시처럼 함축된 말을 사용한다.

❿ 한편의 드라마처럼 뿌리, 줄기, 꽃, 열매 등으로 열거하며 감동적으로 끝맺음한다.

⓫ 시작은 자신감을 가지고 당당하게 결론은 감성을 자극하여 전율을 느끼게!

강의 공포증 해소

명강사도 강의를 하다보면 그 날의 컨디션에 따라 말문이 막히고 억양이 흔들릴 때가 있다. 또 강의 장소에 갔을 때 라이벌 명강사가 맨 앞자리에 앉아서 경청한다든가 강의 주제에 대한 전문가들이 청강생들과 함께 포진하고 있으면 강의를 풀어가기가 쉽지 않을 것이다. 그럴 때는 전문가들을 바라보며 강의할 필요가 없다. 그들을 추켜세워주고 전체 앞에 칭찬을 해 줄 필요는 있다. 전문가들에게 학술강의나 주제 강연을 청탁받은 것이 아니라면 전문가들에게 맞추어 강의하면 일반 청중들을 무시하는 강의가 되어 강의를 망치고 만다. 전문가들이 의식되겠지만 일반청강자들을 바라보면서 준비한 강의를 풀어 가면 된다.

▶ 강의 도중에 강의할 내용이 생각이 안 나는 경우

강의 도중에 생각이 안 나면 당황하게 되고 식은땀이 날 것이다. 그 때 묘약은 얼른 "여유"를 생각해야 한다. 마음에 여유를 품고 재치 있게 순발력을 발휘하여 앞에 강의했던 내용의 핵심을 요약해 준다. 그러다 보면 강의할 내용이 떠오를 수 있다. 그래도 생각이 안 나면 다음 내용으로 자연스럽게 넘어가면 된다. 상황에 따라서 강의했던 내용을 질문하면서 강의내용을 생각해 낼 수 있고, 창문을 열게 한다든가 분위기를 환기시키기 위한 것이라 하면서 박수를 유도할 수도 있고 간단한 노래를 합창할 수도 있다. 때론 중요한 핵심내용을 메모할 수 있도록 시간을 주어도 된다. 그러나 중요한 내용이고 청중이 기대하고 있는 내용이 생각이 안 날 경우에는 솔직히 사과하고 다음에 필히 말씀드릴 것을 약속하면 강사의 정직성을 높이 평가하며 신뢰가 깊어질 수도 있다.

▶ 공포증을 방지하는 법

❶ 강의를 완벽하게 하겠다는 지나친 욕심은 버리자.
❷ 실전처럼 미리 완벽하다고 느낄 때까지 연습하자.
❸ 강단에 오르기 전에 심호흡으로 긴장을 푼다.
❹ 어렵고 중요하다고 느끼는 부분은 메모해 두자.
❺ 강의원고를 요약하여 별도로 가지고 나간다.
❻ 너무 어려운 부분은 원고를 읽어도 괜찮다.
❼ 파워포인트를 준비하고 어려운 부분은 상세히 기록해 둔다.
❽ 실수에 대해 스스로 관대해져야 한다.
❾ 강의 장소에 미리 가서 강단에 올라 연습해본다.
❿ 강의 전날부터 컨디션을 양호하게 유지한다.

⑪ 너무 짜거나 매운 것을 피하고 간단하게 식사 한다.

⑫ 한쪽 가슴에 필히 '여유'를 품고 올라간다.

Part Ⅳ
제9강
❝ 명강사의 강의 실제 ❞

필자는 강단에 오르기 전에 거울 앞에서 필히 확인하는 것이 있다. 명강사로 대접받기 위해서는 다음의 사항을 강의하기 전에 언제나 꼼꼼히 체크해야 한다.

❶ 머리모양은 단정한가.

❷ 복장은 단정한가.

❸ 구두는 깨끗하게 닦였는가.

❹ 바지 지퍼는 잘 닫혀있는가.

❺ 호주머니들은 제대로 넣어져 있는가.

❻ 주머니에 휴지와 수건은 잘 있는가.

(수건은 바지 오른쪽 주머니에 넣는다. 마이크를 대부분 왼손에 잡으므로)

❼ 넥타이는 중앙에 잘 맞추어져 제대로 매여 있는가.

(넥타이 끝은 바지의 바클 중앙까지 내려오는 것이 적당하다.)

❽ 와이셔츠와 상의의 단추는 제대로 잠겨있는가.

❾ 얼굴은 말끔하고 입놀림은 자유로운가.(입놀림 연습을 한다.)

❿ 이빨에 고춧가루나 이물질이 끼었는가.(필자는 언제나 주머니에이쑤시개를 넣고 다닌다. 단상에 나가기 전에 필히 화장실이나 강사대기실에서 거울을 통하여 몇 번이고 확인한다.)

⓫ 원고를 제대로 가지고 있는가.

❷ 강의에 필요한 기자재들은 잘 갖춰져 있는가.

❸ 마지막으로 강의의 핵심과 클라이맥스를 떠올려 점검한 후에 단상에 오른다.

❹ 시계를 점검한다.(강사는 시간을 잘 지켜야 하므로 필히 시계를 가지고 있어야 한다. 그러나 강의를 하면서 강사가 손목시계를 자주 보면 강의 분위기를 강사 자신이 흐려놓는 경우가 된다. 강당에 강사가 잘 보이는 곳에 벽시계를 달아 놓으면 좋고, 아니면 탁상시계를 단상에 올려놓는다. 탁상시계가 준비되지 않았으면 손목시계를 벗어서 단상에 올려놓고 가끔 확인하면서 강의한다.)

❺ USB를 비치하고 올라간다.(강의를 파워포인트로 준비하였다면 강의도중에 도발적인 사고나 상황을 대비하여 강의내용이 담겨있는 USB를 비치하고 강단에 올라가야 한다.)

명강사처럼 스피치연습

명강사가 되려면 1분, 2분, 3분, 5분, 10분 등의 스피치 연습을 수시로 해야 한다. 명언이나 간략하면서도 재미있는 이야기 혹은 시를 준비하여 스피치 연습을 한다. 아래의 내용들을 실제로 1분 내지 3분 정도로 작성하여 발표해 보자.

❶ 자신이 태어난 고향을 자랑해 보자.

❷ 가장 존경하는 인물과 그 분이 내게 어떤 영향을 끼쳤는지 말해보자.

❸ 최근 읽었던 책 줄거리를 발표해 보자.

❹ 오늘 감사했던 내용을 말해보자.

❺ 자기소개를 해 보자.

❻ 지금까지 살아오면서 가장 감사했던 것을 말해보자.

❼ 좌우명을 말해보자.

❽ 자신의 별명과 그 이유를 말해보자.

❾ 지금까지 살아오면서 가장 놀랐던 순간을 말해보자.

⑩ 자신의 성격에서 장단점을 말해보자.

⑪ 자신의 학창시절에서 잊을 수 없는 일을 말해 보자.

⑫ 자신의 종교관에 대하여 말해보자.

⑬ 지금까지 살아오면서 가장 보람있었던 일을 말해보자.

⑭ 가장 감동받았던 영화에 대하여 말해보자.

⑮ 가장 소중한 사람이 누구인가 말해보자.

⑯ 가장 좋아하는 운동을 말해보자.

⑰ 자신의 특기를 말해보자.

⑱ 자신의 취미를 말해보자.

⑲ 자신의 가족에 대하여 말해보자.

⑳ 자신의 비전에 대하여 말해보자.

명강사 주의사항 Tip

❶ 말투가 너무 빠르다. 말을 조금 천천히 할 것.

❷ 건성건성 이야기하지 말 것. 분명하고 확고하게 전달할 것.

❸ 한 강좌에서 너무 많은 것을 전달하려 하지 말 것.

❹ 몇 가지 주요 중점사항에 대해서는 집중적으로 강조해서 이야기할 것.

❺ 한 개인 개인에게 관심을 기울이면서 강의할 것.

❻ 청중의 집중력을 초기에 끌어 올려서 지속적으로 이어 갈 것.

❼ 적절한 시기에 강의주제와 관련한 적절한 유머로 사용할 것.

❽ 너무 긴 시간 강의하지 말고 쉬어가면서 강의할 것.

❾ 강의시간이 길면 중간에 스트레칭을 적절히 가미할 것.

❿ 시간을 적절히 맞추어 2~5분 전에 마칠 것.

⓫ 이지적이고 논리적으로 지성인답게 표현할 것.

⓬ 청강자로부터 냉정하고 객관적인 feedback을 받을 것.

⓭ 애매하게 말하지 말고 분명하고 정확히 출처나 근거를 밝힐 것.

⓮ 모르면 모른다고 솔직하고 정확하게 말할 것

⑮ 진지한 태도를 보이며 강의할 것.

⑯ 부드러우면서도 적절한 카리스마를 갖출 것

⑰ 표준어를 구사하고 발음을 정확히 하도록 할 것.

⑱ 필요 없는 웃음은 강사 수준을 떨어뜨린다.

⑲ 경박하거나 천박한 웃음소리는 강사수준을 떨어뜨린다.

⑳ 비음 섞인 목소리라면 개성을 개발해 간다.

㉑ 좀 더 생생한 사례를 곁들여 이야기할 것.

㉒ 겸손한 자세로 강의해야 다정하게 들어준다.

㉓ 이름을 부를 때는 꼭 경어를 사용하며 친절하게 불러야 한다.

㉔ 강의 중에 다른 사람을 지나치게 비판하는 말은 하지 말 것.

㉕ 외모를 멋있고 개성있게 관리할 것.

㉖ 전문가들을 보면서 가장 멋있는 자기 스타일을 만들 것

㉗ 자신의 단점을 강점으로 만들어 인기를 얻을 것.

㉘ 보조도구를 적절히 활용할 것.

㉙ 강의 내용에 적합한 동영상을 보여주어도 효과적이다.

㉚ 강의 전이나 휴식시간에 잔잔한 음악을 들려준다.

㉛ 파워포인트, 노트북 등 보조도구를 너무 의지하지 말 것.

㉜ 중간에 주제와 상관없는 이야기로 빠져드는 것을 주의해야 한다.

㉝ 서론 본론 결론을 정확하게 구분하여 강의할 것.

㉞ 애매한 단어를 사용하거나 원색적인 단어는 삼갈 것.

㉟ 실감나고 재미있게 강의해 갈 것.

㊱ 좀 더 시각적인 자료를 준비할 것.

㊲ 너무 과장된 표현을 사용하지 말것.

㊳ 신문, 인터넷 등의 최근 뉴스나 자료를 적절히 활용할 것.

㊴ 목소리 고저를 적절히 사용해서 단조롭지 않게 할 것.

㊵ 지쳐있는 청중을 끌어올릴 한방의 스피치를 암기하고 있을 것.

㊶ 청중에 대한 따뜻한 애정과 사랑을 가지고 강의할 것.

㊷ 청중은 VIP이고 천재들이다. 감히 속이려거나 함부로 대해서는 안 된다.

㊸ 자신의 지식을 지속적으로 축적해 가야 한다. 독서가 유일한 방법이다.

강의에 자신감을 갖는 방법

❶ 강사 스스로에게 뭔가 특별한 것이 있다는 것을 확신하고 부정적 생각을 아예 갖지 않는다.

❷ 큰소리로 강의 연습하고, 강의 내용에 맞는 몸동작을 거울 보며 연습한다.

❸ 강의 내용에 대하여 충분한 연구를 하고 내용을 숙지하여 완전히 자기 것으로 만든다.

❹ 자기 강의법에 자만하지 말고 항상 새로운 강의법을 개발하기 위해 노력한다.

❺ 자신을 너무 과대평가하여 소개하지 말고 강의 중 자아도취에 빠지지 않도록 주의한다.

❻ 강당 분위기가 무거우면 강의에 들어가자마자 청강생들이 웃을 수 있 도록 적절한 유머를 쓰는게 좋다.

❼ 청강자에 대하여 가지는 약간의 불안감과 흥분은 청강자들 인격을 존중하는 마음에서 오는 자연스러운 것이니 걱정할 필요는 없다. 반대로 불안감이 전혀 없으면 청강자들을 쉽게 대할 수 있으니 유념하자.

❽ 최악의 상황에 대비한 가상 시나리오를 세워 연습하면 어떤 상황이 생겨도 부드럽게 넘어 갈 수 있다.

❾ 강의 도중 어떠한 어려움이 있더라도 중도에 포기하지 말고 끝까지 진행해야 한다.

❿ 대화를 잘 하려는 마음가짐은 청강자 존중에서 시작된다. 청강자들을 가족처럼 느끼고 그러면서도 VVIP로 여기며 강의해야 한다.

강사 강의에 대한 기억률

강사가 강의를 마치고 나면 아무리 좋은 강의를 했어도 청강생들이 간직하고 기억하고 있는 내용은 강사가 어떻게 강의했느냐에 따라 많은 차이가 난다.

❶ 말로만 강의했을 때는 20분이 지난 후에 18%정도만 기억되고 100분 후에는 4%만 기억된다고 한다.

❷ 강사가 그림만 보여준 것은 100분 후에 19%가 기억된다고 한다.

❸ 강사가 설명과 함께 그림을 보여주면 20분 후 80%가 기억되고 100분이 경과해도 70%이상이 기억된다고 한다. 그러므로 강사는 그림이나 동영상 등을 활용하면서 강의할 때 효과가 크다는 것을 인지하고 준비해야 할 것이다.

명강사가 가져야 할 것 - 명강사도 예외없이 평가된다

❶ 강심장으로 단련하라

강사는 두 종류가 있다. 청중 앞에서 떨리는 사람과 떨리면서도 안 떨린다고 말하는 사람이다. 수많은 청중 앞에서 떨리는 것은 자연스런 현상이다. 강의를 많이 하다보면 담력이 커져서 떨리는 현상이 적어질 뿐이다. 청중 공포증을 없애는 방법은 연습뿐이다. 소규모의 인원 앞에서 자기의 의사를 전달해 보고 강의를 많이 하면서 무대공포증과 무대울렁증을 무너뜨려가야 한다. 강의내용을 완벽히 이해하고 암기하여 준비하고 있으면서 여유라는 가슴까지 가지고 있어야 강심장의 명강사가 될 수 있다.

❷ 강사의 3가지 무기

첫째는 열정이다.

둘째는 화술이고

셋째는 강의내용이다.

이러한 3가지의 무기를 갖춰 가지고 강단에 올라야 자신감을 가지고 청탁받은 강의를 완벽하게 설파할 수 있다. 강사는 이러한 3가지 무기가 녹슬지 않도록 늘 갈고 닦고 연마해 가야 한다.

❸ 파워포인트를 적당히 이용하라

동영상과 그림을 이용하면서 강의할 때 청중의 기억도가 크다고 전술한 바 있다. 지금은 대부분 강당에는 파워포인트 기자재가 갖추어져 있다. 강사는 파워포인트 작성법을 익혀서 충분히 활용해야 한다. 도표와 그림 그리고 동영상까지 활용하면서 강의하면 청강생들은 강사의 강의에 빠져든다. 칠판에 글씨를 예쁘게 쓰면서 강의해도 청강생의 이해도를 높이고 긴장감도 완화시킬 수 있다.

❹ 레크리에이션을 활용하라

레크리에이션은 청중과 금새 소통하고 화동하게 만든다. 강사의 적당한 레크리에이션은 청중을 품는 기술이 된다. 유머로 청중의 마음을 열고 레크리에이션을 가미한다면 강의실 분위기는 뜨겁게 달궈져 갈 것이다.

❺ 교재를 만들어라

강사는 자신의 강의 내용에 관한 저서가 있으면 좋다. 책을 냈다는 것은 청강생들에게 큰 신뢰감을 주는 것이 된다. 책을 냈다는 것은 전문성을 갖추었다는 것이 된다. 실제로 자신의 책을 써봐야 그 분야에 실질적인 전문가로 들어서게 된다. 충분히 연구하고 많은 자료를 검토하면서 자기 강의에 대한 교재를 만들어 강의 할 때 더 깊이 있고 정확히 가르칠 수 있다.

❻ 예화집과 사례집을 만들어라

강사의 강의가 돋보이게 하려면 그 분야에 많은 예화와 사례를 가지고 있어야 한다. 본론만 말하면 이해하기 어려운 내용이 많다. 그래서 본론에 접근시키는 적절한 예화나 사례가 첨가되었을 때 어려운 본론을 쉽게 이해할 수 있다. 그래서 강사는 메모지를 들고 다니면서 열심히 예화나 사례가 떠오를 때마다 기록하여 지기만의 예화집과 사례집을 만들어 놓고 필요할 때마다 끄집어내서 적절히 활용해야 한다.

❼ 강사 자신을 팔아라

강사는 자신의 이미지와 자신이 가지고 있는 지식과 능력을 보이는 사람이다. 그러면서 강사료를 받으니 사실은 강사 자신을 팔고 있는 것이다. 그래서 강사가 청중들 앞에서 실수를 하면 자신의 상품가치를 떨어뜨리는 것이 된다. 자신의 가치를 높이기 위하여 열심히 공부하고 연습하고 자료를 수집하여 자신을 계발해 가야 한다. 청중이 나의 가치를 높이 평가해 줄 수 있도록 잠재의식과 능력을 자극시키며 향상시켜 나가야 한다. 나의 가치가 높아갈수록 강사료가 올라간다. 청탁도 많아진다. 강사의 수명은 80~90이 되어도 오라는 곳이 있으면 항상 청춘이다. 갈고 닦고 노력하면 강사의 가치는 계속 높아질 뿐이다.

명강사는 칭찬을 잘 하는 사람이다

돈 안 들이고 나의 이미지를 좋게 만들고 나의 상품가치를 높이는 방법이 칭찬이다. 명강사가 되려면 칭찬을 습관화해라. 인간은 누구나 인정받고 싶은 마음이 있다. 그것이 칭찬이다. 칭찬을 들을 때 마음이 성장하고 인격이 바뀌고 실력이 쑥쑥 자라난다. 그래서 칭찬은 인생을 바꿔놓는 비타민이다. 사람에게 칭찬은 엄청난 영양소다. 강사는 사람들을 성장시키는 사람이기 때문에 칭찬을 아끼지 말아야 한다. 강의는 잘 해놓고 뒤에 가서 험담이나 하고 약점과 단점을 말하거나 퍼트리는 강사는 스스로 무덤을 파고 다니는 사람이다. 결코 명강사가 될 수 없는 사람이다. 다음의 사항들을 살펴보면서 칭찬을 잘하여 칭송받는 강사가 되고자 노력하자.

❶ 전체 보다는 어느 한 부분을 찾아서 확대하여 칭찬하라.

❷ 본인도 모르고 지나쳤던 부분을 찾아서 칭찬하라.

❸ 작은 것을 증폭시켜 칭찬하라.

❹ 그가 좋아하는 대상과 비교하여 칭찬하라.

❺ 상대의 가족과 고향과 출신학교를 칭찬해 주라.

❻ 배倍로 칭찬하라.(아드님이 훌륭한걸 보니 어머니를 닮았군요)

❼ 칭찬은 많은 사람 앞에서 하라.(인원에 비례하여 효과가 증폭된다)

❽ 상대의 소지품이나 옷을 칭찬하라.

❾ 약점을 뒤집어 칭찬하면 효과가 극대화 된다.(소심하다는 약점도 뒤집 어보면 꼼꼼한 것이 되고 급하다는 약점은 순발력이 있다가 된다. 게으르다는 '느긋하다', '여유가 있다' 로 바꿔서 칭찬하면 된다.)

❿ 제 3자에게 칭찬하라. (제 3자에게 칭찬하면 그 소문은 돌고 돌아 본인 귀 에 전달되게 된다. 그 때 그는 기쁨이 열배 백배로 커지고 칭찬해 준 사람에게 는 감사와 존경으로 이어진다.)

강사들 간에도 칭찬을 아끼지 말아야 한다. 라이벌 강사라 할지라도 칭찬 을 하고 다녀야 한다. 무속인들이나 철학인들 간에도 상대를 무시하거나 비 하하지 않는다고 한다. 실력차가 나고 잘 맞추지 못해도 서로 보호해 준다는 것이다. 하물며 강사들 간에 서로 비하하고 무시하며 강사의 이미지를 실추 시키면 참으로 의리없는 강사들이 될 것이다.

명강사의 강의 진행 방법

명강사는 강의 진행을 잘한다. 그래서 명강사다. 강의 내용이나 강의 시간 이 길 때는, 청중이 지루하게 느끼고 있다고 생각되면 즉각적으로 유머나 레 크리에이션이 나가야 한다. 자연스럽게 몸 풀기 운동이나 가볍게 안마나 마 사지도 좋다. 또 짧은 건전가요나 동요를 부르기도 한다.

❶ 흥미유도

- 청중의 흥미를 끄는 내용을 이야기한다.
- 질문형 문장으로 이야기한다.
- 긴장감이 도는 문장으로 이야기한다.
- 청중에게 뭔가 약속하는 이야기를 한다.

❷ 주제

- 한 문장으로 만드는 것이 좋다.

- 쉽게 알 수 있도록 만든다.

- 긍정적이고 짧게 만드는 것이 좋다.

❸ 내용

- 특별하고, 구체적이며, 생동감 있게 이야기한다.

- 누구나 다 아는 유명한 사람의 이야기를 인용한다.

- 다양한 시각자료를 이용해 설명한다.

- 짧은 문장들을 연결해 가면서 이야기한다.

- 어렵고 딱딱한 내용이나 지루하게 느낄 수 있는 부분에서는 유머를 사용한다.

❹ 마무리

- 핵심내용을 요약해 준다.

- 핵심내용을 정리하여 행동할 수 있도록 유도한다.

- 핵심내용을 상기하며 질문을 하거나 결단을 촉구한다.

- 주제와 핵심내용을 연결시켜 요약정리해 준다.

▶ 이야기를 준비하는 요령

❶ 이야기의 중심이 주제를 확연하게 드러내는 것으로 정한다.

❷ 주제를 실체화하도록 실제 경험사례들을 이용하여 구성한다.

❸ 주의를 집중시킬 수 있는 개성 있는 이야기를 구상한다.

❹ 이야기가 재미있고 놀랍고 현실적이고 역사적이며 객관적이어야 하고 주제와 연관되어야 하고 주제를 드러나게 하는 이야기라야 한다.

강의평가기준(연설평가기준)

❶ 내용 (40점)

- 핵심이나 주제를 말로 표현했나?

- 충분하고 다양한 그리고 신뢰성있는 자료로 내용을 잘 뒷받침 했나?

- 서두 부분이 적절한가?
- 결론 부분이 적절한가?

❷ 음성(30점)

- 강·약·속도 (말)
- 발음의 정확성
- 변화
- 신뢰, 자신감

❸ 태도 (20점)

- 시선처리
- 제스처
- 자세
- 얼굴표정

❹ 반응 (10점) : 청중의 반응

- 총점을 100점 만점으로 잡아 각 파트를 나누고 파트마다 세부사항을 적어 중요성을 고려하여 점수를 할당한다.
다음 페이지에 강의평가표 예시를 참고로 수록하였다.

▶ 참고_강의평가 표 1, 2

▶ 강의평가 표 1

구분	세부사항	점수
내용 50점	서론, 도입, 결론	/10
	핵심 키워드 '전반부'	/10
	핵심 키워드 '후반부'	/10
	내용 이해력 및 전개력	/10
	PPT구성 및 효과	/10
음성 20점	장단, 고저, 속도	/10
	확신, 열정	/5
	발음	/5
태도 15점	열굴표정	/5
	시선처리	/5
	몸동작	/5
반응 10점	청중과 소통	/5
	은혜와 감동	/5
시간 5점	9분30초~10분30초 '+, -'30초당 (1점)	/5
	총 점	/100점

▶ 강의평가 표 2

항목	체크사항	채점
강의 내용 (40점)	서두가 적절했는가!	/5
	호기심을 유도했는가!	/5
	내용을 이해하고 있는가!	/5
	핵심이 잘 전달되었는가!	/5
	내용전개가 정확했는가!	/5
	클라이막스가 있었는가!	/5
	마무리가 적절했는가!	/5
	PPT구성과 효과가 적절했는가!	/5
음성 (25점)	강약 조화가 잘 되었는가!	/5
	속도의 조화가 잘 되었는가!	/5
	확신과 열정이 있었는가!	/5
	목소리에 카리스마가 있었는가!	/5
	발음이 정확했는가!	/5
태도 (20점)	인사는 적절했는가!(처음과 마무리)	/5
	시선처리는 좋았는가!	/5
	제스처가 적절했는가!	/5
	얼굴표정은 적절했는가!	/5
청중 반응 (10점)	청중과 소통이 이루어졌는가!	/5
	청중에게 감동이 있었는가!	/5
시간 (5점)	9분30초~10분30초 '+' '-' 30초 마다 -1점	/5
	총 점	/100점

강의에 대한 전반적 평가(채점자 의견 기록)

당대의 명 웅변가들이 말하는 연설 스피치 비결

▶ 휠러의 비결

청중의 구미에 맞는 스테이크를 제공하라.

사람에 따라 잘 구운 것을 좋아하는 사람과 덜 구운 것을 좋아하는 사람이 있다.

또한 일부는 까다로운 구미도 있다. 그런 사람들까지 다 맞춰 제공함으로써 정신적 소화불량에 걸리지 않도록 해야 한다.

▶ 글레스톤의 비결

❶ 용어는 쉽고 간편한 것을 선택하라

대부분 경험이 부족한 연사는 권위의식에 사로잡혀 한자나 외래어, 전문용어를 사용하는데 이것은 잘못이다. 청중 가운데는 지식이 많은 사람도 있고 그렇지 못한 사람도 있다. 연사는 지식이 많은 사람이나 적은 사람이나 동일한 청중이라는 사실을 잊어서는 안 된다. 따라서 누구나 알기 쉬운 말을 선택하는 것이 이상적이다.

❷ 청중을 파악하라

연설의 목적은 연사가 생각하는 방향으로 청중을 유도하는 것이다. 따라서 청중의 심리와 욕구가 무엇인가를 파악하여 연사 중심이 아닌 청중 중심의 연설을 해야 한다. 그러려면 청중들이 어떤 부류의 사람들인가를 미리 파악하고 그에 맞는 강의 준비를 해야 한다.

▶ 카네기의 비결

❶ 자아의식 과잉의 적을 극복하라

자아의식에 얽매여 구속되고 딱딱하게 긴장하는 것에서 해방되어야 한다. 여러 사람 앞에서 일단 자기의 껍질을 벗어 버리는 것만 터득하면 그 후부터는 대중 앞에서 자기의 견해를 표현하는데 망설이거나 멈칫거리지 않고 자연스럽게 이야기할 수 있을 것이다.

❷ 흉내 내지 말고 자기 자신의 개성을 살려라

　　인간은 누구나 한 개의 코와 입, 두 눈을 가지고 있지만 누구 한 사람도 똑같은 용모를 가진 이가 없듯이 개개인은 다 각기 개성을 가지고 있다. 자신의 개성을 살려 나갈 때 연설의 힘과 진취성을 당겨 주는 불꽃이 될 것이니 자신의 독자성을 잃지 말고 개성을 살려야 한다.

❸ 청중과 이야기하듯 하라

　　지시나 명령조와 연설은 청중들로부터 반발을 불러일으키기 쉽다. 같은 동료의 입장에서 친절하고 명랑하게 사실을 솔직하게 이야기하는 것이 효과적이다.

❹ 이야기에 자신을 투입하라

　　말할 때는 그 내용에 자신의 전부를 투입해야 한다. 이 때 주의해야 할 점은 감정을 어떻게 조절하느냐인데 성실과 노력이 겸손하게 겉으로 나타날 때 청중의 많은 호응을 얻을 수 있다.

❺ 목소리를 힘있고 부드럽게 하는 훈련을 쌓아라

　　자연스럽게 행동하고 꾸밈없이 이야기해야 하는데 특히 주의해야 할 점은 조잡한 비유나 자기자랑, 단조로운 말로 청중의 기분을 상하게 해서는 안 된다. 목소리는 항상 맑고 깨끗하면서도 힘이 있고 진실성이 보여야 한다. 어두운 음성 탁한 음성은 상대에게 부담을 주기 때문에 맑은 음성으로 부드럽게 말하는 훈련을 해야 한다.

▶ 올리버의 비결

❶ 상대를 명확히 알아두라

　　설득력 있는 훌륭한 연사가 되려면 청중 분석에 많은 관심을 기울여야 한다. 어떤 제안이 어떻게 청중에게 결정적인 영향을 미칠 수 있는가를 항상 숙고해야 한다. 또한 상대의 지역, 성분 등을 잘 고려해서 말해야 한다.

❷ 논평보다 화해를 하라

연사가 연설을 할 때 청중과 싸우는 것처럼 보이면 안 된다. 다시 말해 연사는 논쟁으로 청중을 굴복시키려 하지 말라는 것이다. 화해를 하지 않고 굴복시키려고 할 때 청중은 반항의 장벽을 구축하여 반격을 가해온다.

❸ 과장하지 말고 여유를 두고 말하라

경험 없는 연사는 자기 생각을 과장하여 즉각 표현하려는 경향이 있다. 그러나 세련된 연사는 당면 과제를 최소한 축소시키며 먼저 비판 대상에 대하여 호감과 존경심을 갖고 있다고 말하면 상대는 더욱 미안하게 생각한다. 이렇게 논쟁과 시비 거리를 회피하여 화해적 태도를 보일 때 청중들은 그 연사를 높이 평가 할 것이다.

▶ 브로드의 비결

❶ 철저하게 준비하라

연사가 연설에 대한 참된 사상을 갖지 않고서는 효과적인 연설을 기대하기 어렵다. 연사가 미리 철저하게 준비하지 않고 무엇을 말해야 좋을지 몰라 걱정스러운 나머지 지나치게 긴장하면 그 결과는 거의 실망적으로 끝나 버릴 것이다. 준비는 바로 자신감이라는 사실을 명심하자.

❷ 성실성을 강조하라

청중은 연사가 말하고 있는 그 자체에 대해 의심하는 경우가 많이 있다. 그렇기 때문에 실례實例를 통해 성실성을 보이며 확실하게 이야기해야 한다. Yes, No 문제에 대해서 너무 깊이 들어가지 말고 빨리 넘어가면서 잘못이 있을 때는 솔직히 시인하고 변명해서는 안 된다.

❸ 상냥하고 정중하라

연사는 청중에게 기쁜 마음으로 확신에 넘쳐 말하고 있다는 것을 보여 주어야 하며, 친절하면서도 무게있는 연사의 모습에서는 믿어도 좋다고 하는 지도력과 인간미가 생겨나게 되는 것이다.

❹ 복잡한 것을 피하라

복잡한 내용, 과장된 언어 사용은 금하는 것이 좋다. 청중이 이해하지도 못하는 말을 해서 자기를 과시하려고 하는 것은 정말 어리석은 짓이다. 연설 소재를 먼 곳에서 찾지 않고 우리의 일상생활에서 흔히 볼 수 있는 것을 택할 때 청중과의 거리를 좁힐 수 있고 공감대 형성에 유리하다.

❺ 명확해야 한다

우리가 연설할 때 무엇보다 중요한 것은 자신의 입장을 명확히 밝혀야 한다는 것이다. 이것도 아니고 저것도 아닌 언행을 할 때 그 연사가 무어라 변명해도 청중을 감동시키거나 설득시킬 수 없다. 자신의 감정을 억제하고 정신을 집중해 요점을 명확하게 말해야 한다. 청중이 자리를 뜨면서 "방금 저 사람 무슨 소리를 했지?"하고 묻는다면 그 연사는 실패한 것이다.

❻ 주저하지 말라

청중은 연사에게 최고의 지성을 요구한다. 그래서 청중에게 모든 것을 알려 주되 비굴하지 않게 괴로운 마음, 슬픈 표정은 보이지 않아야 한다. 기백과 용기, 열성을 보이며 동참하고 싶다는 쪽으로 유도하면서 영광을 청중에게 돌릴 줄 알아야 한다.

❼ 끝마무리 할 곳을 알게 하라

물줄기를 찾지 못하면 샘 파는 것을 중지하듯이 청중들의 반응에서 언제 끝내야 할 때를 모른다면 처음부터 시작하지 않는 게 좋다. 청중이 무엇을 바라고 원하는가를 미리 파악하여 그 쪽으로 연설 방향을 잡아가면 청중의 가려운 곳을 긁어 주기 때문에 빙그레 웃으며 좋아할 것이다.

제 10강
" 돌발 상황 대처법 "

　강의를 하다보면 돌발적 상황을 맞이하게 된다. 특별한 경우를 제외하고는 돌발적 상황이 언제나 따라다닌다. 그럴 때 강사가 당황하거나 허둥대면 청강생들은 더더욱 당황하고 혼란스러워한다. 그래서 강사는 강의 중에 어떤 상황이 벌어져도 침착히 대처할 수 있는 방법을 미리 알고 있어야 한다.

강의 중 갑자기 비상벨이 울릴 때

　5층 대강당에서 강의를 하고 있는데 화재경보가 울렸던 경험이 있다. 청강생들은 엄청나게 놀랐고 일어서서 소리를 지르는 사람도 있었으며 벌써 뛰쳐나가는 사람도 있었다. 이 때 강사도 살고 보겠다고 강의를 멈추고 밖으로 나가게 되면 큰 사고가 벌어질 수도 있다. 엘리베이터는 10명정도 탈 수 있고 비상계단으로 서로 먼저 내려가겠다고 밀치다가는 많은 사람이 다칠 수 있는 상황이었다.

　우선 강의를 멈추고 큰 소리로 진정시켰다. 뒤에 있는 사람이 밖으로 나가서 상황을 살펴보라고 지시하고 조용히 있자고 안정을 시켰다. 그런데 다행스럽게 불이 난 것이 아니고 누군가 화재탐지기 밑에서 장난을 쳐 경보기가 울렸던 것이었다.

　혹시 불이 났어도 강사가 절대로 먼저 내려가선 안 된다. 강사는 차분히 장내를 안정시키면서 안내자를 세워서 질서정연하게 움직일 수 있도록 정렬시켜야 한다.

강의 중에 전화벨이 울릴 때

강의 시작하면서 전화를 진동이나 꺼달라고 멘트를 했어도 강의를 하다보면 거의 대부분 벨이 울린다. 그러면 대부분 전화를 황급히 끄지만, 받는 경우도 많다. 어떤 사람은 작은 목소리로 받는다고 허리를 굽히고 받지만 훤히 들린다. 그러면 청강생들의 시선이 그 쪽으로 돌아가 강의 분위기가 흐려진다. 그럴 때면 강사도 강의를 잠시 멈추고 그 쪽을 바라본다. 그리고 전화를 다 마치고 나면, "급한 전화가 왔었나 보죠?" 그러면 그 때 모든 청강생들이 전화기를 진동모드로 바꾸던지 끄게 된다.

강의시간 중간에 청강생이 들어올 때

한참 열강하는데 청강생이 늦게 들어오면 강사는 매우 신경 쓰인다. 그 사람을 쳐다보게 되고 다른 청강생들에게 방해 될까 봐 걱정 하게 된다. 이 때 강사는 늦게 들어오는 사람에게 관심 줄 필요가 없다. 바라볼 필요도 없다. 늦게 들어오는 사람에게 대부분의 청강생들도 관심이 없다. 혹시 그 청강생이 뒷문을 열고 들어왔으면 다른 청강생들은 들어왔는지도 모른다. 그러므로 강사는 아무렇지도 않게 하던 강의를 계속 진행하면 된다.

졸고 있는 사람이 많을 때

강사가 가장 당황스런 상황이 청강생들이 졸고 있을 때이다. 그러면 조는 사람을 깨우겠다고 큰소리를 치기도 하고 크게 움직이기도 하지만 별 소용이 없는 경우가 많다. 한여름 점심식사 후에 쳐들어오는 졸음은 천하장사도 어찌할 수 없다. 그래서 강사는 새벽과 점심식사 후, 그리고 오후 9시 이후에는 되도록이면 강의를 맡지 말아야 한다.

점심식사 후에 고등학교 전교생을 상대로 특강을 할 때였다. 아나나 다를까 인사를 하고나서는 학생들이 졸기 시작했다. 강사는 특히 대중 강사는 청중이 졸면 당황하게 된다. 그때 얼른 마음을 바꾸어 먹었다. 지금 학생들이 조는 것이 아니고 조는 척하면서 내 강의를 잘 듣고 있다고 생각하면서 강의를 무사히 마친 적이 있다. 내가 강의를 못하고 강의 내용이 잘못되어서 졸고 있다고 생각하면 강사는 마음에 상처로 남는다. 그래서 강사는 마음을 잘 먹어야 한다. 조는 것이 아니고 조는 척하면서 강의를 듣고 있다고 생각하는 것이다.

조는 사람이 2~3명 까지는 그냥 강의를 진행하면 된다. 5명이 넘어가면 간단히 손뼉치기를 하고 7명이상이 넘어가면 짧은 노래 부르기를 하면서 분위기를 바꿔가야 한다.

잡담하는 사람이 있을 때

강의를 열심히 하고 있는데 잡담하는 청강생이 있으면 강사는 신경 쓰이고 주변 청강생들도 얼굴을 찌푸리게 된다. 그 때 강사는 그 청강생을 지적하고 꾸중해서는 절대로 안 된다. 그렇다고 잡담하는 사람의 잡담이 안 들리게 해야겠다고 목소리를 크게 내면 다른 청강생들에게 혼란을 줄 수 있다. 그런 경우에는 잡담하는 사람보다 더 작은 소리로 강의하는 것이다. 강사의 목소리보다 잡담하는 목소리가 크게 들리면 청강생들이 그들을 쳐다보게 될 것이고 그러면 잡담하던 사람들은 창피하여 조용해 질 것이다.

커플이 스킨십을 할 때

요즘 젊은이들은 어디서나 스스럼없이 스킨십을 한다. 얼굴이 두꺼운 사람일수록 주변사람들을 의식하거나 배려하는 마음이 없다. 강의를 들으면서도 스킨십을 하고 그 정도가 지나쳐서 주변 청강생들에게 방해가 되는 경우가 허다하다. 그렇다고 강사가 그들을 나무라거나 꾸중을 해서는 안 된다. 도리어 칭찬해 주는 것이다. 공개적으로 지적하며 "두 사람은 참 잘 어울리는 사람입니다. 얼마나 좋으면 공개적인 장소에서까지 스킨십을 하겠습니까! 영원히 행복한 커플이 되라고 박수를 보내주세요." 하면 다시는 스킨십을 하지 않는다. 그래도 느끼지 못하는 사람은 쉬는 시간에 조용히 불러서 타일러 주어야 한다.

강사는 어떤 상황에서도 화를 내서는 안 된다

유럽 대학생들에게 강의하던 중에 "자녀가 비뚤어져 나갈 때는 타이르고 그래도 안 되면 여행을 보내주고 그래도 안 되면 붙들고 울어주고 그래도 안 되면 때려주어서라도 바른 길을 가도록 만들어야 한다." 는 말을 했더니 청강생 한명이 벌떡 일어나서 손가락질을 하며 큰소리로 화까지 내면서 강의 내용이 틀렸다고 지적하였다. 그 학생은 무서울 정도로 열을 내고 있었다. 그 순간 본인은 매우 당황스럽지 않을 수 없었다. 나중에 알고 보니 그 학생의 처한 상황이 강의 내용과 비슷하여 반항하고 화를 내며 흥분했던 것이다.

그 때 같이 화를 냈다면 강의 분위기는 끝장났을 것이다. 강사는 부모의 심정을 가지고 있어야 한다. 옛 어른들이 군사부일체라 하였다. 그러니 강단에서 가르치는 강사는 부모와 같은 심정을 가지고 있어야 하는 것이다. 자식을 이기는 부모는 없다고 한다. 강사는 강의분위기를 잘 이끌고 가야 한다. 어떤 상황에서도 강사가 책임지고 분위기를 살려야 한다. 청강생들이 지적하면 무조건 잘못했다고 얼른 사과해야 한다. 당당하고 떳떳해도 고개를 숙여주어야 한다. 그래야 상대가 누그러진다. 부모는 자녀를 위하여 희생하고 봉사하는 것처럼 강사도 청강생들을 위하여 항상 순종하고 희생하는 자세로 겸손히 대처해야 한다.

강사가 가져야 할 프로정신

　말 잘하는 사람은 본래부터 타고나거나 소질이 있었던 사람도 있다. 그리고 어릴 적부터 부모가 말 잘하는 것을 보고 자라서 그 영향을 받는 경우도 있다. 그러나 대부분 말 잘하는 사람은 스스로 많은 연습을 했기 때문이다. 어릴 적에는 대부분 부모의 영향을 받는다. 부모가 말을 잘 못하면 자녀들도 말주변이 없어진다. 부모가 말을 교양있게 잘하면 자녀들도 부모를 따라서 말이 공손하다. 그러다가 학교에서 친구들을 사귀며 말이 달라지기 시작한다. 어릴 적에 누구와 말을 많이 나누었는가? 누구 말을 많이 들었는가에 따라 말의 버릇이 달라진다. 사춘기에 접어들고 변성기를 지나 꿈과 비전이 생기면서 서서히 개성있는 자신의 말을 하기 시작한다. 말은 버릇을 잘 들여야 한다. 말을 잘못하면 말버릇 없다는 소리 듣는다. 말은 나무가 자라는 것과 같다. 처음 땅에서 싹이 나올 때는 똑같다. 그러나 상황에 따라 성장하며 나무는 여러 모양으로 달라진다. 사람들의 말도 그렇다. 어머니 모태에서 나올 때 울음소리는 비슷하다. 그러나 어머니와 가족에 따라 말버릇이 달라지고 점점 사람들을 만나 말을 섞으며 말버릇이 생기게 된다. 말버릇은 반듯하게 잡아가야 한다.

　말버릇이 잘못되었다면 교정해야 한다. 치아가 엉성하고 바르지 못하면 교정을 한다. 상태에 따라 2년 3년 5년 동안까지 교정하는 사람이 있다. 말버릇도 잘못되었으면 교정해야 한다. 스스로 진단하기는 쉽지 않다. 가족에게 물어보고 친구들에게 물어보고 아니면 스스로 녹음, 녹화해서라도 잘못된 말버릇은 교정해야 한다. 말버릇도 몇년을 걸려서라도 교정하고 고쳐야 한다. 말버릇이 달라지면 인생이 달라지기 때문이다.

역사에 위대한 지도자는 대부분 말을 잘했다. 미국의 대통령후보는 아무리 실력있고 정치를 잘해도 연설을 못하면 당선되기 어렵다. 우리나라에서도 마찬가지다. 큰 차이가 나지 않는다면 당연히 말 잘하는 사람이 대통령으로 당선되고 국회의원에 당선된다. 말 잘하는 연설가들이 처음부터 말을 잘한 것은 아니다. 성장하며 말을 배우고 분명한 비전과 꿈을 가지고 노력하고 연습하니 말을 잘하게 된 것이다. 많이 배우고 많이 안다고 다 성공하는 것은 아니다. 사람은 눈빛을 보고 목소리를 들어보면 그 사람의 인품과 능력을 측정할 수 있다. 그래서 요즘에 대기업 사원을 뽑을 때 면접을 중요시한다.

성공으로 달려가는 사람은 뭔가 다르다. 다른 것 중에 말버릇이 가장 두드러질 것이다. 말을 잘 한다고 하여 아무 말이나 잘하는 것이 아니라는 것을 이미 밝혔다. 달변가의 말이 잘하는 말이 아니라는 것이다. 말 속에 무엇이 담겨있느냐에 따라 말을 잘한다, 못한다, 판단하는 것이다. 말은 번드레하게 잘하는데 말 속에 내용이 없으면 소리만 낸 것이다. 이미 화법에서 밝힌 바를 기억하면서 사랑과 진리가 담긴 말을 해야 말을 진정으로 잘하는 것이다.

말로 먹고사는 사람이 강사다. 강사의 승패는 노력 여하에 달렸다고 누차 강조했다. 강사는 말을 잘하려고 노력한 만큼 성공하고 명강사로 변해 간다고 했다. 가수는 타고나는 경우도 있지만 말만 할 수 있으면 노력여하에 따라 유명한 가수가 될 수 있다고 한다. 강사 역시 말만 할 수 있다면 누구나 강사에 대한 꿈과 비전을 가지고 열정적으로 노력하면 명강사가 될 수 있다. 문제는 얼마나 노력했는가에 달려있다.

초등학교 2학년을 중퇴한 사람이 명강사의 강의테이프를 수십, 수백 번을 듣고 또 듣더니 내용을 완전히 암기하여 예비군 훈련 중에 즉석 강사가 되어 큰 인기를 얻어 예비군 훈련소 강사가 된 것을 보았다. 사업이 부도가 나고 비참한 지경에 빠졌던 사람이 명강사 강의를 듣고 감명을 받더니 그 강사의 녹음테이프를 구입하여 모든 강의를 달달달 암기하여 흉내내고 다니다가 명강사가 되었고, 전국 방방곡곡에 초청강사로 활약하더니 빚을 다 갚고 재기에 성공한 사람도 있었다. 명강사의 강의 테이프를 가지고 수개월 동안 강의 연습 하여 명연설을 하고 유세를 하여 국회의원에 당선된 사람도 있다. 명강사는 누구나 노력하면 될 수 있다.

심리학에서 피그말리온 효과Pygmalion Effect라는 것이 있다. 옛날 키프로스에 조각가가 살고 있었다. 그의 이름이 피그말리온이다. 그는 어떤 여자에게서도 사랑을 느끼지 못했다. 그래서 그는 자신이 사랑하고픈 여자를 아름답게 조각하기 시작했다. 조각품이 완성되었는데 그는 그 차가운 조각을 사랑하기 시작했다. 이루어질 수 없는 사랑이기에 너무나 괴로워하던 피그말리온은 아프로디테 여신의 신전에 찾아가 그 조각과 사랑을 이룰 수 있게 해달라고 간절히 소원을 빌었다. 그는 집으로 돌아와 날마다 그 조각을 붙들고 이루어질 수 없는 사랑에 괴로워하며 한없이 울고 울었다. 그러던 어느 날 차갑기만 하던 조각품이 따뜻하게 느껴졌다. 그는 놀라서 어쩔 줄 모르다가 그 조각을 붙들고 키스를 했다. 그러자 그의 따뜻한 기운이 조각의 입술을 통하여 온 몸에 스며들더니 그 조각품이 실제로 아름다운 여인으로 변하였다. 피그말리온은 그 여인과 결혼을 하여 행복하게 살았다는 이야기이다. 이것은 무언가 간절히 바라고 소원하면 결국에는 이루어진다는 뜻이다. 롤 모델roll model을 만들어 놓고 간절히 바라고 소망하면서 노력하면 그 꿈은 현실로 다가오게 된다는 것이다.

우리 사회는 명강사를 절실히 요청하고 있으며, 명강사가 매우 부족한 상황이다. 대기업체일수록 교육을 많이 시킨다. 알아야 변하고 변해야 새롭게 된다. 변하게 하고 새롭게 할 강사가 절실한 것이다. 명강사, 롤 모델을 세워놓고 연습하고 노력하여 명강사가 되면 세상에 아름다운 영향을 미치는 보람찬 인생을 살게 될것이다.

사람은 존경받을 때 가장 큰 기쁨과 행복을 느낀다. 사람이 살아가려면 적당한 경제력도 갖추어야 한다. 명강사가 되면 이러한 부분들이 다 해결 된다. 명강사가 되면 존경받는 인사가 되고 강의 청탁이 많아지면서 인기가 높아질수록 강사료도 자동적으로 올라간다. 명강사가 되면 수입도 그 어떤 직업보다 높아진다.

문제는 명강사가 되기까지 노력이 있어야 하고 명강사가 되고나서도 꾸준히 노력해야 명강사 자리를 유지할 수 있다. 완벽하게 준비해야 하고, 단상에 설 기회가 주어졌을 때 완벽히 강의해야 앵콜이 들어온다. 강사는 앵콜강의가 많아지면서 명강사가 된다. 그러려면 붓글씨를 쓸 때 다섯손가락의 힘을 전부 발휘하여 글씨를 쓰는 것을 오지제력五指齊力이라 하는 것처럼 혼신의 힘을 다해 준비하고 강의해야 한다. 단 한 번의 강의에 소문이 나서 여기저기서 강사 초빙 전화가 쇄도해야 명강사 반열에 서서히 올라갈 수 있다. 심정필정心正筆正이라는 말은 마음이 발라야 글씨도 바르다는 말인데 정도를 걷는 강사를 말한다. 그런 명강사의 위치까지 올라가기 위해서는 다른 사람들보다 더 노력하고 연습해야 하는 것은 절대적이다.

강의 청탁이 오면 그 때부터 준비하겠다는 사람은 항상 한 박자가 늦고 2%가 부족한 사람이다. 먼저 철저히 준비해 놓고 대기하는 마음으로 기다려야 한다. 그렇다고 마냥 기다려서도 안 된다. 어느 정도 준비가 되었으면 강사로 초청해 달라고 여러 방법과 창구와 채널을 통하여 강단에 설 기회를 만들어야 한다. 그리고 강의할 때 녹음이나 녹화를 하여 CD로 구워서 자기의 약력과 소개서와 함께 교육원이나 관공서의 교육담당자에게 보내는 것이다. 대부분 교육담당자들은 그런 CD가 오면 검토하도록 되어 있다. 모든 교육장소에서 강사 기근현상을 겪고 있기 때문이다.

우선 작은 교육원이나 연수원에서 강의경험을 쌓아가야 한다. 단계별로 올라가야 한다. 명강사는 하루아침에 만들어지지 않음을 명심해야 한다. 서예가가 부드러운 붓털 전체를 완전히 제압하는 것을 만호제력萬毫齊力이라고 하는데 온 정신을 한 곳으로 모아 붓글씨를 쓰는 것처럼 도전해야 한다. 그러나 처음부터 수백, 수천 명이 모인 곳에서 강의하려고 욕심내지 말아야 한다. 경험이 부족한데 전문적인 강의를 욕심내서는 안 된다. 한강좌 한강좌 쌓아 올라가다 보면 경험이 축적되고 노하우가 쌓이고 스킬이 강해지고 커리어career가 축적되면서 능수능란한 강사가 되어 자동적으로 유명강사 자리에 초청받게 된다.

60분 강의를 하려면 그에 관련된 서적들을 수십 권은 읽어야 하고 관련 자료들을 모으고 모아서 완벽한 원고를 작성해야 한다. 적어도 한 달, 혹은 일년을 준비할 강의도 있다. 원고가 준비되었으면 강의기법에 따라 완벽하게 강의를 해야 하니 그 연습이 적어도 50번~100번이상이 되어야 할 것이다. 가수가 4~5분 정도의 시간이 걸리는 노래를 취입하기 위하여 수백 수천 번의 연습을 한다. 강사는 강사의 말로 사람을 살려내고 변화시켜 내기에 그보다 더 준비하고 연습해야 할 것이다. 그래야 진정한 프로 강사, 베스트 강사, 명강사로 나갈 수 있다.

장문연습 예제 (발성연습)

강의문 (필자가 모 단체에서 청탁 받아 1995년 강연한 내용이다)

제목: 청소년들이여 결단하라!

넌센스 퀴즈를 하나 내겠습니다. 길을 가던 개가 전봇대 옆에서 한쪽 다리를 들고 오줌을 싸고 있었습니다. 그 때 마침 짧은 미니스커트를 입은 아가씨가 다가오는 겁니다. 그러니 개가 힐끔 쳐다보더니 냅다 도망갔습니다. 왜 도망갔을까요?

어떤 동물에게도 부끄럼은 없습니다. 부끄럼은 인간에게만 있습니다. 부끄럼 창피 수줍음 미안함 이런 것들은 인간에게만 있는 고유한 성품인 것입니다. 인간은 어느 때 부끄럼을 느낄까요? 실수하고 잘못했을 때입니다. 바로 양심의 가책을 느낄 때 부끄럼을 느끼게 됩니다. 인간에게만 양심이 있습니다.

동물에게도 마음이 있습니다. 동물의 마음을 마음이라고 하지 않고 본능성이라고 합니다. 식물도 마음이 있습니다. 식물의 뿌리는 물을 지향하고 줄기는 해를 지향하는 성질을 가지고 있습니다. 그것을 식물의 마음, 지향성이라고 합니다. 그러니까 동물은 식물보다 차원이 높은 본능성을 가지고 있고 인간은 동물보다 차원이 높은 양심과 본심을 가지고 있습니다. 그래서 식물 동물 인간이 분명한 차등이 있습니다. 그러므로 인간이 양심을 저버리고 살면 동물이나 다름이 없습니다. 혹시 양심이 없는 사람 있습니까? 없는 사람

있으면 손들어 보십시오. 그런데 가끔 우리 주변에는 양심을 팔아먹고 사는 사람이 종종 있습니다. 인간은 양심대로 살아야 사람다운 사람인 것입니다.

다시 넌센스 퀴즈 내겠습니다. 양심의 주인이 누구일까요?

양심은 내 맘대로 할 수 없습니다. 양심은 선하고 착하게 살아가라고 꿈틀대고 있습니다. 혹시 나쁜 일을 하거나 거짓을 행하려고 하면 양심은 여지없이 꾸짖습니다. 가슴을 떨리게 하고 얼굴이 붉어지게 만듭니다. 당장 하지 말라고 경고하는 것입니다. 그 때 양심이 내 것이면 내 맘대로 주관할 수 있어야 합니다. 그런데 내 맘대로 양심은 억제가 되지 않습니다. 그러므로 양심은 내 것이 아닌 것입니다. 누군가가 내 속에서 양심을 컨트롤하고 있습니다. 우리 양심을 컨트롤하고 있는 주인이 누구일까요? 바로 조물주입니다. 선하게 살아가라고 컨트롤을 하고 있으니 선하신 하나님. 부처님. 인간을 창조하신 조물주이십니다.

조물주께서는 식물은 지향성을 가지고 살아가고, 동물은 지향성과 본능성을 가지고 살아가고, 인간은 지향성과 본능성과 함께 양심을 가지고 살아가라고 인간에게는 양심을 넣어 주신 것입니다. 그러므로 인간이 양심을 버리고 사는 사람은 인간이기를 포기하고 동물처럼 살겠다는 사람인 것입니다.

인간에게는 맘과 몸이 있습니다. 인간의 몸뚱이는 동물과 똑같습니다. 동물도 자신의 몸뚱이는 끔찍이 위합니다. 본능성으로 볼 때는 인간이나 동물이나 똑같습니다. 본능성은 몸뚱이의 마음입니다. 자신만 위하려는 이기적인 맘입니다.

'자신만 잘 먹고 잘 살자.'라는 이기주의자, 이런 사람을 좋아하는 사람 있습니까? 여러분 이기적인 사람하고 친구하고 싶습니까? 동물들은 철저히 이기적이고 약육강식의 논리로 살아갑니다. 인간이 동물처럼 이기적이고 약육강식의 논리를 가지고 살아간다면 악한 사람이고 동물만도 못한 사람이라고 손가락질을 당합니다. 그런데 우리 주변에는 가끔 양심을 팔아먹고 짐승처럼 사는 사람이 있습니다. 양심을 속이는 사람들 때문에 세상이 힘들고 험악한 것입니다.

탈무드에서 사람의 판단은 관이 닫힌 후에야 할 수 있다고 했습니다. 아직 살아있는데 좋다 나쁘다 할 수 없다는 것입니다. 죽은 후에 판단을 한다는 것입니다.

우리 한국말은 계시적인 말이 많습니다. 사람이 죽게 되면 죽은 사람을 놓고 '죽음'의 상황을 여러 가지로 표현합니다. 이기적으로 살던 사람이 죽으면 그냥 "아무개 죽었대." 그렇게 표현합니다. 못되게 살다가 죽으면 "그 사람 잘 죽었다"라고 표현합니다. 동네 사람 다 괴롭히며 살다가 죽으면 "그 사람 잘 뒈졌다." 그럽니다. 동네를 넘어 국가적으로 망신적인 생활을 하다가 죽으면 "그 사람 잘 뻗었다." 라고 표현합니다. 개구리의 죽은 모습을 보고 "뻗었다."라고 하는 것처럼 동물보다 못한 인생을 살다 죽었다라는 뜻일 것입니다. 나쁜 짓을 하면서 사는 사람을 나쁜 놈이라고 합니다. 나쁜 놈이라는 말을 가만히 생각해 보십시오. 나뿐이다. 너는 없고 오로지 나뿐이다. 이기주의자다. 라는 뜻이 됩니다. 상대는 생각하지 않고 자기 욕심만 챙기며 사는 사람이 나쁜 사람입니다. 나쁜 사람으로 살다가 죽으면 울어주는 사람이 없습니다. 인간이 만물의 영장인데 짐승처럼, 동물처럼 살다가 죽으면 되겠습니까!

그런데 가정을 위하여 효성을 다하고 가정을 위하여 희생봉사하다가 죽으면 온 가족이 울어줍니다. 일가친지들도 아까운 사람이 가셨다고 하면서 울어줍니다. 그런 사람이 죽으면 죽었다고도 말하지 않습니다. 돌아가셨다. 라고 말합니다. 돌아가셨다는 말은 갈 곳이 있어서 그 곳으로 가셨다는 뜻입니다. 좋은 곳으로 가셨다는 것이고 바로 천국으로 가셨다는 뜻입니다. 그리고 이웃과 국가를 위하여 희생봉사하다가 돌아가시면 '서거하셨다' 라고 하면서 수많은 사람이 애도해 줍니다. 나아가 세계인류를 위하여 희생봉사하다가 죽으면 죽은 게 아닙니다. 예수님 부처님 공자님은 지금도 살아계십니다. 그 분들을 사모하고 앙모하는 사람들의 가슴속에 살아계시면서 깨우침을 주시고 계십니다.

여러분! 어떻게 살아야 하겠습니까? 적어도 인간이라면, 양심을 가진 인간이라면 자기 가정만이라도 위하여 살아야 하고, 자기 마을이라도 위하여 희생봉사하며 살아야 인간답게 사는 것입니다. 짐승들도 자신의 몸뚱이는 악착같이 위합니다. 자신의 욕심과 이기심만 가지고 사는 사람은 짐승처럼 사는 사람이 될 것입니다. 그런데 짐승들을 가만히 보면 자기 새끼들은 끔찍이 사랑하고 보살핍니다. 그러니까 자기 가족도 제대로 돌보지 못하는 사람은 짐승보다 못한 사람이 된다고 보아야 하는 것입니다.

인생은 결코 길지 않습니다. 지나온 세월을 생각해 보십시오. 오년 전, 십년 전이 엊그제 같지 않습니까! 후회를 남기며 함부로 허송세월할 시간이 없습니다.

그래서 유대인들은 아주 어릴 때 시체를 보여준다고 합니다. 멀지 않은 날에 너도 이처럼 죽을 것이니 함부로 살지 말고, 네가 죽거든 사람들이 찾아와서 존경과 아쉬움의 눈물을 흘릴 수 있도록 살아가라고 시체를 보여 준다는 것입니다.

우선 작게 효성부터 시작하시기 바랍니다. 공자님은 백행의 근본이 효행이라고 하셨습니다. 아무리 좋은 일을 많이 해도 효도가 가장 기초적인 선행이라고 하신 것입니다.

가장 큰 효는 자식으로 말미암아 부모의 이름이 빛나게 되는 것이라고 했습니다. 자식이 출세하면 자동적으로 부모이름도 빛나게 됩니다. 그러기 위해서는 뭐니뭐니 해도 건강해야 효도도 하고 공부도 하고 건강한 신체와 사고를 가지고 성실하게 살아갈 때 여러분들의 부모님이 기쁘고, 이웃사람들이 여러분의 부모님을 부러워하게 될 것입니다.

그리고 결정적으로 중요한 것은 순결을 지켜야 합니다. 누구든지 사랑에 눈을 일찍 뜨면 큰일을 못합니다. 남녀 모두 절대 순결을 지켜야 합니다. 남자가 생명의 씨를 가지고 있으니 사실 남자가 더 순수하고 순결해야 합니다. 아무리 실력과 능력이 있어도 순결하지 않은 사람은 미래세계에서는 큰 지도자가 될 수 없습니다. 결혼할 때까지는 순결을 지키고 있다가 첫날밤에 영원히 함께 살 신랑신부에게 첫 순결을 선물로 바쳐야 합니다. 평생을 함께 살 사랑하는 사람에게 최고의 혼수, 최고의 선물은 순결이 되어야 합니다.

결혼식 때 순결을 잃어버리고 수만금을 가지고 오는 사람과, 혼수는 부족하지만 순결을 가지고 오는 사람과 어떤 사람이 좋겠습니까? 물어볼 필요가 없습니다. 앞으로 어떤 일이 있어도 꼭 순결을 지켜야 여러분들의 미래가 행복해 질 수 있습니다. 우리 인체 중에 가장 자극적이고 민감한 곳이 생식기입니다. 그것을 남용하거나 함부로 사용하면 평생동안 잊혀지지 않습니다. 생식기를 함부로 사용한 사람은 정신적으로 육체적으로 일생을 후회하면서 괴로워하게 될 것입니다. 후회할 것이 많은 사람은 결코 행복할 수 없습니다.

사람은 절대로 고정관념을 가지고 보아서는 안 됩니다. 인간은 동물과 근본적으로 다릅니다. 인간만 결단하는 동물입니다. 소가 결단하고 개가 결단하고 새롭게 출발하는 것 보았습니까! 인간은 결심하면, 강력한 결단을 하면 완전히 다른 사람으로 변할 수 있는 게 인간입니다. 결심의 강도에 따라 국회의원도 될 수 있고, 장관도 될 수 있고, 대통령도 될 수 있고, 성인, 성자도 될 수 있습니다. 위대한 사람은 위대한 결단에서부터 출발하였습니다. 그 결단을 잊어버리지 않고, 변하지 않고, 쉬지 않고, 날마다 열심히 준비하고 실천하여 서서히 위대한 사람으로 성장하여 성공한 것입니다.

여러분도 큰 꿈을 가지십시오. 그리고 그 꿈을 현실로 만들기 위하여 열심히 준비해 가시기 바랍니다. 굳센 결단과 함께 준비하고 노력하고 뛰는 사람의 꿈은 서서히 현실로 바뀝니다. 여러분! 인생은 연습이 없습니다. 지금 이 시간이 지나면 이 시간은 영원히 오지 않습니다. 여러분의 젊은 청소년 시절은 영원히 오지 않습니다. 청소년기는 봄절기와 같습니다. 봄에 씨를 뿌린 농부만이 가을에 결실을 보게 됩니다.

다른데 정신을 빼앗기지 마십시오. 여러분의 환경과 상황을 탓하지도 마십시오. 역사에 위대한 인물은 열약한 환경과 상황을 탓하지 않았습니다. 가난과 고통과 시련을 원망하지 않고 그런 것들을 거름삼아서 자신을 옥토로 만들었고 진주처럼 빛나게 만들어 역사에 빛나는 사람들이 된 것입니다.

여러분 결단하십시오. 내가 위대한 인물이 되겠다고! 비전을 세우십시오.

꿈을 꾸십시오. 미래의 세계는 비전을 세우고 꿈꾸는 사람들이 주인이 됩니다. 그 꿈과 비전이 현실이 되도록 지금 당장 여기서부터 새롭게 출발하시기 바랍니다. 그래서 여러분들이 이 지역과 이 민족과 세계에 영향을 미치는 사람들로 성장해 가기를 바랍니다.

설교문 1 (필자가 2001년도에 설교한 내용이다.)

제목 : 참되게 주자

군대에서 제대를 한 뒤 신당동에서 과외지도를 하고 있을 때였습니다. 바로 앞집 조그마한 셋방으로 젊은 부인이 애기를 데리고 이사를 왔습니다. 핏기 없어 보이는 아주머니는 언제나 어두운 얼굴이었고 웃는 모습을 볼 수 없었습니다. 그러던 어느 날 아주머니는 완전히 다른 사람으로 변화되어 나타났습니다. 깨끗이 단장된 옷을 입고 얼굴엔 화장을 하고 미소가 가득한 모습이었습니다. 하룻밤 사이에 엄청난 일이 벌어졌나보다 생각했었습니다. 나중에 알았지만 그 부인의 남편은 사업을 하다가 부도를 내어 경찰에 쫓기고 있었습니다. 그런 남편이 도망 다니다가 몰래 다녀가곤 했었던 것입니다. 그렇게 남편이 다녀간 다음날에는 아주머니의 모습이 화려하고 행복하게 변했고 다시 이삼일 지나면 핏기 없는 모습으로 처량하게 살아가던 모습이 기억납니다.

사랑은 만병에 묘약입니다. 외로움과 고독에서 시작되는 병이 우울증입니다. 그래서 우울증은 사랑 결핍증이라고도 할 수 있습니다. 우울증 환자에게 누군가를 사랑하고 도와주는 생각을 하면서 실천하게 할 때 가장 효과적이라고 합니다. 사랑을 하면서 행복하고 흐뭇함이 느껴져 올 때 엔돌핀이란 호르몬이 나오게 됩니다. 엔돌핀이 우울증도 날려 버리고 다른 인체의 기관들까지 건강하게 만들어 주는 것입니다.

그런데 현대 과학에서 엔돌핀보다 5000배나 더 강력한 힘을 가진 다이돌핀을 발견해 냈습니다. 다이돌핀은 사랑을 하면서 감동을 받았을 때 생성된다고 합니다. 다이돌핀은 우울증은 말할 것도 없고 암세포까지 박멸시켜서 인체를 강건하게 만들어 줍니다. 감동적인 사랑을 할 때 온 몸에 전율이 느껴져 오는 것을 경험했을 것입니다. 그 때 다이돌핀이 나오게 되는 것입니다.

그동안 살아오면서 다이돌핀을 얼마나 경험했는가를 생각해 보시기 바랍니다. 남자와 여자는 보통 20대까지는 각기 남성호르몬과 여성호르몬이 생성됩니다. 그러다가 30대 40대가 넘어가면서 남자는 여성호로몬이 더 생성되고 여성에게는 남성호르몬이 많아지게 됩니다. 그래서 40~50대는 혼란기입니다. 남성이 여성스러워지고 여성은 이상하다 느껴지도록 남성스러워집니다. 그래서 남자들은 나이가 들수록 말수가 적어지고 성격도 행동도 여성스러워집니다.

여성은 순진하던 마음이 강해지고 배짱, 담력이 커지고 생각이 남성스러워 집니다. 한마디로 남녀가 바뀌게 됩니다. 사람은 50대를 전후로 남자는 선천시대에서 후천시대로 바뀌고 여성은 후천시대에서 선천시대로 바뀌게 되는 것과 같습니다.

선천시대는 양陽의 시대이고 후천시대는 음陰의 시대입니다. 음양이 서로 바뀌는 삶을 통하여 남녀가 조화를 이루고 통일을 이루게 하시려는 창조의 순리가 내포되어 있는 것입니다. 그래서 남성은 중년기를 넘으면 그동안 외적으로 살아왔던 삶을 되돌아보며 이제는 여성스럽고 부드러운 사람으로 변해 가야하고, 여성은 그동안 다져온 모성애를 밖으로 투출시켜서 사랑스럽고 평화로운 세상을 만들어 가야 합니다.

이런 순리를 모르고 중년여성들이 집에서 조용히 지내면 우울증과 온갖 질병들이 달라붙게 됩니다. 아름다운 사랑의 모성애를 세상에 표현해 가야 합니다. 봉사활동, 전도활동, 평화운동 등에 참여하여 남성적인 기운을 풀어내야 건강하고 아름다운 여성으로 변모해 가게 됩니다. 경계해야 할 부분은 여성들에게 기운이 강해졌다고 폭력적이고 강압적인 여성으로 변해서 남편을 대항하려하거나 못된 남자들처럼 군림하려고 하면 섭리와 기운을 역행하게 되는 것이니 천운이 비껴가게 됩니다. 남성들도 중년을 지나게 되면 인자함과 부드러운 사랑으로 가정과 사회에 참여하면서 조화롭고 원만한 사람으로 변해가야 건강하고 존경받는 어른이 되어가게 됩니다.

인체의 신비를 알아 가면 갈수록 하나님의 창조의 신비로움을 느끼게 됩니다. 인간의 성장을 보면 처음에는 여자가 강합니다. 여자는 모태에서부터 강합니다. 유산이나 사산된 태아들을 보면 대부분이 남아라고 합니다. 어릴 때는 여자아이들이 더 건강합니다. 아동병원을 가면 여자아이들보다 남자아이들이 훨씬 더 많습니다. 그러다가 청소년기를 지나면서부터 남자아이들의 골격과 근육이 커지면서 강해지게 됩니다. 그래서 남자들은 처음에는 여성스럽다가 남성의 기운을 발휘하며 청년기를 보내고 서서히 다시 여성스러워져서 음양의 기운을 모두 경험하고 축적하여 하늘로 돌아가게 되는 것입니다. 여성은 처음에는 남성스럽다가 서서히 여성의 부드러운 기운으로 변하여 생명의 잉태, 해산, 양육의 경험을 거치면서 다시 서서히 남성스럽게 살다가 중화와 조화와 통일을 이루어 하늘로 돌아가는 것이 여성의 인생길인 것입니다.

문제는 지상에 사는 동안에 조화롭고 통일된 사랑의 배양을 하여 사랑의 실체가 되는 것입니다. 강건한 남성적인 사랑과 부드러운 여성적인 사랑 즉 음양(陰陽)의 사랑을 골고루 다 배양해 가야 합니다. 양적인 사랑은 태양과 불과 같은 사랑으로 만인을 비추어 따뜻하게 하고 밝고 맑게 만들어 주는 사랑입니다. 음적인 사랑은 달처럼 물처럼 사랑하는 것입니다. 품어주고 씻어주고 성장하게 하는 사랑입니다.

인간에게는 음양의 사랑이 마음속에 내재되어 있습니다. 이것들을 풀어내야 합니다. 발산해내야 합니다. 태양이 감추어져 있으면 그림자와 어둠이 드리워져 각종 병충해가 발생하여 건강이 망가지고 해로움만 득실거리게 됩니다. 물을 가두어 두면 썩어가고 악취가 나고 병충해가 생겨서 역시 건강을 망치고 해로움만 득실거리게 됩니다. 그래서 우리들 마음속에 있는 음적이고 양적인 사랑들을 끄집어내서 사랑이 사랑답도록 표현되고 발현되게 하여 밝고 맑고 아름다운 사랑의 인격자로 변해가야 되는 것이 인생길입니다.

요즘에 우리 주변은 봄기운을 통하여 수많은 꽃들이 화려하게 자태를 자랑하고 있습니다. 한국인들의 마음에는 사랑이 가득하기에 꽃을 사랑하고 감상하는 마음이 더더욱 강합니다. 요즘은 도시나 시골이나 어디를 가든지 꽃밭을 만드는 붐이 일어났습니다. 이렇게 가다가는 대한민국 전역이 꽃동산이 될지 모르겠다는 느낌도 들었습니다. 참 아름다운 광경이 아닐 수 없습니다.

몇 일전에 어린아이들이 꽃구경을 왔다가 인터뷰를 하는 광경을 보았습니다. 꽃이 얼마나 아름다우냐? 고 물으니, 꽃 속에 들어가고 싶도록 예뻐요. 라고 대답하는 아이가 있었습니다. 꽃 속에 들어가고픈 아름다운 마음! 그런 마음이 우리 어른들 마음속에도 있었습니다. 아름다운 꽃 속으로 들어가고 싶은 마음! '사람은 꽃보다 아름다워' 라는 노랫말이 생각났습니다. 사람이 꽃보다 아름다우니 사람들이 사람들의 마음에 들어가고픈 마음이 일어나야 합니다. 과연 우리들의 마음이 꽃보다 아름다운 마음인가! 그래야 우리 마음에 사람들이 들어오고 싶어질 것입니다. 그렇습니다. 우리들의 마음을 꽃보다 아름다운 마음으로 가꾸어서 사람들이 들어오고 싶은 마음으로 만들어가야 합니다.

꽃보다 아름다운 마음은 사랑으로 충만한 마음입니다. 꽃은 얼마 안가서 시들어져 보기 싫어지고 서서히 싫증나고 지겨워지기도 합니다. 그러나 사랑은 사랑하면 할수록 더더욱 아름다워집니다. 사랑하는 마음은 사랑하면 할수록 더더욱 사랑이 커져가면서 기쁨이 증가해 가기에 싫증이나 지루함이 있을 수 없습니다. 사랑하는 애인이 있는 사람은 아무리 힘든 일을 해도 힘들지 않습니다. 애인을 사랑하는 마음이 마냥 기쁘게 만들고 육신의 고달픔도 날아가 버리게 만들기 때문입니다.

사랑하는 자식들을 위하여 고생하는 부모에게 얼마나 고생이 많으냐고 물으면 고생이 아니라고 말합니다. 사랑하는 자식들을 생각하면 즐겁고 신이 난다고 합니다. 사랑의 마음에서는 고생과 고통을 즐거움으로 바꾸어주는 마술이 일어나게 합니다. 그래서 세상에서 가장 강력하고 신비로운 힘이 사랑의 힘입니다.

지난주에는 창원에 다녀왔습니다. 창원에 가는 길에 모처럼 부산까지 갔습니다. 부산은 제가 신학교를 다니면서 개척교회를 시작했던 곳입니다. 수 없는 눈물과 정성을 부어놓은 개척지를 자정이 넘어서야 도착했습니다. 당시에 정성드려서 전도했던 사람들이 마중을 나왔습니다. 그 사람들과 함께 눈물과 정성을 뿌려놓은 개척지를 걸어 다니는데 만감이 교차되었습니다. 새벽이 가깝도록 함께 거니는데 얼마나 행복하고 즐거웠는지 모릅니다.

내가 그 사람들을 찾고 만나기 위하여 흘렸던 눈물의 기도가 있었기에 지금도 그들을 바라보면 너무도 사랑스럽기만 합니다. 그들 역시 나를 사랑하고 존경하는 마음이 느껴지면서 마주보며 거닐다가 쉬었다가 많은 말을 나누는 시간들이 얼마나 기쁘고 행복했는지 모릅니다.

저는 매우 부족하고 모자라는 부분이 많은데도 불구하고 가끔 존경한다는 사람을 만나게 됩니다. 나의 가족이 아닌 사람들로부터 존경한다는 말을 들으면 쑥스럽고 부끄럽기도 하지만 생각하면 할수록 얼마나 큰 기쁨인지 모릅니다.

부족한 저를 존경한다고 하는 사람들은 대부분 제가 진정으로 사랑하고 정성 드려준 사람들입니다. 사랑과 정성은 결코 사라지지 않습니다. 내게 부메랑이 되어 돌아오게 됩니다. 사랑과 정성을 담고 담아서 보내면 더 큰 행복과 기쁨을 담고 담겨서 돌아오게 됩니다. 그래서 사랑의 투입은 아무리 가중되어도 결코 손해 보는 법이 없다는 것이 천리법도입니다. 하나님이 사랑이시기에 사랑으로 투입되는 곳에는 언제나 임하셔서 사랑이 더더욱 아름답고 빛나도록 채워주시게 됩니다.

그래서 사랑의 부자가 진정한 부자입니다. 진정한 행복은 돈도 명예도 권세도 아님을 인생이 깊어질수록 깨닫게 됩니다. 뭔가 부족한 느낌이 드는 사람에게 철 좀 들어라! 라는 말을 합니다. 철이 든다는 것은 인생의 봄절기 여름절기 가을절기 겨울절기 즉 인생의 봄철 여름철 가을철 겨울철들을 다 경험을 하고 축적한 것을 말합니다. 그래서 성장기에 있는 청소년들에게 철들라는 말은 봄철, 즉 봄절기의 기운을 가지라는 말로서 잘 성장하여 건전한 사람이 되어 꽃을 피워내고 열매를 잘 맺는 사람이 되라는 말입니다.

이제 어른이 되었으면 여름철 가을철 겨울철 모든 철을 다 경험하고 축적했으니 원만한 인격자가 되고 인생의 풍성한 열매를 가진 사람이 되어야 합니다. 사람에게서 열매는 사랑입니다. 돈이나 명예나 권세가 사람의 열매가 될 수 없습니다. 그런 것들은 있다가 사라지고 잘못하면 망신과 낭패를 주는 흉물이 되기도 합니다. 사람들이 진정으로 바라는 사람은 사랑이 가득한 사람입니다. 사랑가득한 사람과 함께 있어야 진정한 기쁨과 행복을 누릴 수 있기 때문입니다. 옛날 어머니들은 대부분 무식하고 농촌에서 일만 했기에 외모가 아름다울 수 없었습니다. 그래도 자식들은 그런 어머니를 그리워하고 찾아가게 됩니다. 돈이 많고 유식하고 잘 생겨서가 아닙니다. 사랑을 가지고 계시기 때문입니다. 사랑은 그냥 조건이나 이유도 없이 좋은 것입니다. 어머니는 그냥 아무 이유나 조건 없이 무조건적으로 언제나 자연스럽게 참사랑을 주시기 때문에 그립고 보고싶고 영원히 같이 살고 싶은 것입니다.

우리들이 모든 사람들에게 그런 사랑의 마음을 가지고 대해야 합니다. 만인이 서로 이유 없이 조건 없이 그냥 한없이 사랑하는 마음으로 이어져 있을 때 지상천국이 이루어지게 됩니다. 그래서 천국은 어디서 내려오는 것도 아니고 하나님이 이루어주시는 것도 아닙니다. 우리가 사랑의 실체들이 되어 서로 무조건적으로 사랑을 하고 있어야 점진적으로 천국이 이루어지게 되는 것입니다.

그런데 우리는 이미 그런 사랑을 실천하고 있습니다. 자녀들에 대해서는 무조건적이고 아무런 대가도 바라지 않고 언제나 어디서나 위해주고 모든 것을 다 주어도 아깝지 않은 마음으로 가득합니다. 이런 마음을 확대해 가면 천국이 이어져가게 되는 것입니다. 이런 마음으로 가득할 때 진정으로 철든 사람이고 인격적인 사람이 되며 주님을 닮은 사람이 되는 것입니다.

우리가 주님을 믿고 우러러 바라보기만 해서는 안 됩니다. 주님처럼 사랑을 실천하는 사람이 되어야 합니다. 주님이 사랑의 마음으로 가득했던 것처럼 우리들도 우리의 마음에 사랑이 가득해져야 합니다. 그래서 사랑하지 않고는 견딜 수 없는 사랑의 화신체들이 되어야 합니다. 주님을 믿기만 하고 사랑을 실천하지 않는 사람은 우상숭배자나 다를 것이 없습니다. 주님을 믿는다고 하면서 주님의 사랑을 실천하지 않는 사람은 주님을 우상으로 만드는 사람입니다. 주님처럼 우리들도 사랑을 실천하는 사람이 되어야 합니다.

우리들 마음속에는 그런 사랑이 가득히 담겨 있습니다. 내 마음속에 있는 사랑을 일으켜 세워서 빛을 발하도록 만들어야 합니다. 나의 사랑의 빛으로 나의 주변이 변하게 만들어야 합니다. 나로 말미암아 선한 세상으로 변해 갈 수 있도록 내가 사랑의 영향력을 미쳐나가야 합니다.

나를 존경하고 사랑하고 그리워하는 사람들이 얼마나 되는지 생각해 보시기 바랍니다. 나를 존경하고 사랑하는 사람이 많아질수록, 먼 훗날 그보다 보람차고 기쁜 일이 없을 것입니다. 나의 주변 사람들이 나를 사랑하고 존경할 수 있도록 생활해야 합니다. 나의 주변사람들이 나를 그리워하도록 사랑을 실천해가야 합니다. 내 속에 담겨있는 사랑을 숨겨두거나 가만히 두지 마십시오. 사랑을 지금부터, 바로 여기서부터 실천해 가시길 주님의 이름으로 축원 드립니다.

설교문 2 (필자가 2003년도에 설교한 원고이다.)

제목 : 보름달같이 되라

어릴 때 가장 기다리던 명절은 대부분 추석이었을 것입니다. 풍성하고 넉넉하며, 맑은 하늘에 신선한 날씨가 가만히 있어도 기분이 절로 좋아지는 결실의 계절에 맞이하는 명절이어서 대부분 사람들이 좋아합니다. 멀리 떨어져 있던 형제자매들이 한자리에 모여서 차례를 올리고 성묘를 다니면서 조상님들의 은덕을 이야기하는 추석은 명절 중에 가장 즐거운 명절이라 할 수 있을 것입니다.

추석은 중추절이라고도 하고 한가위라고도 합니다. 한가위라 할 때, 한은 크다는 의미이며 가위는 가운데라는 뜻입니다. 그러므로 추석은 8월의 한가운데 있는 큰 명절이라는 뜻입니다. 우리 조상들은 오래 전부터 거국적으로 추석에 제사를 드리며 하늘을 섬겨왔습니다. 오곡이 황금빛으로 누러지고, 과일도 다 익어서 풍성하게 되었으니 큰 날을 정하여 하늘에 감사드리면서 온 국민이 서로 화동하며 잔치를 베풀며 신인합일을 위한 축제를 거행해 왔던 것입니다. 이런 애천애인숭조사상이 각 가정에 정착되어 모든 가정에서 하늘과 조상에 감사제를 드리며 형제와 이웃 간에 화목제를 드리는 추석명절로 이어져 왔습니다.

매년 명절이 되면 우리나라는 모든 고속도로가 주차장처럼 변합니다. 수많은 사람들이 고향으로 달려가서 감사제 화목제를 드리기 위하여 일시에 쏟아져 나오기 때문입니다. 경천애인숭조사상의 의식에 젖어 힘들고 지겹고 고통스러워도 출발합니다. 마치 이스라엘민족이 출애굽을 하듯이 말입니다. 안가고 못가는 사람은 왠지 서운하고 쓸쓸하고 서럽고 소외된 기분까지 듭니다. 그래서 명절이 되면 실향민들이 가장 괴롭고 서럽다고 합니다. 고향을 잃어버렸고 갈래야 갈 수 없기 때문에 미칠 듯한 심정으로 아무 곳이라도 헤매다가 한바탕 울어 버리고 돌아오는 사람이 많다고 합니다.

고향에 가는 이유는 첫째가 차례, 즉 추수감사제를 드리기 위해서 갑니다. 추수감사절은 이스라엘민족이 오래전부터 지내왔습니다. 추수감사절을 초막절, 장막절이라고도 하는데 이스라엘민족이 광야 40년의 유랑기간을 상기하며 농사가 다 끝나는 달에 이스라엘을 떠나있던 디아스포라까지 다 예루살렘에 모여서 첫 소출을 하늘에 바치며 일주일동안 축제를 벌였습니다. 이런 전통을 미국에서는 청교도들이 영국을 떠나 미국에 정착하면서 1621년 첫해에 얻은 소출을 하늘 앞에 드리면서 일주일동안 감사제를 드렸습니다. 이것을 1863년 정식으로 연례적인 절기로 세우고 오늘날까지 미국에서는 추수감사절을 매년 11월 마지막 주간에 드리고 있습니다. 이것을 우리 한국에서는 미국선교사가 한국에 선교사로 입국한 날을 기념하며 미국과 비슷한 때인 매년 11월3째 주일날을 추수감사절로 드리고 있습니다.

그러나 한국의 진정한 추수감사절은 추석입니다. 삼국시대 때부터 우리나라는 기독교의 추수감사절 이상의 의미를 가진 추수감사제로 추석명절을 통하여 드려왔습니다. 그런데 사대주의적인 의식을 가진 기독교지도자들로 말미암아 한국 상황과는 전혀 어울리지 않는 날을 추수감사절로 세운 것은 신앙적인 사대주의이며 무지의 소치입니다. 11월3째 주일쯤은 우리 한국에서는 추수가 다 끝나고 겨울 준비도 끝나가는 때입니다. 첫 소출은 다 없어졌고 있다 해도 냉동된 것뿐입니다. 냉동시킨 첫 소출로 어떻게 하늘에 감사제를 드리겠습니까? 그래서 한국의 깨어있는 기독교지도자들은 추석을 추수감사절로 드려야 한다고 하면서 시행하는 교회도 있습니다. 감사제를 드리는 때와 날은 중요하지 않습니다. 사실 감사제는 언제나 항상 드리며 살아야 합니다. 우리가 주일예배를 드리는 것은 7일 중 첫날에 하나님을 모시고 출발하여 일주일 동안 계속 예배드리는 심정으로 살기 위함인 것처럼 감사제도 그렇습니다. 언제나 하늘에 감사드리며 감사제 드리는 심정을 가지고 살기 위하여 추수감사제를 드려야 하는 것입니다. 그러므로 예배드리고 감사제를 드리는 마음의 기준이 중요합니다. 예배나 감사제를 통하여 하늘 앞에 진정으로 감사한 마음을 가지고 우리 전체를 하늘에 바치는 심정을 가져야 합니다. 그리하여 신인합일을 이루고 신인합일 되어 새출발하자는 것이 예배요 감사제입니다.

추석아침이 되면 차례를 드리기 위하여 만물로 상을 차립니다. 상차림에 있어서 빼놓을 수 없는 것이 있습니다. 소위 조율이시棗栗梨柿 입니다. 대추, 밤, 배, 감 이것은 뺄 수 없습니다. 이런 제물에는 신인합일을 위한 약속과 깊은 의미를 지니고 있기 때문입니다. 대추는 검붉으면서 단단한 씨가 하나뿐이며 매우 맛있습니다. 그리고 꽃이 피면 꽃마다 열매가 다 맺습니다. 그러므로 대추는 모든 제물의 왕이며 자손을 번창케하는 의미를 지니고 있습니다. 그래서 모든 제사에 대추는 꼭 들어갑니다. 세상의 왕을 드리며 하늘로부터 자손번창을 축복받는 의미를 가지고 있기 때문입니다. 밤은 세 톨로 되어있기에 3정승을 상징합니다. 밤을 땅에 심으면 큰 나무로 성장하지만 땅속에 심은 밤은 그대로 남아 있습니다. 또 밤송이가 밤알을 보호하고 있습니다. 그러므로 밤은 우리의 근본인 하늘과 조상을 잊지 않고 나아가 조상님들이 우리를 보호하고 있음을 기억케 하는 것입니다. 그러므로 밤은 3정을 드리면서 조상님들의 보호하심을 약속받는 것입니다. 감은 씨가 대부분 6개로 되어있습니다. 그래서 육조판서를 의미합니다. 그런데 감은 씨를 심으면 개암이 나옵니다. 꼭 접을 붙여야 합니다. 그러므로 감을 드림은 세상에 육조판서를 드리면서 자손번창을 기원하는 의미로 드립니다. 나보다 더 나은 자식, 하늘에 접붙여진 자식을 바라면서 감을 올리는 것입니다. 배는 씨가 많고 속이 하얗습니다. 그래서 배는 팔도 관찰사를 의미합니다. 또 우리 민족은 백의민족이니 하얀 배는 온 백성을 의미합니다. 그래서 배는 팔도관찰사와 온 백성을 드리면서 선한 백성으로 살 것을 다짐하는 의미로 드리는 것입니다. 이처럼 기본적으로 드리는 제물들이 다 뜻이 있습니다. 우리는 제물의 뜻을 잘 음미하면서 차례를 드려야 합니다.

아브라함이 절대적인 믿음은 있었으나 제물을 정성껏 바치지 못하여 실수를 범했던 것을 잊어서는 안 됩니다. 우리 민족은 경천애인 숭조사상을 가진 배달의 민족이니 어떤 민족보다도 제의사상이 투철한 민족입니다. 그래서 한민족이 선민이요, 하늘이 길러온 민족인 것입니다. 그중에서도 우리는 선택받은 종족적 메시아이니 종족을 대표한 심정으로 정성을 다해서 제사를 드려야 합니다.

추석이 되면 차례와 함께 기억나게 하는 것은 보름달입니다. 어디를 가나 따라 다니듯 함께 가는 보름달, 다정한 친구로, 따뜻이 보호해 주는 어머니 같기도 한 보름달은 모든 걱정을 녹여주기도 합니다. 그래서 사람들은 보름달을 좋아합니다. 보름달이 너무 좋아서 보름달을 소재로 지은 시와 노래가 헤아릴 수 없이 많습니다. 보름달은 우리에게 많은 것을 깨닫게 하고 있습니다. 첫째는 꽉 차고 넉넉한 둥근 달이 모난 우리들을 향해 나처럼 되라고 속삭여 줍니다. 원만한 인격자가 되라고 가르쳐 주는 스승입니다. 우리가 보름달을 보면서 느껴야할 마음은 넉넉하고 둥근 사람, 원만한 인격, 달처럼 원만한 사람이 되겠다는 마음입니다. 두 번째는, 둥근 보름달은 어디를 가나 항상 누구에게나 밤새도록 비춰주고 있습니다. 선한 사람, 악한사람, 미운사람, 좋은 사람 가리지 않고 초저녁부터 새벽까지 언제나 어디서나 다 비춰줍니다. 보름달은 우리를 향하여 나처럼 환하고 아름답게 누구에게나 다 빛을 비추며 살아라! 라고 속삭이고 있는 것입니다. 편협하지 말고 변덕부리지 말고 어둡게 살지 말라고 가르쳐 주고 있는 것입니다. 또 달은 홀로 빛을 내지 못 합니다. 태양으로부터 반사되어 빛을 냅니다. 태양의 반사체입니다. 태양에 순응하며 지구를 위하여 빛을 발합니다. 독불장군이 아닙니다. 인간 역시 독불장군으로 존재할 수 없습니다. 이웃과 더불어 살아야 하고 나아가 하늘을 바라보며 하늘에 의존하며 살아야 합니다. 하늘에 의존하여 하늘로부터 따뜻한 빛을 받아서 온화하고 아름다운 빛을 내서 서로 빛을 비추며 아름다운 인간관계를 맺으며 살아야 합니다.

그런데 타락되어 어둠 속에서 살고 있습니다. 어둠에 묻힌 세상입니다. 어둔 이 세상에 우리들이 빛을 비추어야 합니다. 하나님의 빛, 참부모님의 빛, 참사랑의 빛을 비추어야 합니다. 둥근 달처럼 언제나 어디서나 우리가 반사체가 되어 이 세상에서 어둠을 서서히 물러가게 만들어야 합니다. 인간은 타락으로 본향을 잃어버렸기에 귀소본능이 강합니다. 그래서 본향에 대한 그리움으로 태어난 고향이라도 가려는 간절한 심정을 가지고 있습니다. 또 고향에 가서 환영받고 싶은 금의환향의 꿈을 안고 삽니다. 이것은 야곱이 꿈꿔온 환고향 소망과 같습니다.

야곱은 이 십여 년 동안 오직 금의환향을 꿈꾸며 준비했습니다. 고향에 갔으나 아무도 반겨주는 사람없고 냉랭하다면 참으로 침통하고 처량할 것입니다. 세상에서는 금의환향을 경제적 성공으로 떠올리는 사람이 많습니다. 그러나 아무리 부자가 되었어도 인격적으로 존경받지 못하면 진정한 금의환향이 될 수 없습니다. 우리가 진정한 금의환향을 하려면 하늘의 반사체사명을 실천해야 합니다. 올 추석에는 하늘이 바라는 진정한 금의환향에 대하여 깊이 다시한번 계획하는 추석이 되기를 바랍니다.

우리들은 언젠가 기필코 금의환향을 해야 합니다. 그 금의환향은 그저 오는 것이 아닙니다. 야곱처럼 준비해야 됩니다. 추석날 아침 차례를 올리면서 차례에 대한 깊은 의미도 다시한번 생각해 보시면서 감사제와 화목제를 제대로 이루어내서 일가친척을 하늘로 인도해 내는 아름다운 추석이 되기를 바랍니다. 또 금번 추석에는 모처럼 아름다운 보름달을 새롭게 바라보시기 바랍니다. 우리도 만인을 공평하게 환히 비추어주는 보름달처럼 살아가면서 내가 만나는 사람들을 다 사랑하여 환하게 만들어야 하겠다. 라고 다짐하는 시간이 되면 달님이 보시며 참으로 기뻐할 것입니다. 우리는 주님의 반사체들이니 진정으로 보름달처럼 살아야 합니다. 우리도 보름달 같은 밝은 빛을 내고 있어야 합니다. 그래서 우리 주변을 밝게 비추어 어둠을 물리치고 죄악과 거짓을 몰아내야 합니다. 둥근 보름달처럼 둥글게 원만하게 살아가고 어둠을 밝히는 밝은 보름달처럼 생활하시기를 주님의 이름으로 축원합니다.

부록 2
참고 강연문

아래의 내용은 필자가 2007년 가을 모 단체에서 실시했던 강의내용으로 딕테이션dictation하여 홈페이지에 올려놓았던 것을 옮긴 것이다. 참고가 될까 싶어 올린다.

환경을 생각하는 행복한 부부

안녕하세요. 반갑습니다.

이 시간 강의할 제목은 '환경을 생각하는 행복한 부부'입니다. 사람들에게 "왜 삽니까?"하고 물으면 당황하는 사람이 많습니다. '내가 왜 살까?' 요즘 워낙 바쁘게 살다 보니까, 왜 사는가 하는 것에 대해서 생각하고 사는 사람이 많지 않습니다. 주어진 하루하루가 반복의 연속으로 굉장히 바쁘다 보니까, 왜 사는가 하는 인생의 본질적인 문제를 미처 생각 못하고 삽니다.

가만히 생각해 보면 사람이 왜 사는가에 대한 질문에 여러 가지 대답이 나올 수 있겠습니다만 그 대답은 모두 똑같습니다. '행복하기 위해서 사는 것'이예요.

그런데 '행복합니까?' 라고 물어보면 행복하다고 말하는 사람이 많지 않습니다. 대부분 사람들은 행복한 것 같지가 않아요. 사람들마다 나름대로 행복하려고 노력은 많이 하는데 그렇게 행복이 쉽게 이루어지는 것 같지 않습니다. 사람들마다 갖가지 불행의 요인들을 다 가지고 있습니다. 우선 가난하고 질병문제로 불행하고, 설상가상으로 세상이 험악하다 보니까 아무 잘못도 없는데 갑자기 누군가로부터 해로움을 당하고 괴롭힘을 당하기 때문에 고통과 불행에 처하기도 합니다.

그렇다면 어떻게 하면 행복할까요? 뭐니 뭐니 해도 머니가 최고다. 그런 말이 있잖아요. '돈이 있어야 행복하다' 돈을 행복의 최우선에 두는 사람들이 있습니다. 그런데 돈 보다도 더 중요시 하는 것이 있습니다. 바로 명예와 권세죠. 그런데 돈도 있고 명예, 권세를 얻었다고 하더라도 어느 날 건강이 무너지면 돈, 명예, 권세 다 필요 없게 됩니다. 그래서 돈보다 더 중요한 것이 명예, 권세지만 명예, 권세보다도 더 중요한 것이 건강입니다. 돈을 잃어버린 것은 조금 잃어버린 것이고, 명예 권세를 잃어버린 것은 조금 더 많이 잃어버린 것이고, 건강을 잃어버린 것은 다 잃어버린 것이라는 말을 합니다.

여러분 건강하려면 어떻게 해야 할까요. 오늘 이렇게 갑작스럽게 오시게 해서 딱딱한 강의를 하니까 표정들이 많이 굳어 있습니다. 건강하려면, 얼굴을 환하게 펴고 있어야 합니다. 요즘 화 낼 일이 참 많죠. 얼굴 펴고 살기 힘든 세상이죠. 그렇지만 건강하려면 화를 내면 안돼요. 우리 건강에 결정적이고 치명적인 영향을 미치는 것이 화를 내는 것입니다.

요즘 《화》라는 책이 베스트셀러가 되었습니다. 하루에도 몇 번씩이나 욱하고 화가 치밀어 오르죠? 여러분 화를 참아야 합니다. 또 화중에서도 무서운 화가 있습니다. 그게 혈기입니다. 혈기. 혈기를 부리게 되면 건강에 아주 치명적입니다. 혈기를 부리는 사람, 크게 화를 내는 사람에게서 피 1cc를 뽑아가지고 검사를 해 보았어요. 그랬더니 평소에는 없던 물질이 그 피 속에서 검출되었습니다. 정밀 검사를 해 보았더니 그게 독이었습니다. 독사에게 들어있는 독보다도 더 무서운, 더 강한 성분을 가지고 있는 독이었습니다. 피 1cc에 들어있는 독의 양이 자그마치 사람 9명을 즉사시킬 수 있는 엄청난 양의 독이었습니다.

여기서 제가 화를 내면은 여러분 기분 나쁘시겠죠? 그러나 정작 피해보는 사람은 화내는 사람입니다. 화낼 때, 노르아드레날린이라는 것이 생겨나요. 그게 뭉쳐 가지고 암세포가 되고 성인병을 만들어 내는 인자들이 됩니다. 그러니까 화내는 사람이 문제가 되는 것입니다. 그래서 항상 웃으려고 맘먹고 다녀야 합니다. 사람은 맘먹기에 달렸다고 하잖아요. 웃으려고 맘먹고 살아야 합니다. 그렇게 노력하면 또 그렇게 되어집니다. 여러분 잘 알잖아요. 웃으면 엔도르핀이 생긴다고 하잖습니까. 웃으려고 애를 쓰셔야 합니다. 웃으려고 애를 쓰고 웃으려는 자기암시를 하고 살면 서서히 밝은 표정이 나오고 웃음을 머금고 살게 됩니다. 거울을 볼 때 마다 예쁜가 안 예쁜가만 보려고 하지 말고 내가 잘 웃는지 예쁘게 웃는지 밉게 웃는지 항상 확인하십시오.

여러분 잠깐 손바닥을 펴보시겠습니까, 손을 펴보십시오. 손바닥에 손금이 보이지요? 손금 말고 우리 눈에 안 보이지만 엄청나게 붙어있는 것이 있습니다. 우리 손바닥에는 약 3억만 내지 10억만 마리의 각종 세균이 붙어 있습니다. 그런데 박수를 치게 되면 박수를 한 번 칠 때 마다, 대장균이 3천 마리씩 맞아 죽는데요. 그리고 사람들은 슬플 적에 괴로울 때는 박수치는 사람 없어요. 기쁘고 즐겁고 행복하고 승리했을 때에 박수를 칩니다. 건강을 위해서, 또 박수치면 혈액순환이 잘돼서 건강해 진다고 하잖아요. 우리 건강을 위해서 손바닥 정화를 위해서 또 오늘 기쁜 한날이 되기를 바라면서 우리 큰 박수 한번 쳐보기 바랍니다.(박수)

감동적 기쁨이 올 적에 박수를 치게 됩니다. 너무너무 좋을 때, 사람들이 자기도 모르게 팔짝 팔짝 뛰면서 박수를 칩니다. 사람은 웃어야 되는데 어느 정도 웃어야 되느냐? 4가지 요소를 갖추고 웃어야 감동적 기쁨에 취해서 웃는 것이 됩니다. 첫째는 박수는 당연히 치겠습니다마는 입을 짝 벌리고 사랑니 다 보이게, 그리고 정말 좋아서 웃으면 아랫배가 살짝 땡깁니다. 아랫배가 살짝 땡기게 웃어야 되고, 또 기쁨이 넘쳐서 웃으면 눈물도 나요. 팔짝 팔짝 뛰면서 박수를 치면서 아랫배가 살짝 땡기면서 눈물이 나도록 안면체면 다 잊어버리고 웃는 그런 순간을 하루에 한번 정도만 가져도 절대, 평생 동안 병이 안 생긴데요. 자 연습 한번 해볼까요. 크게 입을 벌리고 웃으면서 박수를 다시한번 치겠습니다. (박수)

여러분 모든 인간에게는 욕망이 있습니다. 욕망이 없으면 인간은 살 수가 없습니다. 살고 싶은 욕망이 없으면 어떻게 살겠어요. 좋은 일을 하고 싶은 욕망이 있어야 선한 사람이 되어 갑니다. 그래서 그 욕망, 욕망을 잘만 사용하게 되면 그 욕망으로 말미암아 좋은 일을 하게 되는 거예요.

우리 인간들은 행복을 추구하며 바라는 기본적인 욕망이 있습니다. 모든 인간들이 공통적으로 기본적으로 가지고 있는 욕망입니다. 그 첫 번째가 '물질 소유욕'입니다. 이 자리에 연세 드신 분들, 1950년대 사신 분들, 그때 참 가난했죠? 초근목피를 먹으면서 살았던 때가 있었습니다. 여러분 중에는 그때를 그리워하며 향수에 젖은 사람이 있을 겁니다.

우리가 1960년대보다도 지금 몇 배나 잘 살까요? 자그마치 100배 더 잘 삽니다. 그렇게 100배 더 잘 사니까 100배로 행복해야 될 거 아니에요? 그래서 행복은 물질로 돈으로 결정되는 것이 아니라는 것을 알 수가 있어요. 1950년대에 우리가 어느 정도 가난했느냐 하면, 코를 질질 흘리고 다니는 아이들이 많았어요. 제가 1960년도에 초등학생이었거든요. 초등학교 들어갈 때 코를 질질 흘려가지고 손수건을 달고 다니는 아이들이 많았어요. 멋을 내려는 게 아니라 코를 닦으려고 달고 다녔다니까요. 요새 코 흘리는 아이들 보았어요? 그런 아이가 있으면 희귀한 아이라고 할 겁니다. 그리고 그때는 아이들이 대부분 입이 찢어졌어요. 그러면 어른들이 뭐라 그러냐면 야 요놈 커서 가수되겠다. 입을 크게 벌리고 노래 잘 하려고 입이 찢어지는구나. 그랬습니다. 그럼 요새 가수들은 어릴 때 입이 다 찢어졌을까요? 요새 애들 입 찢어진 것 봤습니까? 코 왜 흘렸느냐? 코를 끌어올릴 힘이 없어서, 칼로리가 부족해서 코를 계속 흘리고 있었어요. 그리고 비타민이 부족해서 입이 찢어졌던 겁니다. 그렇게 가난했었어요.

그래서 한국 사람들이 가지고 있는 '한'恨 중에 하나가 가난에 대한 '한'입니다. 못사는 것에 대한 '한'恨! 그래 어떻게든지 잘 살자. 나는 고생했어도 자식들은 잘 살게 하자. 그런 소망들을 다 가지고 있잖아요.

그런데 여러분 물질이라고 하는 것은 우리 인격을 완성시키고 가정을 완성시킨 다음에 물질을 가져야 되는 것이 순서입니다. 돈 먼저 가지게 되면 인격이 갖추어지지 못했는데, 정신이 아직 미숙한 사람이 칼을 들었다고 해 보십시오. 그 칼 가지고 사고를 칠지, 뭘 할지 모르는 거예요. 아직 인격이 갖추어지지 않은 상태에서 돈을 갖게 되다 보니까 이 돈을 의롭게 써야 하는데 그렇게 사용하지 못하는 거예요. 인격이 갖추어지지 못했기 때문에, 고장 난 비인격자들이 돈을 갖게 되다 보니까 그 돈을 비인격적으로 쓰는 것입니다. 그래서 세상이 부정부패가 만연할 수밖에 없어요.

비인격자들이 살다보니 환경이 몸살을 앓고 있습니다. 사람은 자연에서 나왔고 자연에서 살다가 자연으로 돌아가는 건데, 그 자연을 고장 난 인간들이 고장 내고 망가뜨리고 있습니다. 가장 나쁜 놈을 뭐라 그래요, 배은망덕한 놈, 그렇잖아요. 우리는 자연에서 와서 자연 속에서 크고, 자연 때문에 살다가 자연으로 가는데, 자연이 인간의 은인 중에 은인인데 정말 배은망덕한 것이죠. 오염된 인간들이 물질을 가지고 비인격적인 생활을 하면서, 가장 먼저 자연을 오염시키고 이 아름다운 자연환경을 파멸시키고 파괴시키고 있는 것입니다.

환경오염에서 그 첫 번째로 수질 오염이에요. 우리나라의 수질 오염은 심각합니다. 우리 한국에 약 3천900여개의 하천이 있거든요. 그 하천 전체가 다 오염되었습니다. 대표적으로 우리가 늘 보고 있는 중랑천이에요. 이 물이 그대로 한강으로 유입되고 있습니다. 여러분 서울사람들은 한강물을 정화해서 먹지 않습니까? 심각한 일입니다.

인간의 70%가 물이기 때문에 물이 오염되게 되면 사람은 자동적으로 오염되게 됩니다. 풍수지리에서는 물을 재물로 봅니다. 그래서 집 앞에 물이 있으면 재물이 많이 온다고 합니다. 그런데 사람들이 수질을 오염시키다 보니까, 재물을 모으기는 모으는데 전부 다 부정하게, 서울사람들이 구정물을 일으키면서 돈을 번다는 것입니다. 돈으로 상징하는 한강이 오염되었기 때문입니다. 여러분 여름이면 해수욕장을 가시죠? 해수욕장 옆에 새카만 폐수가 흘러들어가고 있는 곳이 많습니다. 우리나라 많은 지역에서 정화시키지 않고 강으로 바다로 그냥 폐수를 버리는 곳이 엄청납니다. 이런 폐수가 바다까지 오염을 시키고 있습니다. 수질을 오염시키는 결정적인 것은 가정에서 버리고 있는 '생활하수'입니다. 이게 치명적이에요. 특히 가정에서 샴푸로 머리 감고, 세제로 그릇을 씻고 합성세제로 빨래를 하면서 버리는 생활하수가 수질을 결정적으로 오염시키고 있는 겁니다. 왜 그럴까요? 사람이 인격이 갖추어지지 못해서 수질을 오염시키고 결국 그것이 나를 병들게 만드는 부메랑이 되어 돌아오는 줄도 모르고 마구 수질을 오염시키고 있는 것입니다.

그 다음이 토양 오염이에요. 우리 한국이 무슨 강산이죠? 금수강산이었는데 지금은 쓰레기 강산이 됐습니다. 요즘 서울에는 땅을 파도 지렁이가 안 나온다고 합니다. 흙 16g 속에는 약 20억 마리의 미생물이 살아 있어야 살아 있는 땅입니다. 미생물들이 땅을 옥토로 만들기 위해 부단히 노력하고 있어요. 그런데 우리 서울에 있는 모든 흙은 다 오염이 돼가지고 죽어가고 있습니다. 오늘 집에 가시면 땅을 파 보십시오. 지렁이가 나오는가? 지렁이가 먹고 배설한 흙이 옥토입니다. 그런데 지렁이가 없어요. 남산에 낙엽이 떨어져도 썩질 않습니다. 미생물이 죽어 버렸기 때문에 미생물이나 지렁이가 살 수 없는 땅이 되었습니다. 죽은 땅을 인간이 밟고 생활하면 인간도 서서히 병들고 죽어가게 됩니다. 참으로 심각합니다. 지구는 곧 우리 몸뚱이와 똑 같은데 지구에 비인격자들이 살다 보니까. 내 몸을 망치고, 자해 행위를 하는 것처럼 환경 파괴가 자행되는 것이죠. 우리는 지구에서 잠깐 머물러 살면서 지구를 잠깐 빌려 쓰는 거예요. 고맙고 감사하게 쓰다가 자손만대 후손 앞에 물려줘야 하는 것입니다.

그 다음이 식품오염이에요. 한국에 인구가 갑작스럽게 많아지고, 빨리빨리 문화, 도시화, 산업화, 집단화 되다 보니까 인스턴트식품이 판을 치는 세상이 됐습니다. 가끔 오염된 음식물 파동이 일어납니다. 콩나물 파동, 만두 파동, 먹는 것을 가지고 장난치는 사람이 가장 비열하고 가장 나쁜 사람입니다. 나쁜 사람은 나 뿐이고 상대는 없다는 이기주의자를 말하거든요. 남을 생각지 않고 자기만 잘살겠다는 사람이 나쁜 사람이예요. 특히 먹는 음식물을 가지고 너는 병들거나 죽어도 좋고 나만 돈 벌면 된다는 의식을 가지고 장난치는 사람은 지옥에 가장 먼저 갈 것입니다. 그런데 그런 사람이 많아요. 우리 밥상에 올라와 있는 음식물 정말 마음 놓고 먹을 수 있는 음식물이 얼마나 될까요? 우리 몸에 병이 왜 생기느냐. 나쁜 공기 마시고, 오염된 물마시고, 오염된 흙을 밟고 살면서 오염된 음식물을 먹고 있기 때문에 불치병 희귀병 여러 가지 암이 생기는 것입니다. 여러분 이 '암癌'자를 가만히 보십시오. 이 암자가 병病자에다가 식품의 품品자 이고요. 그리고 산山이 있습니다. 그러니까 병든 식품이 산처럼 쌓이면 그게 암이 된다는 뜻글자입니다. 건강하려고 먹는데 많이 먹을수록 건강을 해치거든요. 자업자득입니다. 우리가 환경을 파괴시킨 결과로서 자업자득인 셈입니다. 그리고 정말 한국 국민들 반성하고 회개해야 할 것은 남쪽은 음식쓰레기가 넘쳐나는데 북한 사람들은 지금 굶어 죽는 사람이 많습니다. 우리나라의 음식 쓰레기가 일 년에 10조 원가량 된다고 합니다. 그 10조 원어치 음식물을 사가지고 북한에 갖다 주면 북한 사람들 굶어 죽는 사람들을 살려낼 수 있을 것입니다.

그 다음에는 대기 오염이에요. 나는 오늘 이 강의를 하려고 일부러 남산 제1터널을 지나왔습니다. 서울 상공을 보십시오. 뿌옇잖아요. 어떤 초등학생이 어느 날 서울 하늘이 파랗게 개이니까, "엄마, 하늘이 이상해졌어"라고 하더랍니다. 그게 정상인데 파란하늘 보고 이상하대요. 비가 오고 태풍이 지나가면 하늘이 파래지잖아요. 그게 정상인데, 하늘이 이상해졌다는 겁니다. 뿌연 하늘, 이게 뭡니까? 스모그입니다. 1952년 12월 5일부터 12월 8일까지 영국 상공에 떠 있던 스모그가 딱 4일 동안 내려왔어요. 그랬는데 그때, 어린이와 노약자 1만 2000명이 죽었습니다. 런던 그 주변에 있던 동물들이 싹 죽어버렸습니다. 서울 상공의 스모그들이 영국에 떠 있던 그 스모그 보다 강력한 성분이라고 합니다. 그러니까 서울 상공에 떠 있는 이 스모그들이 내려와 버리면 서울 시민들은 큰일 나게 되는 거예요.

얼마 전에 방송 보셨는지 모르겠습니다. '퀵 서비스'라는 것 있잖아요. 오토바이 타고 물품 빠르게 배달해주는 사람들. 그리고 또 택시 기사들, 서울 시내, 그 사람들의 정자를 검사를 해보았어요. 그런데 정상인에게는 3억~5

억마리 되는 정자가 그들에게는 몇 마리 안됐어요. 몇 마리 안 되는 정자가 정상적인 놈이 별로 없었다는 것이 문제입니다. 어떤 정자는 꼬리가 두 개고, 어떤 정자는 꼬리가 길고, 어떤 놈은 머리가 길쭉하고, 늘어져 있고 찌그러져 있고 옆구리가 터져있고 말입니다. 그런 비정상적인 정자가 난자를 만나서 수정이 된다고 생각해 보십시오. 큰일 납니다. 서울에 있는 공기가 설악산에 있는 공기와 딱 100배 차이가 난다고 합니다. 100배. 우리가 여기에 살 때가 아니에요. 사실 살 수 없는 곳에서 우리가 살고 있는 것입니다.

그런데 다행스럽게도 우리 조상들이, 하나님이 보호하사 터를 잘 잡아 놨어요. 서울 상공에 있는 스모그가 다행스럽게 안 내려옵니다. 서울은 사통팔달이 잘돼 있고 한강이 있어서, 한마디로 터를 잘 잡아서 스모그가 내려오려고 하면 바람이 불어서 양쪽으로 빠져 나가게 만든다는 것입니다. 천만 다행한 일이 아닐 수 없습니다. 우리 서울 사람이 일본 동경보다도 대기 오염 때문에 수명이 3년 내지 5년 정도 줄어든다고 합니다. 아까 말씀 드렸던 남산 터널 새까맣잖아요. 거기서 차를 몰고 가다 보니까. 퀵서비스 아저씨들 오토바이 타고 지나가는데 참 걱정되더군요. 터널 안에는 방독면을 쓰고 다녀야 됩니다. 어떤 사람은 거기에서 창문을 열고 가는 사람이 있더라고요. 터널 안에는 창문을 꼭꼭 닫고 다녀야 합니다. 아까 말씀 드렸죠? 서울에 사는 사람들 소변검사를 해 보았더니, 소변 속에서 발암물질이 검출된 사람이 많습니다. 정말 서울의 대기오염은 심각합니다. 자업자득입니다. 인격이 잘못되어 은인 중의 은인을 파멸시키고 있는 것입니다. 그래서 인격을 갖춘 후에 재물을 가져야 되는 것입니다.

인격이 먼저지, 재물이 먼저가 아닙니다. 요즘 배금주의, 물질 만능주의, 물신주의, 정말 심각합니다. 우리가 흔히 "부자는 삼대를 못 간다."는 말을 듣습니다. 왜 부자가 3대를 못 갈까요? 인격이 갖추어지지 않은 상태에서 돈을 모았기 때문에, 부정하게 돈을 벌고 잘못 쓰기 때문에, 벌 받아 가지고 3대를 못가는 거예요. 그런데 경주 최씨라는 유명한 부잣집이 있어요. 거기는 지금 12대 째, 계속 잘 살고 있어요. 그 집안에는 어떻게 살 것인가에 대해서 조상들이 꼭 지키라고 가르쳐 준 가훈이 있습니다.

첫째, 진사벼슬 이상을 하지 말아라. 높은 자리에 올라갈수록 사람들 무시하고 죄를 지으니까. 그 다음에 만석이상 갖지 말아라. 너무나 돈이 많아도 그것 때문에 죄를 지을 수 있으니까. 과객은 후하게 대접해라. 손님이 오면 무조건 잘 대접하라는 거죠. 흉년에 남의 땅을 사지 말아라. 괴로운 사람에게 고통주지 말라는 얘기입니다. 며느리가 들어오면 3년 동안은 무명옷을 입게 해라. 청빈하게 살아라, 검소하게 살아라 이거죠. 그 다음 100리 안에 사는 사람들 중에 굶어 죽는 사람이 없도록 돌보아 주면서 살아라, 그랬어요. 이렇게 사니까 자자손손 잘 사는 거예요. 기본적인 인격이라도 갖추고 살면 조상들이 보호해 주고 물질이 따라온다는 것입니다. 삼성을 세우신 고 이병철회장님 아시죠? 이회장님은 돈에도 눈이 있다고 하셨답니다. 화목하게 사는 집에 돈이 간다는 것입니다. 화목은 아무나 이룹니까? 인격이 기본적으로 갖추어져야 소통과 화목이 이루어지게 되는 것이지요.

여러분 유럽이나, 선진국에서는 부자가 자자손손 잘 삽니다. 여러분 생각해 보세요. 나는 잘 사는데 내 자식은 폭삭 망하고 손자는 더 망해 버리기를 바라는 사람 있습니까? 나보다는 내 자식이 잘 살고, 내 자식보다는 손자가 잘 살기를 바라잖아요. 그렇게 하려면 어떻게 해야 되겠습니까? 유럽 사람들은 삶의 철칙이 있습니다.

첫째, 그 사람들은 다 기독교를 믿으니까, 십일조를 합니다. 그리고 3분의 1은 저금을 합니다. 저금을 해야 은행에서 그 돈을 사업하는 사람들에게 빌려줘서 사업을 번창시켜야 복지국가가 됩니다. 또 3분의 1을 가지고는 불우이웃을 돕습니다. 자선사업을 하는 것입니다. 그리고 3분의 1을 가지고 자신의 생활비로 쓰는 것입니다. 이렇게 사니까 안 망하는 겁니다. 이렇게 돈을 의롭게 써야 망하지 않는 것입니다. 그래서 돈을 벌기 전에 돈을 의롭게 벌고 의롭게 쓸 줄 아는 인격 먼저 갖추어야 하는 것입니다.

인간의 두 번째 욕망이 '개체 보존욕'이에요. 사실은 이것이 가장 먼저 추구해야할 욕망입니다. 사람들은 태어나서 죽을 때까지 건강하게 잘 살기를 누구나 소망하지요. 자식 낳으면 뭐라 그래요. 못생겨도 좋다. 건강하게 잘 커다오. 그렇잖아요? 누구나 죽을 때까지 건강하기를 바랍니다. 그런데 사람은 몸뚱이만 건강하다고 해서 잘 자라는 것이 아니죠. 우리는 몸과 마음, 정신까지 건강해야 합니다. 아니 몸뚱이는 다 컸는데, 아 20살, 30살 됐는데도 '엄마 찌찌 줘' 그러면서 달려들면 어떻게 하겠어요. 그래서 사람은 몸도 마음도 정신도 건강해야 하는 것입니다. 사람의 가치는 육체에 있는 것이 아닙니다. 헤비급 몸은 가치가 있고 마르고 조그만 사람은 가치가 없습니까? 그래서 인간의 가치판단 기준은 몸을 중심삼고 매기지 않습니다. 인간의 가치는 그 사람 정신에, 그 사람 마음에 있습니다. 그 정신, 마음은 무엇에 의해 좌우되느냐? 가치관에 있어요. 그래서 사람은 가치 있는 사람이 되기 위해서, 잘 살기 위해서는 건전한 인생관, 건전한 가치관을 가져야 됩니다.

사람은 몸과 마음으로 되어있는데 몸과 마음이 다 목적을 가지고 있습니다. 그래서 인간은 이중목적을 가진 존재입니다. 먼저 몸의 목적은 자기 몸만을 건강하게 하고 싶고 자기 자신만 잘살고자 하는, 그런 목적 그런 욕망을 가지고 있습니다. 그건 이기적인 목적이요 욕망입니다. 이런 욕심 이런 욕망은 말이죠. 인간만 가지고 있는 것이 아니에요. 동물도 다 가지고 있잖아요. 동물들도 자기 몸을 얼마나 위합니까. 자기가 빠졌던 자리는 절대 안 갑니다. 자기 몸은 정말 인간들 보다 더 위하죠. 이것은 동물들의 본능성이에요. 우리 몸은 동물들이랑 똑같으니까. 본능적인 욕망, 목적인 것입니다..

인간은 만물의 영장입니다. 인격적 존재입니다. 동물과 같은 이런 목적, 욕망을 가지고만 살면 짐승처럼 살다가 가는 것입니다. 인간이 동물처럼 살다가 가서야 되겠습니까? 인간은 마음의 목적이 있습니다. 이 마음의 목적은 나를 떠나서 전체를 위해서 살고 싶은 그런 욕망, 그런 목적입니다.

나는 비록 힘들고 고생하더라도 우리 아들, 딸들을 위해서 고생하는 것은 기쁘잖아요. 그리고 우리 가정이 좀 어렵더라도 나라를 위해서 희생하고 봉사하고, 또 나라를 넘어서 인류를 위해서 희생하고 봉사하고, 나를 희생시켜서 가정을 위해 사는 사람들을 효자라고 하면서 우러러 봅니다.

또 가정을 초월해 가지고 나라를 위해서 희생 봉사하는 사람을 충신이라고 하죠. 그리고 인류를 위해서 희생하고 봉사한 사람을 위인 성인이라고 합니다.

여러분 미국에 그런 속담이 있어요. 사람의 가치는 죽은 순간에 관 뚜껑이 덮이는 순간에 결정된다. 살아있는데 얼마나 가치 있다 말할 수 있습니까? 죽고 나야 어떤 사람이었다고 논하는 거죠.

한국말에는 같은 내용을 가지고도 여러 가지로 표현하는 말이 있습니다. 특히 죽은 사람을 놓고는 표현이 여러 가지로 나옵니다. 자기 자신만을 위하며 살다가 죽는 사람들, 그럼 그냥 죽었다고 그래요. 그런데 자기 가족들까지 괴롭히면서 살다가 죽었어요. 그럼 동네 사람들이 뭐라 그래요? "아이고 그 사람 죽어서 그 집 식구들 속이다 시원하겠네. 잘 죽었어. 잘 죽었어." 합니다. 그런데 동네방네 사람들 괴롭히다 죽었으면 사람들이 뭐라 그래요. "고녀석 잘 뒈졌구먼, 잘 뒈졌어." 그런다구요. 그런데 국가적인 망신까지 시키다 죽으면 뭐라 그럽니까? "고녀석 잘 뻗어버렸구만," 그런단 말이에요. 뻗었다는 말은 짐승이 죽은 것을 보고도 잘 사용하지 않는 말입니다. 그러므로 뻗었다는 말을 듣는 사람은 짐승보다 못하게 살다가 죽었다는 말입니다.

그런데 어떻습니까? 사람은 하늘에서 그 생명이 왔기 때문에, 죽는 순간에 죽는 것이 아니고 돌아가신 거예요. "돌아가셨다." 그 말은 갈 곳이 있어서 갔다는 뜻입니다. 우리도 이곳에서 연수를 마치면 다 돌아가시잖아요? 그렇죠? 집으로 다 돌아가신다는 거죠. 그래서 자기 가정을 위해서 희생하다 죽게 되면 죽었다고 않고 돌아가셨다. 이웃을 위하여 봉사하시다 돌아가시면 아까운 분 돌아가셨다. 국가를 위하여 희생하다 돌아가시면 서거하셨다고 그렇잖아요. 예수님, 공자님, 석가님이 돌아가셨지만 돌아가셨습니까? 그분을 앙모하는 사람들 마음속에 다 살아계십니다. 성인군자는 살아계시는 거예요. 그를 앙모하고 존경하고 숭상하는 사람들 가슴속에 지금도 살아계신다는 것입니다.

인간은 이렇게 자기 개인을 넘어서 적어도 자기 가족을 위해서 이웃을 위해서 희생봉사하면서 살아야 참된 가치 있는 사람, 사람다운 사람이 되는 것입니다. 그래서 내 가족을 넘어서 이웃과 민족을 위해서 봉사하면서 살아야겠다는 인생관을 가지고 살아야 인간다운 삶을 살수가 있는 것입니다. 이런 참된 인생관과 가치관을 가지고 살면서 인격이 어느 정도 성장한 후에 결혼을 해야 서로 잘 맞추며 화목하게 잘사는 것입니다.

다른 각도에서 인간의 욕구와 가치관을 생각해 보면,

여러분, 인간은 기본적인 욕구가 있습니다. 우선 먹고 살아야 되겠다. 그래서 직장을 안 가질 수 없죠. 먹고 살아야 하니까요. 그러다가 어느 정도 돈을 모으면 어떻게 합니까? 안정을 취하려고 합니다. 생활이 안정되게 되면 사람은 어딘가에 자기 자신을 나타내고 싶어 합니다. 그래서 계도 참여하고 어떤 단체나 산악회도 참여하고 이런 저런 모임에 참여하고 싶은 맘이 있어요. 소속 욕구가 생긴다는 것입니다. 그래서 봉사하고 희생하고 그러다보면 사람들로부터 인정을 받게 됩니다. 사람은 누군가로부터 인정을 받고 싶은 욕구가 있습니다. 그래서 통장반장이라도 하고 싶고 말이죠. 나아가 시의원 도의원 같은 것도 하고 싶고 말이죠. 이런 욕구를 누구나 다 가지고 있습니다.

사실 인간이 인간답게 인격적으로 살다보면 사람들로부터 자동적으로 인정을 받게 됩니다. 그런데 그런 진리를 늦게야 깨닫게 됩니다. 생활이 안정되고난 후에 인정받는 생활을 하는 것이 아니라 언제나 이웃을 위하고 봉사하는 생활을 해야 하는 것이 인격적이고 정상적인 인간의 길이라는 것입니다. 그래서 이런 삼각형구조의 인생관, 이런 욕구를 가지고 사는 사람들이 많은 나라를 후진국형 인생관을 가진 국민이라고 합니다. 선진국형 인생관이 되려면 이것을 바꾸어야 합니다. 먹고사는 것에 급급하여 사는 것이 참된 인간의 길이 아니구나! 인간은 짐승처럼 먹는 것에나 얽매여서 사는게 아니구나, 깨달으면서 인생관을 역삼각형으로 바뀌어져야 하는 것입니다.

그래서 이웃을 위해서 희생봉사하면서 더불어 사는 것이, 서로를 위해서 사는 것이 참된 인생이구나 하는 것을 깨닫고 참된 가치를 추구하면서 살아야 더불어 잘 사는 선진국이 되고 범죄가 없는 건전한 선진국이 되게 됩니다.

우리가 가치를 말할 적에 가치는 지·정·의에 의해서 결정됩니다. 여러분! 존경받는 인격자가 되고 싶죠? 그럼 어떤 사람이 인격자일까요? 인격자는 지·정·의를 골고루 갖춘 사람이에요. 무지한 사람은 참된 가치를 실현할 수 없습니다. 그렇다고 유식하다고 인격자가 아닙니다. 따뜻한 가슴을 가지고 있어야 합니다. 정이 많아야 된다는 것입니다. 그리고 알고 정도 많은데 실천하지 않으면 결코 인격자라 할 수 없죠? 앎과 정과 실천을 고루 갖추고 있는 사람을 우리는 인격자라고 합니다. 그래서 이러한 지·정·의는 진·미·선을 추구합니다. 참되고 아름답고 선함을 이루고자 하는 것이죠. 그럼 참되고 아름답고 선한 것을 이루어서 뭐하자는 것인가. 평화와 행복을 이루자는 것입니다. 우리 인간의 마음은 보이지 않지만 지정의라는 기능을 가지고 있고 작용을 하고 있거든요. 바로 지정의 작용 때문에 인간은 평화와 행복을 염원해 왔던 것입니다. 그래서 인간은 역사 속에서 참되고 아름답고 선한 평화와 행복을 이루기 위하여 과학과 예술과 종교를 발달시켜 온 것입니다. 과학, 종교, 예술을 발달시켜서 결국에는 평화와 행복한 세계를 이루자는 것이었습니다. 그래서 인간은 인격자가 되기 위해서, 평화를 이루기 위해서, 행복한 세상을 이루기 위해서, 희생하고 봉사하고 헌신하며 살아야 하는 것입니다. 그럴 때, 진정한 참된 인간이 되고 참된 인격자가 되고, 존경받는 귀한 사람이 되는 것입니다.

인간의 공통된 욕망중의 세 번째는 '종족 보존욕' 입니다. 이것이 인간의 최종목적이고 최고의 욕망입니다. 나만 잘 산다고 재미있겠어요? 자식들이 있어야죠. 자식들이. 후손이 있어야 합니다. 아들도 있고 딸도 있어야 합니다. 인간이 사는 최종목적은 종족 보존욕이기 때문에 종족 보존에 대한 욕망이 강력합니다. 동물들도 종족 보존욕이 강력합니다. 그 왜 그러느냐? 하나님이 이 세상을 창조하실 적에 이 세상을 전부다 음과 양으로 창조하셨습니다. 왜 음과 양으로 창조했느냐? 음과 양이 서로 주고받으며 조화를 이루면서 생존하고 번식해 가라고 그런 것입니다. 생존, 번식하면서 잘 살라고 하나님께서 천지 만물을 음과 양으로 창조하셨어요. 음과 양이 서로 싸우라고 창조하신 것이 아니라 아까 말씀 드렸듯이 주고받고, 주고받고 하면서 서로 위해주고 보호하며 조화를 이루면서 생존, 번식하라고 짝으로 창조하신 거예요.

그래서 주고받고 하는 작용이 천지만물이 존재하고 번식하고 성장하고 발전하고 잘 사는 법칙인 것입니다. 그러니 주고받기를 할 때 잘 주고, 잘 받고를 잘 해야 하는 것입니다. 사실 이것이 천지법도이고 천지간의 이치요 잘 사는 원리인 것입니다.

동양 철학도 음양 철학이에요. 음양에서 목·화·토·금·수 5행이 나와서 거기에서 천지만물이 나와서 음양의 조화를 이루고 존재한다는 거예요.

성경에서도 하나님이 사람을 만드는데, 창세기 1장 27절을 보게 되면 당신의 형상대로 남자와 여자를 만들었다는 거예요. 이 말씀을 가만히 보면 하나님께서 남자와 여자로 되어있다는 거예요. 남자와 여자가 있기 때문에 당신을 닮아서 인간을 남자와 여자로 지은 것입니다. 그래서 인간은 필연적으로 남자만 홀로 있어도 안 되고 여자만 홀로 있어도 안 되기 때문에 남자 여자가 만나서 결혼을 해서 조화를 이루면서 행복하게 잘 살면서 후손을 자자손손 번식하도록 하나님이 당신을 닮아서 인간을 음과 양, 남자와 여자로 창조하신 것입니다.

제가 왜 이 얘기를 하느냐 하면은 요즘 우리나라도 말이죠. 여자들이 경제력이 좀 있어지면서 결혼들을 안 해요. 서른 넘은 노처녀들이 수두룩하고 마흔 넘은 노총각들도 수두룩하고 말이죠. 이게 보통 심각한 문제가 아닙니다. 결혼은 선택 사항이라고 이렇게들 말하는데. 이것 참 큰일 입니다. 큰일!

옛날에 결혼을 안 하고 죽으면 뭐라 그랬어요? 사람이 아니에요, 반쪽사람이니까 아직 온전한 사람이 아니니까 장사 지내요, 안 지내요? 결혼 안하고 죽으면 장사를 안 지내고 멍석에 또르륵 말아가지고 그냥 갖다 버렸습니다. 소위 길에다 매장하는 도장道葬을 한 것입니다. 결혼을 해야 인간의 최고의 기쁨을 느끼는데 그것을 못 느끼고 죽었으니 가장 원한 맺힌 귀신이 되는 거죠. 귀신 중에 가장 악랄한 귀신이 처녀귀신, 몽달귀신 결혼 못하고 죽은 귀신이라고 그러잖아요. 그 악랄한 귀신이 활동 못하게 하려고 사람들이 많이 다니는 곳에다 묻은 것입니다. 여러분 혹시 주변에 결혼 안 한 사람 있으면 빨리 데리고 오십시오. 결혼은 선택사항이 아닙니다. 천리법도 우주의 순행법도, 결혼을 안 하는 것은 천리 법도를 역행하는 것입니다. 결혼은 절대적으로 해야 합니다.

인간은 왜 사느냐. 아까 말씀 드렸듯이 인간은 사랑을 위해서 삽니다. 사랑을 완성시키기 위해서 사는 것이에요. 돈이 아무리 많으면 뭐하겠어요. 인간은 사랑이 없으면 모두 다 허무하게 됩니다. 아무리 가난하고 무식해도, 사랑하는 사람이나, 사랑할 사람이 있으면 얼마든지 기쁘고 행복 할 수 있습니다. 그래서 인간은 사랑이 최고고, 사랑 때문에 사는 것이고, 사랑을 완성하기 위해서 사는 것이에요.

남자로서 여자로서의 사랑 완성은 어디에서 이루어지느냐? 부부를 이루었을 적에 그 부부사랑을 통해가지고 사랑이 꽃피우는 거고. 그래가지고 꽃이 핀 그 사랑이 자녀 번식을 통해서 열매를 맺게 되는 것입니다. 그래서 인간은 필연적으로 결혼을 해야 되고 결혼을 해서 필연적으로 또 자녀를 낳아서 가정을 이루어야 인간으로의 기본적인 삶을 사는 것입니다. 이런 기본적인 사랑을 못하고 죽으면 한 중에 한이 되고 그 부모 역시 한을 남기게 됩니다. 노총각 노처녀의 부모는 가슴에 대못을 박혀서 세월이 흐를수록 더 깊숙이 박혀갑니다. 기가 막힌다는 거죠.

행복한 가정을 이루려면 우선 배필을 잘 만나야 돼요, 배필을. 배필을 잘 만나라고 하니까, 고르고 고르는 사람이 있습니다. 경상도 말 중에 그런 말이 있어요. 고르다 고르다 찌고른다. 고르다 고르다 제일 못난 것을 고른다는 말이에요.

상대를 고를 적에는 대충 맞으면 결혼해야 돼요. 사람은 같이 살아보지 않고는 모릅니다. 결혼은 얼떨결에 하는 것이지 고르고 따져서 하려다 보면 못하고 맙니다. 결혼은 나보다 조금 못하다 하는 사람과 해야 됩니다. 사람은 누구나 다 상대가 나보다 잘 나기를 바라거든요. 나보다는 부인이 좀 잘나길 바라고 나는 좀 부족하니 남편은 잘난 사람을 만나야겠다. 이런 생각들 다 하고 계시거든요. 그럼 결혼하기 힘듭니다. 나보다 조금 못난 사람과 해야겠다 라고 생각하면서 골라야 합니다. 그리고 비슷한 사람이랑 해야 됩니다.

배필을 정하는 데는 이런 말이 있어요. 눈을 부릅뜨고 골라라. 눈을 부릅뜨고. 그리고 결혼을 딱 한 다음엔 어떻게 해야 합니까? 두 눈 부릅뜨고 남편 쳐다보고 두 눈 부릅뜨고 부인 쳐다보았다가는 그 집은 1년도 못 가서 이혼해요. 그럼 어떻게 해야 합니까? 결혼하고 나서는 한쪽 눈을 감고 살아라, 그래요. 한쪽 눈 감고 살아야 돼요. 맨 처음 만날 때는 이성끼리 만났으니 서로 잘 보이려고 조심합니다. 그러다가 시간이 지나면서 다 들통 나게 되는 거죠. 그런 것 두 눈 부릅뜨고 보면 못 봐주죠. 그래서 결혼하고 나서는 한쪽 눈 감고 살아라, 참고 살아라. 그러라는 거예요.

여러분 부부는 살면서 일심동체로 살아야 심신 통일되어 살아야 좋은 자식을 낳습니다. 심신동체, 일심동체가 안 된 상태에서 사랑을 해가지고 자식을 나았다. 그럼, 그 자식이 어떤 자식이 되겠어요? 애매한 자식이 나오는 겁니다.

그래서 부부가 완전히 일체된 상태에서 사랑을 해야, 몸과 맘이 완전히 일치된 상태에서 사랑을 해야 그때에 좋은 자식이 생겨서 나온다는 것입니다. 좋은 자식 나려면 부부가 정말로 뜨겁게 몸과 마음이 일치된 상태에서 사랑을 해야 된다는 것입니다. 어떤 사람은 잘 안 되니까 그냥 술 먹고 사랑을 해버리고, 그럼 어떻게 되겠어요? 나오자마자 아기가 잘못하면 비틀거릴 수 있습니다.

요즘 젊은 사람들 중에는 마약을 먹는 사람이 있어요. 마약 먹은 사람은 그 후손이 기형아가 나올 가능성이 높습니다. 당장 안 나왔다고 안심하면 안 됩니다. 10대 20대 후손에서도 나올 수 있다는 것입니다. 그래서 마약 먹었던 사람은 애기를 낳으면 안 되는 거예요. 아주 무서운 겁니다. 자신의 후손 가운데 나 때문에 기형아가 나온다니 얼마나 무서운 일입니까!

또 성병 가진 사람이 애기를 갖게 되면 그 후손이 굉장히 병약합니다. 그래서 성병 걸린 사람들도 애기 낳지 말아야 한다는 것입니다. 우리 조상들 가운데 마약에 손을 댔다거나 성병이 걸린 상태에서 아기를 낳아서 후손이 번식되었기 때문에 온갖 요상스런 질병들이 나왔다는 것입니다. 부부가 건전하고 건강한 몸 맘으로 완전히 일심동체가 되어가지고 사랑을 해야 건강하고 건전하고 영리한 후손이 나오는 거예요.

부부가 사랑을 하려고 할 때, 남자는 저녁에 잠자다가 사랑하고픈 시동이 걸렸다고 합시다. 그러면 남자는 시동이 걸리는 순간에 벌써 한 80% 정도는 끓어 있는 상태입니다. 그런데 부인한테 사랑하자고 그러면 부인은 지금 제로 상태거든요. 80도와 0도가 만났는데 어떻게 하모니를 이룰 수 있겠습니까? 거 안 되는 거예요. 미완성 교향곡의 밤으로 끝나는 거예요. 여자는 속 이상하고 참으려니 화가 치밀어 오르고 잠도 못 잡니다. 만일 그 때에 아이가 생겼다면 아이가 나오면서부터 씩씩거리고 나올지 모릅니다. 반항아가 나올 수 있다는 거예요.

그래서 사랑을 어떻게 해야 하느냐? 사랑교육을 받아야 합니다. 특히 신혼부부들, 그리고 결혼을 앞둔 예비 신랑신부들 사랑교육을 꼭 받아야 합니다.

남편들은 사랑을 하려면, 오늘 저녁에 사랑을 해야 되겠다. 그러면 아침에 신고를 해야 돼요. 여보! 오늘 저녁에 사랑을 하겠소. 목욕 하고 하루 종일 끓고 있으시오. 그러면 부인은 하루 종일 저녁을 기다리며 끓고 있습니다. 저녁이 되면 부인이 80도 이상 끓고 있으니, 그때 남편과 사랑을 하면 딱 맞는 겁니다.

그래 가지고 둘이 부둥켜 안고 황홀경에 들어가는 거예요. 그러다 보면 온도가 80도, 100도, 500도, 1000도까지 올라가서 그 때 딱 수정이 됐다. 그 때에 만들어진 아이는 1000도에서 만들어졌으니 천재가 되어서 나오는 겁니다. 이것이 천재 낳는 비결입니다.

그 담에 좋은 자식을 낳으려면 정성 드려야 됩니다.

정성, 여러분 오늘 당장 집에 가서 화초를 놓고 실험을 해 보십시오. 화초

두 개를 놓고 하나는 정성들이고 하나는 아주 무시하고 그래 보십시오. 일주일만 지나면 벌써 다릅니다. 무시받은 놈은 서서히 죽습니다. 물도 그런다고 하잖습니까? 칭찬하고 사랑한다고 하면 물이 육각수로 변하고 무시하면 물이 망가지고 찌그러진다는 것입니다. 개를 사랑했더니 충견이 되었다는 말이 얼마나 많습니까? 식물 동물이 그러거늘, 하물며 만물의 영장을 낳는데 정성 안들이고 그냥 낳으면 되겠습니까? 정성 드려야 됩니다.

그런데 옛 어른들이 기본적으로 며칠 정성드리라 그랬어요? 백일 정성 드려라 그랬죠? 왜 백일입니까? 구체적으로 설명할 시간이 없습니다만, 남자의 정자가 골수에서부터 생성되어 고환에 장전되는데 까지 걸리는 기간이 72일 정도라고 합니다. 그리고 여자의 난자가 생성되어 완성되는 기간이 28일 정도 됩니다. 그래서 합하면 딱 백일이에요.

그런데 진정으로 좋은 자식을 낳으려면 3년 정도는 정성을 드려야 한다고 합니다. 우리 세포가 다 바뀌고, 머리카락 뼈까지 바뀌는 기간이 약 3년 정도 걸린다고 합니다. 그래서 우리의 온 몸이 다 바뀌고 새로운 몸과 맘으로 변할 때까지 정성을 드린 후에 사랑을 해서 자식을 낳으면 참으로 귀하고 좋은 자식이 나온다는 것입니다.

그리고 부부로 살아가면서 어떻게 해야 행복할까요? 세상에서 가장 행복한 사람이 미친 사람이라고 합니다. 세상만사 다 잊고 항상 웃으며 살잖아요. 그런데 완전히 미치면 정신병원에 가야하니까 살짝 미쳐서 살아야 진정으로 행복하다는 것입니다. 그럼 어디에다 미쳐야 되겠어요? 남편한테 미치고 부인한테 미쳐야 돼요. 그게 가장 잘 미친 사람이에요. 세상에 자기남편밖에 모르고 자기 부인밖에 없다며 서로에게 미쳐있는 사람이 가장 행복한 사람, 행복한 부부입니다. 부부는 본래 그렇게 서로에게 미쳐서 그리워하고 보고 있어도 보고 싶은 사람이 되어서 살아야 진정으로 참 좋은 참자녀 정말 좋은 자식이 나온다는 것입니다.

사람들은 모두 다 행복하게 살려고 결혼을 합니다. 그런데 결혼 했다고 다 화목하고 행복해 지는 것은 아니죠. 결혼해서 행복해지고 화목해지려면 비결은 딱 한가지 밖에 없습니다. 뭘까요? 우리 따라서 한번 해봅시다. 맞추기!!! 부부 행복은 맞추기 입니다.

제가 전국을 다니면서 부부 행복에 대한 강의를 하면서 설문조사를 했었습니다. 제가한 15년 전에 부산주부대학에서 강의를 하면서 그때, 설문조사를 했거든요. 설문지의 내용 중에 다시 태어나도 현 남편과 결혼 하겠는가? 라는 질문이 있었어요. 그랬는데 거기 한 120~130명 모였는데 자그마치 64명이 다시 태어나면 현 남편과 다시 결혼 하지 않겠다. 그랬어요. 32명이 아직은 잘 모르겠다. 두고 보자. 앞으로 하는 것을 더 보아야 알 수 있겠다 하였고. 그 중에서 12명이 다시 태어나도 현 남편과 결혼하겠다. 이렇게 나왔어요.

그런데 그 중에 2명이 말이죠. "다시 태어나면 꼭 현 남편과 결혼하겠다." 고 '꼭' 자를 써 놨더라니까요. 그래서 내가 찾았죠. 당신 남편이 얼마나 잘 해주면 다시 태어나면 꼭 다시 결혼한다고 했소? 물어 봤더니, 그 아주머니가 그러더라고요. 그 사람과 벌써 결혼한 지 25년 넘었는데, 맨 처음 결혼을 해보니까 처음은 좋더니, 조금 지나면서 흠과 티가 보이기 시작하고, 미워지는데, 부부싸움을 많이 했다고 합니다. 그런데 한 일 년쯤 지나면서는 거의 매일 싸웠다는 거예요.

남편이 세상에서 가장 밉고 원수 중에 원수 같이 보여서 이 인간하고는 도저히 못 살겠구나 도망가야지 생각했다는 거예요. 그런데 덜커덩 임신을 한 거야. 이놈만 낳으면 도망가야지 하고 애기를 낳고 보니까, 이것이 불쌍해서, 이것을 조금만 끼우고 도망가야지 하다 보니까 또 둘째가 생겨버렸다는 거예요. 그러면서 한 4년이 지났어요. 그러다 보니까 우리 남편이 내가 "아" 하면 싫어하고 "어"하면 좋아하는 구나, 이걸 알아가기 시작했다는 거예요. 그래서 남편이 싫어하는 것은 안 하고 좋아하는 것을 맞추어 보다보니 매일 싸우던 것이 한 5년을 지나면서는 한 일주일에 한번씩, 한 10년 지나니까는 이렇게 하면은 남편이 좋아하네, 이렇게 해주니까는 싫어하네. 그걸 맞추어 주니 부부싸움이 줄어들게 되면서 한 열흘에 한번씩, 지금은 한 25년쯤 지나 보니까 남편을 다 안다는 것입니다. 그래서 싸우고 싶으면 건들고, 싸우기 싫으면 맞추어주고 그런 다는 것입니다. 그래서 요즘은 한 달에 한번, 두 달에 한번 싸운다는 겁니다. 안 싸우면 심심하니까. 이정도 맞춰오는데 25년 걸렸는데, 다른 놈을 만나면 25년 동안을 처음부터 새로 맞춰 와야 하는데, 그 짓을 왜 하느냐는 겁니다. 이제야 대충 맞았는데 이 남자하고 계속 살아 버리겠다는 것입니다. 그래서 맞추기입니다. 부부 행복은 맞추기에 달렸다는 것입니다.

보통사람들은 부부지간에 맞추려고 노력하다가 못 맞추고 마는 것이 이게 부부지간이다 라고 합니다. 그런데 우리는 이제 알았으니, 여러분들은 잘 맞추어서 행복한 부부가 되어야 합니다.

부부지간은 주기가 있잖아요. 3, 7, 10, 12, 15, 20, 왜 이혼 합니까? 맞추지 못해가지고 이혼하거든요. 내가 먼저 맞춰주고, 우리 따라 해 보자 구요. '내가 먼저 맞춰 주자.' 새사랑 3년이란 말이 있잖아요. 아무리 좋은 남편, 좋은 부인도 3년 못 간다는 겁니다. 부부는 적어도 3년은 참고 살아봐야 조금 알게 되고 20년은 살아야 어느 정도 알게 되고 30년 정도는 살아봐야 그래도 안다고 할 수 있다는 것입니다. 그런데 30년을 함께 살았어도 맞추려고 노력하지 않은 부부는 잘 맞추는 3년차 부부만도 못하게 됩니다.

옛날에 어떤 사람이 얼떨결에 죽었어요. 그래서 옥황상제께서 "야 이놈아 넌 때가 안됐는데 왜 왔느냐 다시 가거라." 고 하는 겁니다. 그런데 그 사람은 "아 마누라 보기 싫어서 안 갈 랍니다." 그냥 여기서 살아버리겠다고 그러니까 옥황상제가 "야 이놈아, 넌 때가 안됐으니까, 빨리 내려가라." 발로 찼다는 거예요. 그러니까 그 사람이 그럼 현모양처가 있는 곳으로 내려 보내 달라고 부탁을 했다는 거예요. 그러니까 옥황상제가 그랬대요. "이 자식아, 그런 여자 있으면 내가 가서 살아야지 너 주겠냐? 이놈아." 그랬다는 거 아니에요? 그러니까 다 비슷합니다. 우리 마누라만 그렇고 내 남편만 문제가 있는 게 아닙니다. 내가 못 맞춰 줘서 부부 싸움이 벌어지고 상대가 미운거예요.

여러분 화목하게 사는 부부를 금슬琴瑟 좋은 부부다 그러거든요. 금자가 거문고 금자고 '비파 슬'입니다. 거문고, 비파 연주하는 사람이 노력을 해가지고 연주의 달인이 된 거예요. 그래가지고 둘이 아주 서로 잘 맞추며 연주를 하니 참으로 아름다운 음악이 되었다는 것이 금슬이라는 뜻입니다. 그런데 아무리 연주를 잘해도 서로 잘 맞추어 하모니를 이루어야 음악이 되지 서로 맞추지 못하면 음악이 아니고 소음공해가 됩니다. 그렇습니다. 부부금슬도 마찬가지에요. 서로 각자가 잘 해야 합니다. 그러면서 서로를 잘 맞추어야 금슬 좋은 부부가 되는 거예요. 나도 잘 맞추어 줄려고 최대한 노력하고, 상대도 잘 맞추려고 최대한 노력했을 적에, 그래가지고 서로 맞추어 하모니를 이루었을 적에 금슬 좋은 부부가 되는 것입니다. 아무리 유능한 연주가라도 하루 연습을 안 하면 자신이 느끼고, 이틀 연습을 안 하면 스승이 알고, 삼일 연습을 안 하면 청중이 안다는 거예요. 부부지간도 마찬가지입니다. 서로 잘 맞추려고 늘 노력하고 애써야 잘 맞추어 화목한 부부가 되는 것입니다.

살다 보면 부부 싸움을 안 하는 집이 거의 없습니다. 저는 되도록 부부 싸움을 많이 하라 가르칩니다. 부부 싸움도 안하며 무덤덤하게 사는 것보다도 한 번씩 투닥 거리면서 사는 것도 좋다 그럽니다. 그런데 부부 싸움이 정말 싸움이어서는 안 됩니다. 사랑싸움이어야 합니다. 행복을 이루기 위한 행복의 조미료가 되어야 합니다.

그래서 부부싸움을 하는 목적이 분명해야 돼요. 너와 내가 싸워 가지고 망신 주고, 박을 터트리고, KO를 시키기 위해서 싸우는 것이 아니거든요. 서로 잘살기 위해서 잘되려고 싸우는 것이거든요.

그래서 부부 싸움이라는 것은 상대를 깊이 파악해 가지고 서로 잘 맞추어 주어서 잘 살기 위한 과정으로 나타나는 것이 부부싸움, 사랑싸움입니다. 그러므로 부부 싸움에는 원칙이 있어야 합니다. 제가 부부싸움의 원칙, 잘 싸우는 비결을 가르쳐 드릴게요.

옛날에는 여자들이 거의 남자에게 얻어맞고 살았어요. 그런데 옛날에도 남자들이 여자들에게 얻어 맞은 경우가 많았습니다. 그래도 구타당한 여자가80%면 구타당한 남편이 20%있었어요. 옛날 이조 때에도 구타당한 남편이 있었습니다. 철저한 남존여비 시대에도. 그런데 지금은 어느 정도 되었겠요? 60대 40정도는 될 것입니다. 매 맞는 여자가 60%이면은, 지금은 매 맞는 남자도 40%가 된다는 것입니다. 꼬집히고, 발로 밟히고, 빗자루로 얻어 맞고 막 물어뜯고 특히 부인의 언어폭력은 대단합니다.

그러니까, 부부싸움 할 때 기술이 필요합니다.

우선 관상을 가르쳐 드릴께요. 사람이 화가 난다고 하잖아요. 화가 어디로 올라가느냐. 목을 통해서 머리로 올라가요. 화가 머리끝까지 올라가면 주먹이 날아가게 돼요. 이 주먹이 오봉산 불방망이라고 그래요. 화가 나서 딱 때리면 머리에서 불이 번쩍 난다고 해서 오봉산불방망이라고 그래요. 어떤 사람이 구타를 잘하고 화를 빨리 내느냐. 사람은 이 가슴속에 불이 들어있어요. 그래서 가슴이 뜨거운 거예요. 가슴속에 심장이 있어가지고 이 심장에서 불을 지핍니다.

우리 심장에서 하루에 어느 정도 열을 내느냐 하면은, 커피를 14톤 정도 끓여낼 수 있을 정도로 열을 내요. 그 열이 화가 나면 어디로 올라가요? 목을 타고 머리로 올라옵니다. 그래가지고 주먹이 날라 오거든요. 그래서 목이 짧은 사람은 화를 빨리 냅니다. 옆 사람 한번 보십시오. 목 짧은 사람이랑 같이 앉아 있으면 조심해야 해요. 주먹이 빨리 올라가 가지고 사고를 칠 수 있으니까요. 그런데, 모가지가 긴 사람은 올라오는 속도가 더뎌, 그래서 목이 긴 사람치고 성질 급한 사람 없습니다. 목 짧은 사람이 성질 급합니다. 그래서 내 남편이 목이 긴지 짧은지. 이거 잘 봐야 돼요.

부인들이 남편에게 신선한 충고는 필요할 수 있어요. 신선한 충고 즉 아름답게 바가지를 긁을 때, 봐가면서 긁어야 돼요. 우리 남편은 목이 짧으니까 한 30도쯤 올렸다 내리자, 그래서 바가지를 긁다가 화가 적당히 올라갔다 싶으면 그만 두어야 합니다. 그것을 모르고 계속 따발총을 쏘면 오봉산불방망이가 날아오는 거예요.

부부싸움에 원칙이 있습니다. 첫째는 이성을 잃지 말고 싸워야 돼요. 말씀

드린대로 더 맞춰서 행복을 이루어서 잘 살자는 것이니까 이성을 잃지 말고 흥분하면 안 됩니다. 흥분하고 이성을 잃어버리니까 주먹이 오고 가고 폭력이 생기거든요.

그 다음에는 존댓말로 싸워야 합니다. 평소에 서로 약속을 해야 합니다. 평소에는 편안한 말을 사용하더라도 싸움이 시작되면 꼭 존댓말을 씁시다, 이렇게 약속을 해야 돼요. 부부싸움을 시작하려고 하면 존댓말을 쓰는 거예요. 서방님 성질 나셨습니까? 여보 기분이 좀 언짢습니까? 그럼 부부 싸움이 안 되는 거죠.

그리고 교회 다니는 사람들은 부부 싸움을 하려면 기도하고 싸워야 합니다. 성서에 쉬지말고 기도하라고 했잖아요. 그러니 평상시에는 기도를 쉬고 있었더라도 심각한 싸움을 하려니 기도를 먼저 하고 싸워야 합니다. 정말 제 후배 중에 믿음이 좋은 사람이 있었는데 그 친구는 부부싸움을 하려면 꼭 기도를 하더라구요. 부부가 무릎 꿇고 기도한 다음에 싸워요. "하나님 보시면 속상하시겠지만 저희 부부가 지금 싸움을 하려고 합니다. 이제 시작하겠습니다." 그리고 존댓말로 싸우는 거예요. 그러면서 더 가까워지는 것이죠. 상대와 싸우면서 더 깊이 알아가는 거예요. 상대의 입장에 들어가서 상대의 마음을 깊이 꿰뚫어 볼 수 있는 시간이 사실 부부싸움하는 시간이거든요.

그리고 부부싸움은 작은 소리로 싸워야 합니다. 전 세계에서 목소리가 가장 큰사람이 한국 사람이라고 합니다. 목소리가 누가 큰가 하고 대결을 해 보았대요. 전 세계 사람들이 유리창에 대고 소리를 지르는데 아무도 깨는 사람이 없는데 한국여자가 소리치니까 유리가 왕창 깨져버렸다는 거예요. 부부 싸움할 적에는 절대 큰소리로 싸우면 안 됩니다. 큰 소리로 싸우다보면 진짜 전쟁으로 발전할 수도 있는 거예요. 큰소리는 도둑놈 들어왔을 때, 불났을 때 응원할 때나 지르는 거예요. 부부 싸움할 적엔 조용조용 부드럽게 여보 당신 화났어? 이렇게.

다음에는 부부 싸움할 적에 조심하고 신중할 것이 있어요. 성질났다고 해서 과거에 잘못했던 것 다 끄집어내는 사람이 있습니다. 그리고 평소에 별로 안 좋았던 감정, 약점들 다 끄집어내서 애기해 보십시오. 평생 가시가 되고 상처가 되어 잊혀지지 않을 수 있어요. 당신 그게 뭐야 귀신 눈처럼 찢어져 가지고, 이런 말을 혹시 남편이 했다고 합시다. 그러면 싸움이 끝난 후에도 부인이 거울을 볼 때마다 그 말이 생각납니다. 내 눈이 귀신같이 생겼다고 했는데… 거울을 볼 때마다 앙금이 생긴다니까요.

또 여자들이 흥분해가지고 화가 치밀어서 남편에게 밤일도 제대로 못하는 주제에 남자라고 큰 소리를 치기는… 이런 소리 했다면. 나중에 사랑할 때마다 그 말이 생각납니다. 부인이 밤일을 시원찮게 한다고 했는데… 오늘도 잘 못하면 어쩌지… 공포 불안, 남자들은 그런 생각을 계속하면 잠재적인 성불능이 올 수 있고 성기능저하증으로 발전해 갈 수 있어요.

아까도 말씀드렸지만 부부싸움에서는 주제를 확대 시키면 안돼요. 지금 이 문제만 주제만 가지고 싸워야 돼요. 그 다음에 중요한 것은 부부 싸움은 길게 해서는 안 됩니다. 속전속결로 끝내야 합니다. 부부 싸움은 서로가 피해자거든요. 서로 이기고 지는 것이 없습니다. 서로가 지는 것이고 서로가 못 맞추어주고 서로가 잘못해 가지고 싸우는 것이니까 서로 가해자고 피해자들입니다. 그러니 빨리 끝내야 피해를 줄일 수 있고 상처가 덜 납니다.

그리고 마지막으로는 부부 싸움하고서는 꼭 에프터 서비스를 해줘야 합니다. 이거 안 하면 안돼요. 아까 말씀드린 것처럼 부부싸움이 끝나면 부부싸움 끝났다고 기도를 딱 해야 돼요. 그리고 서로 끌어안고 보듬어 주고, 그리고 부부 싸움하고서는 외식도 하고 말이죠. 서로 더 깊이 알아졌으니 더 짜릿한 사랑을 나누는 A/S가 필히 있어야 합니다.

그래서 부부의 행복은 그냥 이루어지는 것이 아니라 서로 맞추려고 이렇게 노력하는 사람들에게만 부부행복이 찾아가게 됩니다. 맞추는 만큼만 행복이 가고 화목이 갑니다. 제가 지금까지 주례를 한 400명에게 섰어요. 내가 늘 하는 말이 있거든요. 맞춰라 맞춰라. 맞춰줘라. 내가 먼저 맞추어 주자. 세상에 가장 큰 기술이 맞추는 기술이에요.

서로 맞추어 주려고 노력하면 할수록 서로 존경스러워집니다. 부부가 행복하게 잘 살려면 정말 중요한 것이 있어요. 부부는 서로 존경하고 서로 인정해주고 서로 칭찬해 주면서 살아야 한다는 것입니다.

사람은 나를 인정해 주고 칭찬해주는 사람을 존경하고 잊지 못해요. 우리 인간은 그렇게 살도록 되어 있어요. 선하고 의로운 일을 하면서 서로 존경하고 칭찬하고 인정받으면서 살아야 되는 것이 우리 인간인 것입니다. 만날 때마다 지적하고 꾸중하고 나무라고 그러보세요. 하나님 부처님도 돌아설 겁니다. 너나 잘 하세요. 그러면서 오지 말라고 한다니까요. 사람은 서로 같을 수 없어요. 똑같으면 획일화이고 전체주의고 기계예요. 부부지간은 서로 서로 다른 것이 많아요. 인간은 각각 개성진리체라구요. 나하고 다른 것은 그 사람의 개성이다. 그렇게 보면서 서로 이해해 주고 칭찬해 주고 격려해 줄때 사랑이 깊어져 가는 것입니다. 부부는 사랑으로 한 덩어리로 만들어져 가는 겁니다. 그 한 덩어리를 빨리 이루려면 서로 인정해 주고 칭찬해 주고 감사해 하는 습관을 길러야 합니다.

그 다음에는 서로 기를 세워주는 부부가 되어야 합니다. 기를 살려주는 남편. 기를 살려주는 부인이 되어야 합니다. 엄지손가락 올려 보세요. 하루에 한 번씩 말합시다. 남편을 향해서 부인을 향해서 '당신이 최고야.' 한번 해보세요. '당신이 최고야.' 하루에 한 번씩만 상대의 눈을 바라보면서 외쳐 보십시오. 기를 살려 주어야 기가 살아가지고 큰일을 합니다. 우리 남편, 우리 아내는 어디에서 기를 받겠어요. 자기 마이너스, 자기 플러스에게 기를 받아야 합니다. 그래서 플러스는 마이너스에서 마이너스는 플러스에서 서로 기를 충전 받아야 해요. 기 살려주는 것이 칭찬입니다. 당신이 최고야. 하루에 한 번씩만 해보라는 거예요.

그리고 부부가 화목해지려면 대화를 많이 하는 부부가 되어야 합니다. 그런데 대화를 많이 하라고 하니까. 부인들이 자기 남편하고 대화를 한다고 퇴근해서 돌아오는 남편을 보고 "여보 오늘 점심 뭐 먹었어?", "오늘 뭐했어?", "오늘 어디 갔었어?", "오늘 누구 누구 만났어?"이게 대화 입니까 따지는 것이지. 이게 대화에요? 죄인 심문하는 것이지. 그러니 대화가 끊어집니다. 대화는 물어 보는 게 대화가 아니에요.

보고를 해야 돼요. "나 오늘 이런 거 했어요.", "나 어디 갔다 왔어", "누구 만났어", "근데 좋았었어." 이렇게 보고부터 시작하라는 것입니다.

요즘 식당에 가면은 딱 안다는 거에요. 저 사람이 애인하고 왔는지 부부간에 왔는지, 애인하고 오면 말이 많다는 거에요. 그런데 부부간에 오면 밥만 먹고 나간다는 겁니다. 이거 그러면 되겠습니까? 건강한 부부가 되려면 대화의 기술을 익혀야 합니다.

그 다음에 부부가 정말 건강하고 화목한 부부가 되려면 서로 마주보고 웃어야 됩니다. 많이 웃는 부부가 되십시오. 그냥 먼 산보고 웃지 말고 남편 바라보고 부인을 바라보고 웃어 주라는 것입니다. 그냥 웃어 주라는 것입니다.

여러분 하루에 3번씩만 남편을 생각하고 또 부인을 생각하라는 거에요.

여러분 오늘부터 밤에 실험해 보십시오. 저녁에 잠자기 전에 1분만 자기 남편, 부인 눈을 보십시오. 절대 남편이 죄 못 짓습니다. 사람은 죄 지으면 눈을 마주 못 봐요. 딴전 부리지 못하게 하는 방법. 가장 좋은 방법이고 그리고 사람은 병이 오게 되면 가장 먼저 나타나는 곳이 눈이에요. 그래서 눈을 보게 되면 남편 건강 체크도 되고 눈을 보게 되면 가슴이 뜨거워집니다. 사랑이 활활 타오른다니까요. 살짝 미소를 지으며 눈을 마주보다보면 엔돌핀 다이돌핀이 쑥쑥 나옵니다.

그 다음에 스킨십을 많이 하는 부부가 되라 그랬습니다. 자기 아들, 딸을 데리고 목욕탕에 자주 가게 되면 애기가 정서적으로 밝아지고 발달된다는 보고가 있었죠? 부부지간엔 더더욱 그렇습니다. 미국서는 자기 남편이 화가 나면 어떻게 하느냐 하고 설문조사를 했는데 대단히 많은 사람이 손을 잡아 준다고 그랬어요. 손을 잡고 기도를 해주었다고 합니다. 여러분 누구를 위해서 기도하겠습니까? 내 하나님이 어디 계십니까? 하나님은 안 보이잖아요. 실재實在의 하나님, 내 남편, 내 아내입니다. 그러므로 내 남편을 위해서 기도해주고, 부인을 위해서 기도해 주어야 합니다. 화가 난 남편의 손을 부드럽게 잡고, 살짝 웃어주면서 '여보 화났어' 하면서 웃어주라는 거에요. 스킨십을 많이 해보세요. 아이들만 달라지는 게 아닙니다. 어른들 역시 놀랍게 달라진다는 것입니다.

그리고 말씀드렸죠? 서로 맞춰주는 부부가 되자. 머리에서부터 발끝까지, 부부는 머리에서부터 생각을 맞추어야 해요. 사상과 가치관을 맞춰야지 서로 네 생각, 내 생각 따로따로 하면 안돼요. 생각, 이상, 꿈, 비전, 삶의 목표가 같아야 해요.

그 다음에 눈을 맞추고 입을 맞추고 키스도 많이 해야겠지만 서로 말을 맞춰야 해요. 그러려면 취미도 가능하면 같아야 하고 특히 종교는 더더욱 같아야 합니다. 그래야 트러블, 부조화가 안 일어납니다. 그 다음에 뜨거운 가슴을 맞추고 배도 맞추어야 해요. 요즘은 여자들끼리만 배를 채우는 외식을 한다는 겁니다. 가끔은 남편도 데리고 가서 외식하고 그래야죠. 요즘은 부인이 남편을 데리고 다닌다는 거예요. 같이 먹고 같이 웃고 같이 거닐고 그래야 부부이고 그래야 더더욱 하나가 되는 거죠.

이렇게 머리에서 배까지 다 맞춘 후에 성기를 맞추는 겁니다. 위에는 하나도 맞추지 못하고 성기만 맞추려고 하니까 잘 안 되는 겁니다. 그리고 부부는 한 길을 가는 사람입니다. 한 방향 한 목적지를 향하여 둘이 한 몸 되어 가는 것이 부부입니다. 그러므로 목적지와 방향을 맞춰서 서로 발을 맞추어서 한걸음 한걸음씩 밟아 가는 것이 부부지간이라는 거예요.

이렇게 맞춰 사는 부부가 되어야 하는 거예요. 그 맞추는 연습을 결혼식에서부터 시작하잖아요. "웨딩마치" 어떤 부부는 결혼식을 매년 하는 사람 있잖아요? 그거 좋은 발상이라고 생각돼요. 부부는 항상 그렇게 맞추어 걸어야 하고 항상 새롭고 다정스럽게 같은 방향을 가고 있어야 하니까요.

벌써 시간이 많이 지났습니다. 우리는 지구에서 잠시 살다가 다시 자연으로 돌아갑니다. 우리 후손들에게 더 아름답고 더 깨끗한 환경을 물려주어야 합니다. 그러면서 우리 후손들이 자랑할 수 있는 아름다운 부부로 살아야 합니다. 가장 크고 아름답고 귀한 유산은 부부가 화목하게 산 삶을 물려주는 것이라고 합니다.

이제 부디 남겨진 여생을 혼자가 아닌 부부가, 둘이 아닌 하나가 되어 화목하고 행복한 가정을 이루어가고 만들어 가시기를 바랍니다. 감사합니다.

참고문헌

김옥림, 《화끈하게 말하는 사람》, 팬덤북스, 2011.

전영우, 《교양인의 화법》, 창조사, 1993.

김은성, 《마음을 사로잡는 파워 스피치》, 위즈덤하우스, 2007.

정병태, 《파워스피치 연설법》, 한덤북스, 2011.

손영학, 《성공을 부르는 파워스피치》, 다밋 출판사, 2008.

신재덕, 《팩토리얼 파워》, 국일미디어, 2005.

김학재, 《임계점을 넘어라》, 글로벌콘텐츠, 2012.

박준수, 《성공을 부르는 말 실패를 부르는 말》, 시간공간사, 2011.

샘 혼, 《적을 만들지 않는 대화법》, 이상원 역, 갈매나우, 2008.

전도근, 《명강사를 위한 명강의 전략》, 학지사, 2009.

김은주 《명강의 핵심전략》, 연세대학교출판부, 2003.

이화여자대학교 교육공학과, 《21세기 교육방법 및 교육공학》, 교육과학사, 2002.

노희상, 《명강사론》, 승연사, 2010.

류석우, 《세계최고의 명강사를 꿈꿔라》, 씨앗을 뿌리는 사람, 2004.

이상헌, 《흥하는 말씨 망하는 말투》, 현문미디어, 2011.

이병열, 《명리학강의》, _,_.

세계기독교통일신령협회, 《뜻길》, 성화사, 1971.

나카노 히로미, 《호감가는 말투 미움받는 말투》, 결성라인 출판, 2008.

후쿠다 다케이, 《칭찬은 비타민보다 훨씬 효과가 좋다》, 고정아 역, 일송미디어, 2003.

로버트 로젠탈 외, 《피그말리온 표과》, 심재관 역, 이글리오, 2003.

윌리암 글라써, 《좋은 선생님이 되는 비결》, 박정자 역, 사람과 사람, 1998.

우에니시 아키라, 《하기 어려운 말 속시원히 하는 법》, 이정환 역, 자음과모음, 2000.

데이비드 호킨스, 《의식혁명》, 백영미 역, 판미동, 2009.

성경전서

Internet Daum & Naver 각종자료